教育部哲学社会科学重大课题攻关项目
『高校内部权力运行制约和监督体系研究』（14JZD051）

大学治理

权力运行制约与监督

University Governance

Restricting and Supervising the Operation of Powers

主编◎张德祥　黄福涛
副主编◎姜华　韩梦洁

科学出版社
北京

内 容 简 介

理清高等学校内部的权力关系是高等教育管理学的重要任务，也是分析大学治理和高校内部权力运行制约与监督的前提条件。高校内部权力运行制约与监督是完善现代大学制度的重要任务。完善高校内部权力运行的制约与监督，不仅要在高校内部形成防腐、治腐的保障体系，还要构建真正体现学术逻辑与各方主体权益的治理体系。基于此，本书从“高等教育治理的基本问题”和“高等教育治理的国际比较”两个角度对大学治理、高校内部权力关系、权力运行制约与监督等进行研究。

本书可作为高等教育学、教育经济与管理、比较教育学等专业的学者、研究生的参考用书，也可供教育行政部门及相关机构的管理人员等参阅。

图书在版编目（CIP）数据

大学治理：权力运行制约与监督/张德祥，黄福涛主编. —北京：科学出版社，2016.11

ISBN 978-7-03-050612-2

Ⅰ. ①大…　Ⅱ. ①张…②黄…　Ⅲ. ①高等学校-学校管理-研究　Ⅳ. ①G647

中国版本图书馆 CIP 数据核字（2016）第 271147 号

责任编辑：付　艳　孙文影　高丽丽／责任校对：王　瑞

责任印制：张　倩／封面设计：楠竹文化

联系电话：010-64033934

电子邮箱：edu-psy@mail.sciencep.com

科学出版社 出版

北京东黄城根北街 16 号

邮政编码：100717

http://www.sciencep.com

文林印务有限公司 印刷

科学出版社发行　各地新华书店经销

*

2016 年 11 月第 一 版　开本：720×1000　1/16

2016 年 11 月第一次印刷　印张：15

字数：285 000

定价：69.00 元

（如有印装质量问题，我社负责调换）

Preface 前　言

高校内部权力运行制约与监督，是我国现代大学制度建设的核心内容，究其实质是要解决高校内部治理的问题。《国家中长期教育改革和发展规划纲要（2010—2020年）》明确提出“完善中国特色现代大学制度”，在宏观上是指处理好大学与外部的关系，在微观上是指完善高校内部治理结构，建立科学有效的权力运行机制，其必然涉及高校内部权力运行的制约与监督问题。

权力是一个重要的关键词，是社会科学领域的核心概念，普遍存在于政治学、管理学和组织行为学等诸多学科之中。然而，古今中外关于权力的界定众说纷纭、莫衷一是，如“权力是社会体制中职位的标志”“根据自己的目的影响他人行为的能力”或“权力就是凭借某种物质力量在有序结构中对人的一种强制性支配和控制”等。依据权力的性质和结构不同，有学者将其划分为政治权力、经济权力和社会权力；依据权力的主体所代表的范围不同，分为个人权力、集体权力和国家权力，等等。由此可见，权力是一个内涵相当丰富而复杂的概念。而在高等教育研究领域，权力不仅具有一般意义上的内涵，还具有学术组织性质的特殊意义。因此，明晰高校内部的权力概念，是理解和分析高校内部治理的关键所在。

理清高等学校内部的权力关系是高等教育管理学的重要任务，也是分析大学治理和高校内部权力运行制约和监督的前提条件。对于高等教育中的权力，可以从两个大的层面来分析：一是高等学校与外部利益相关者的权力关系；二是高等学校内部的权力关系。作为培养人才的学术机构，高等学校内部权力及其运行逻辑不用于其他一般社会组织，因而明晰高校内部权力关系就显得尤为重要。笔者曾在2001年出版了《高等学校的学术权力和行政权力》，是基于笔者的博士学位论文而完成的一部专著。当时，“权力”依然是高等教育领域的敏感词汇。作为一名大学领导者，笔者深切体会到学术权力与行政权力之间的关系在高等学校内部是一个非常重要、非常现实的问题，是高等学校管理绕不过去的问题，二者既存在协调但也存在着冲突，这是高等教育管理必须直面的问题，也是必须解决好的问题。因此，笔者从1994年开始以高校内部的学术权力和行政权力为主题进行研究。高等学校的权力是复杂的、多元的。在高等学校内部，除了学术权力和行政权力外，还应包括政治权力（党委权力）、学生权力等，在高等教育学界也有高等学校权力的二元论、三元论和多元论。从大学治理或者说高校权力运行的制约与监督的角度看，党委权力、行政权力、学术权力是关键的、核心的，当然，其他一些利益相关者的权力也不可忽视。因此，笔者认为，高校权力运行的制约与监督视野中的权力结构，应该是以党委权力、学术权力、行政权力为核心的多元权力结构。

高校内部权力运行制约与监督是完善现代大学制度的重要任务。从理论与实践两个层面分析和研究高校内部权力运行制约与监督，有利于明确我国高校管理中党委领导、校长负责、行政管理、学术民主及社会问责等方面相应的责任与义务，有利于从完善现代制度体系的角度来审视高校内部的权力关系，保证高校内部权力规范运行，从而推动我国高等教育治理现代化进程。就学科建设而言，有助于丰富高等教育管理学内容，进一步完善高等教育管理学科知识体系。习近平总书记在中纪委第二次全体会议上讲话时指出，“要加强对权力运行的制约和监督，把权力关进制度的笼子里，形成不敢腐的惩戒机制、不能腐的防范机制、不易腐的保障机制”[①]。制度建设的核心是如何处理权力关系问题，如何保障权力之间的制约与监督。任何权力都需要制衡与监督，否则就会导致权力的异化。在高等教育领域，随着高等学校的扩张和高校问题的复杂化，有关贪污、权力滥用或寻租的腐败现象逐渐成为不可忽视的严重问题。因此，只有通过全面而深入的理性分析，结合高校内部权力运行的现实状况，思考如何从制度上构建高校内部不同权力之间的制约与监督体系，才能有效地完成现代大学制度建设的新使命。

完善高校内部权力运行的制约与监督，在高等教育领域具有特殊重要的意义，不仅要在高校内部形成防腐治腐的保障体系，还要构建真正体现学术逻辑与各方

---

① 慎海雄. 把权力关进制度的笼子里[EB/OL]. http://news.xinhuanet.com/politics/2013-01/23/c_114467754.htm. 2013-1-23.

主体权益的治理体系。事实上，高校权力关系在高等教育学界是一个反复被讨论的问题，是一个突破制度与体制障碍的难点问题，还是一个涉及历史文化传统的价值观的社会问题。新中国成立以来，我国积极探索高等教育管理体制改革的有效途径，努力建立与完善现代大学制度及高校内部治理结构。从目前的状况来看，这个问题仍未得到很好的解决。如何突破这个理论难点，是一个需要深入研究的命题。2014 年，笔者主持承担了教育部哲学社会科学重大课题攻关项目"高校内部权力运行制约与监督体系研究"，为笔者和一些学者共同深入研究这一问题提供了机会和动力。

基于本课题，我们于 2015 年 12 月 18～20 日主办了一场以"大学治理：权力运行制约和监督"为主题的国际学术研讨会，邀请了本领域的国内外知名学者，也吸引了国内许多学者的积极参与。据统计，共有来自美国、澳大利亚、日本、俄罗斯、中国（包括香港地区）等共 7 个国家、50 多个高等教育研究机构、百余位国内外专家学者出席了本次学术会议。本次会议论文集收录约 40 篇中英文论文。在此基础上，我们以"高等教育治理的基本问题"和"高等教育治理的国际比较"为主题，遴选 20 篇左右的论文以飨读者。在此，我们非常期望本书的出版有助于推动我国大学治理相关问题的研究进展。

本次研讨会的举办和论文集的编辑得到各方面的支持，非常感谢教育部有关部门和领导的关心和支持，同时也非常感谢中国高等教育学会瞿振元会长、范文曜副会长，《中国高教研究》王小梅主编、范笑仙主任等的支持和帮助，也非常感谢大连理工大学出版社的支持和帮助。我们课题组将努力作出更多、更优秀的研究成果。

张德祥

大连理工大学高等教育研究院

2016 年 8 月 16 日

Contents **目 录**

下　篇

上　篇　高等教育治理的基本问题

上　篇

1949年以来中国大学治理的历史变迁
——基于政策变革的思考[①]

张德祥[②]

（大连理工大学高等教育研究院　中国　大连　116024）

摘　要　大学发展史无疑也是一部大学治理变迁史，政策在中国大学治理变迁中发挥着重要的作用，可以说，中国大学治理变迁史是一部国家政策主导下的大学治理变迁史。中国大学有着自身独特的治理模式，彰显出了典型的“中国特征”：大学的内外部治理与国家的政治体制、经济体制及其变革密切相关；国家政治、经济与社会的发展变化影响着中国高等教育政策变革，而中国高等教育政策变革又主导着中国大学内部治理变革；中国大学内部治理变革是一个由局部到整体的过程，即由“以大学内部领导体制探索为中心”转向“以大学内部管理体制改革为重点”，最后走向“以完善中国特色现代大学制度为主旨”的系统建设。这既揭示了中国大学治理的阶段性特征，同时也呈现了大学内部治理改革由点到面再到体的历史生态；中国大学内部治理是系统性的，党委领导、校长负责、教授治学、学术自由、民主管理与监督等构成了中国现代大学治理的基本内核。

关键词　中国大学；内部治理；历史变迁；政策变革

---

①　基金项目：本文系2014年教育部哲学社会科学研究重大课题攻关项目“高校内部权力运行制约和监督体系研究”（14JZD051）的研究成果。

②　作者简介：张德祥（1950—　），男，山东平度人，中国高等教育学会副会长，大连理工大学原党委书记，大连理工大学高等教育研究院院长，教授，博士生导师，主要从事高等教育政策与制度、高等教育原理、教育管理研究。

大学发展史无疑也是一部大学治理变迁史，而中国大学发展史则是一部国家政策主导下的大学治理变迁史。大学的治理包括大学的外部治理和大学的内部治理，受篇幅的限制，我们这里考察的大学治理主要是指大学的内部治理。大学治理模式的选择不是孤立的行为，一方面它受到大学历史传统的影响，保持着其文化的基因与“胎记”，同时，又总要受到它所处时代的社会、政治、经济等方面的影响。从世界范围来看，大学治理具有一定的国别性，每一个国家的大学治理皆具有自身的特征，即不同国家具有不同的大学治理模式，中国大学的治理具有典型的“中国特征”。中国高等教育作为“后发外生型”，从近代大学产生，政府与大学的关系就非常紧密，这个特点一直保持至今。受这个特点的影响，大学内部治理结构及其模式的变迁，一直离不开政府的影响与作用。在政府的影响和作用中，政府的政策一样具有强制性，其约束力不亚于法律，它一直是引导治理变迁的主要力量。1949 年新中国成立以后，国家出台各种政策，直接作用于大学的治理，引发了大学领导体制、治理结构的变革，影响了大学内部各种权力在大学治理中的地位及其权力运行。因此，我们在研究中国大学治理变迁的时候，不能不考虑到这样的特点，这也是我们基于政策分析来考察中国大学治理变迁的原因。本文主要考察 1949 年新中国成立以后大学治理的变迁，我们会看到中国大学治理表现出明显的阶段性特征，而且这些阶段性的特征是与国家政策密切相关的。我们把 1949 年以后的大学治理变迁分为 3 个阶段来考察：1949—1977 年是以大学内部领导体制变革为中心的大学治理的探索期，1978—2009 年是以大学内部管理体制变革为重点的大学治理改革期，2010 年至今是以中国特色现代大学制度建设为主旨的大学治理完善期。

一、1949—1977 年的中国大学治理：以探索大学内部领导体制为中心

1949 年新中国成立以来，国家每一次政治体制或经济体制改革都对中国大学治理产生了不同程度的影响。历史昭示，中国大学的治理及其变革始终与中国的高等教育政策变迁内在地关联在一起，几乎没有离开过国家出台的各种政策法规的指导和引领。概而言之，中国大学的外部治理影响着中国大学的内部治理，或者说中国的高等教育行政主导着中国的高等学校管理。这与“中国政府主导着中国经济的改革与发展”存在某种相似性和一致性。

1949—1977 年是中国社会的“百废待兴期”，更是中国社会新的“秩序形成期”。在这个特殊的历史时期，改造、跃进、运动、革命等构成了中国社会的主旋律，作为一个高度集权的国家，政府以政治为中心将经济、文化、思想整合为一体，行政力量无所不在地控制了一切社会领域，与政治关联的价值、标准等因素在各

领域起着决定性的作用。

在革命战争年代就开始举办高等教育的中国共产党人，深知高等教育对于稳定政权、建设国家、为人民谋福祉的重要性。1949 年，中国的高等教育基础还很薄弱，当时高等学校数量仅为 205 所，在校生人数为 10.65 万人。[1] 因此，新政权一成立，国家一方面开始接收、改造旧中国留下的高等学校，着手发展高等教育；另一方面，要解决国家如何治理高等教育及高等学校（大学）内部如何治理自身的问题。

就国家如何治理高等教育来说，1949—1977 年，国家高等教育的管理模式经历了几次变革：①确立中央集权高等教育管理体制（1949—1958 年）；②高等教育管理体制由集权向放权的尝试（1958—1963 年）；③高等教育管理体制由放权到收权的调整（1963—1966 年）；④“文化大革命”中高等教育无序的管理体制（1966—1976 年）。高等教育的管理体制虽然经历几次变革，但基本上是在中央和地方的集权与放权的变动。总体上说，“中央高度集中统一”是这个时期形成的高等教育管理模式的基本特征。

就大学内部的治理来说，新中国成立后，大学面临的一个当务之急是确定大学内部的领导体制。这是必须要解决的首要问题，这个问题不解决，就谈不上大学的治理。因此，领导体制的确定也就成了这个时期大学治理的主要任务和重要特征。然而，大学实行什么样的领导体制，当时并没有现成的答案，在这个探索的过程中，如同国家高等教育管理体制变革一样，1949—1977 年中国大学尝试了多种领导体制，如校务委员会制、校长负责制、党委领导下的校务委员会负责制、党委领导下的以校长为首的校务委员会负责制、党委领导下的以工宣队为主的革命委员会负责制等。

考察这个时期大学的领导体制变革，我们会发现，大学领导体制的变革与中央政府政策的推动密不可分，或者说每次变革都是在中央政府的政策推动和指导下完成的：①校务委员会制（1949 年 10 月—1950 年 4 月）。新中国成立后，中央对旧中国的高等教育实行“维持原有学校，逐步加以必要的与可能的改良”的总方针，采取接管、接收、接办，然后加以改造的方法。各高等学校成立校务委员会，行使管理学校的权力。校务委员会由思想进步的教职工代表组成，集体负责，民主管理学校。②校长负责制（1950 年 4 月—1956 年 9 月）。1950 年 4 月，教育部指示：“凡已由中央人民政府任命的高等学校一律实行校长负责制。”1950 年 8 月 14 日，经政务院批准实施的《高等学校暂行规程》规定：大学及专门学院采取校（院）长负责制。③党委领导下的校务委员会负责制（1956 年 9 月—1961 年 9 月）。1956 年，毛泽东《论十大关系》的发表和党的“八大”的召开，推进了教育界对学习苏联经验的深刻反思，由此揭开了摆脱苏联模式、独立探索中国自己高等教育发展道路的序幕。1958 年 9 月，中共中央、国务院发布的《关于教育工作的指示》指出：“在一切高等学校中，应当实行学校党委领导下的校务委员会负责制；一长制容易脱离党委领导，所以是不妥当的。”[2] ④党委领导下的以校长为首的校务委员会负责制（1961 年 9 月—1966 年 5 月）。1961 年，中共中央批准试行的《中华人民共和国教育部直属高等学校暂行工作条例（草案）》（简称“高教六十条”）规定：“高等学校的领导制度，是党委领导下的以校长为首的校务委员会负责制。高校党委是学校工作的领导核心，对学校工作实行统一领导。高等学校的校长，是国家任命的学校行政负责人，对外代表学校，对内主持校务委员会和学校经常工作。”[3] ⑤党委领导下的以工宣队为主的革命委员会负责制（1966 年 5 月—1976 年 10 月）。“文化大革命”期间高等学校的党组织被认为是在执行修正主义教育路线，所以前两年由“造反派”、红卫兵掌权，然后由军宣队、工宣队掌权。1971 年 4 月，中共中央批转的《全国教育工作会议纪要》规定：“学校实行党的一元化领导，在党委的统一领导下，充分发挥工宣队的政治作用；革命委员会是权力机构。”[4] 1976 年 10 月，“文化大革命”终于结束。

考察这个时期大学领导体制的变革，我们会发现，这个时期中国大学内部领导体制变革是频繁的，28 年内变更了 5 次，即校务委员会制→校长负责制→党委领导下的校务委员会制→党委领导下的以校长为首的校务委员会负责制→党委领导下的以工宣队为主的革命委员会负责制。为什么会如此频繁，或许与两个方面的因素有关：一方面与当时那个充满改造、运动、跃进、革命等的中国社会密切关联。新中国成立后，大学是作为政府的附属机构存在的，社会政治、经济的变化必然反映到大学的内部来，影响到大学的领导体制，这在以政治为中心整合经济、文化、思想为一体的时代是必然的，是可以理解的；另一方面也与中国大学治理自身的不成熟有关，一切尚在模仿或建构中，自然也一切皆在不确定的变革中。大学领导体制的变化，也反映了国家在努力探寻合适的大学领导体制，力图解决大学领导体制需要处理好的基本问题，如大学领导体制到底是实行“委员会制”好还是“一长制”好，如何处理“党的领导”和“行政领导”的关系，如何处理“集体领导”与“个人负责”的关系，等等。在一个重大问题没有找到最好答案之前，探索是不可避免的，探索是有意义的，探索是为了更好地解决问题。

经过这个时期的探索，中国大学的治理积累了许多经验，这些经验得到国家的认可，又以政策的形式确定下来。作为中国大学治理的指南，代表性的政策就是 1961 年 9 月中共中央批准试行的“高教六十条”。“高教六十条”提出了高等教育发展的一系列重要问题，如教学与科研的关系、理论教学与实践教学的关系、本科教学与研究生教学的关系、高等学校领导体制中的党政关系，以及知识分子工作、学术问题的自由讨论等，影响深远，在一定程度上起到了“准高等教育法”

的作用。由于“文化大革命”的原因，“高教六十条”一度名存实亡，“文化大革命”结束后，教育部于 1978 年又修订了“高教六十条”，并且一直沿用到 1985 年《中共中央关于教育体制改革的决定》的颁布。

二、1978—2009 年的中国大学治理：以改革大学内部管理体制为重点

1978 年十一届三中全会后，把党和国家的工作重点转移到社会主义现代化建设的轨道上，党中央决定对内搞活经济，对外实行开放，社会主义现代化建设进入新的时期，经济体制改革则率先而行。伴随 1978 年开始的中国改革开放，中国的高等教育经历了波澜壮阔的改革与发展。

1978—2009 年，中国高等教育改革的深度和广度是史无前例的。高等教育管理体制改革、高等学校内部管理体制改革、高等教育投资体制改革、高等教育办学体制改革、高等学校招生就业制度改革、高等教育教学改革等各项改革全面展开，并取得了丰硕成果，成为高等教育在这一时期跨越发展的强大动力，为高等教育的健康、持续发展提供了坚实的体制基础和保障。1978—2009 年，中国的高等教育实现了历史性的跨越。1978 年，高等学校的数量为 598 所，在校普通本专科生 86.6 万人，在校研究生 1.09 万人，高等教育毛入学率仅为 1.2%[5]；到 2007 年年底，全国普通高等学校数量为 1908 所，独立学院 318 所，民办的其他高等教育机构 906 所，在校生普通本专科生 1884.9 万人，在校研究生 119.5 万人，[6] 高等教育在学人数达到 2700 万人，高等教育毛入学率达到 23%。经过 30 年的巨大发展，中国高等教育规模已经居于世界第一，成为名副其实的高等教育大国。

在推进高等教育改革与发展的过程中，中共中央和国家政府颁布了一系列重要政策、法规，为高等教育改革与发展做了顶层设计和全面规划，成为高等教育改革与发展的纲领性指导文件。同时，我们也可以看出中央的政策在高等教育改革和发展中的强大推动作用。如 1985 年 5 月 27 日，中共中央正式颁布《中共中央关于教育体制改革的决定》，教育改革全面启动，成为中国教育改革与发展的里程碑。1992 年，以“邓小平南方谈话”和党的十四大为标志，中国的改革开放和现代化建设进入一个新的历史时期，社会主义市场经济体制的建立成为高等教育体制改革最主要的宏观背景。1993 年 2 月 13 日，中共中央、国务院颁布了《中国教育改革和发展纲要》，明确提出要采取综合配套、分步推进的方针，加快步伐，改革包得过多、统得过死的体制，逐步建立起与社会主义市场经济体制和政治体制、科技体制改革相适应的教育新体制。1998 年，全国人民代表大会常务委员会通过的《中华人民共和国高等教育法》，对高等教育一系列重大问题都做了相关的规定，也使得高等教育依法治教有了法律的保障。

就大学的外部治理来说，政府、社会、大学的关系得到理顺，大学的办学自主权得到明确，并逐步落实。在高等教育宏观管理体制方面，国家改变了计划经济体制下形成的高度集中统一的管理模式，进一步确立中央与省（自治区、直辖市）分级管理、分级负责的教育管理体制。

就大学的内部治理来说，这个时期中国大学治理紧跟时代步伐迈入新的发展阶段，集中表现为大学治理由“以大学内部领导体制探索为中心”向“以大学内部管理体制改革为重点”的拓展，大学内部治理实现了“从单点到多点”或“从点到面”的跃迁，其宗旨是探索中国特色的大学管理模式，建立与社会主义市场经济体制相适应的大学运行机制。在政策的引导和推动下，包括领导体制、人事管理制度、财务管理和分配制度及后勤服务制度在内的高等学校内部管理体制，成为这个时期大学治理变革的重点内容。

（一）确立党委领导下的校长负责制

1976 年粉碎“四人帮”后，特别是党的十一届三中全会以后，国家逐步恢复高校党委和行政的职能，并逐步把大学的领导体制确定下来：①1978—1985 年的党委领导下的校长分工负责制。自 1976 年 10 月起两年的徘徊停滞之后，1978 年 10 月，教育部修订的《全国重点高等学校暂行工作条例（试行草案）》规定：“高等学校的领导体制，是党委领导下的校长分工负责制”，“高等学校的党委委员会，是中国共产党在高等学校的基层组织，是学校工作的领导核心，对学校工作实行统一领导”，校长“是国家任命的学校行政负责人，对外代表学校，对内主持学校的经常工作”。[3] ②1985—1989 年的党委领导下的校长负责制、部分院校试行校长负责制。1985 年出台的《中共中央关于教育体制改革的决定》规定：“学校逐步实行校长负责制，有条件的学校要设立由校长主持的、人数不多的、有威信的校务委员会，作为审议机构。”[3] ③1989 年以来的党委领导下的校长负责制。受西方资产阶级自由化思想的冲击，1989 年在中国发生了“突发事件”。汲取这次“突发事件”的教训，国家重新强化“党委领导下的校长负责制度”。1998 年 8 月 29 日，第九届全国人民代表大会常务委员会第四次会议通过的《中华人民共和国高等教育法》明确规定：“国家举办的高等学校实行中国共产党高等学校基层委员会领导下的校长负责制。”[3]

党委领导下的校长负责制是一种按照党的民主集中制原则，实行集体领导、分工负责的制度，它是中国高校的特色和优势所在，也是完善中国特色现代大学制度的基石。党委领导是指党委集体领导，即党委总揽学校改革、发展、稳定的大局，统一领导学校的工作，集体讨论决定学校的一切重大事项；党委既是高校全局工作的领导核心、高校的政治领导核心，也是高校管理体制的领导核心。校长负责是指校长对外是学校的法定代表人，对内作为学校最高行政领导，在党委的领导下全面主持行政工作，依法行使职权。校长负责是落实党委领导的关键，校长不仅要自觉维护党委的领导地位和权威，还要充分维护高校法人的权益。党委领导下的校长负责制是我们党在总结新中国成立以来高等学校发展正反两方面经验的基础上确定下来的具有中国特色的大学领导体制，有力地保障了中国高等教育的持续、稳定、健康发展，也是建设现代大学制度的核心内容。

（二）改革人事与分配制度

办大学关键在人，关键在教师，因此，全面调动教职员工的积极性，充分发挥全校教职员的能力与潜能，是大学治理的使命和诉求。1978—2009 年，大学全面启动人事与分配制度改革，成为这个时期大学治理改革的重点和难点。

1978 年以后，国家一直致力于推动高等学校的人事分配制度改革。1978 年，国务院转发了教育部《关于高等学校恢复和提升职务问题的请示报告》，恢复教师职称评审制度。1979 年，教育部颁布《关于高等学校教师职责及考核的暂行规定》，建立教师考核、培训制度，并提出改进校内的分配制度。教育部还在上海交通大学等部分高校开展定编定员，推行岗位责任制、教师聘任制、人才交流和工资改革等试点。

1985 年，《中共中央关于教育体制改革的决定》颁布之后，高等学校内部管理体制改革全面启动。1992 年 2 月，国家教委[①]决定在其直属的 36 所高等学校全面展开内部管理体制改革，并于同年 8 月下发了《关于国家教委直属高等学校内部管理体制改革的若干意见》，明确了改革的指导思想和目的，改革的基本思路，校内人事制度改革，校内分配制度改革，校内住房、医疗、退休保险制度的改革，学校内部管理的权限，改革工作的领导和实施。继 1992 年的《关于国家教委直属高等学校内部管理体制改革的若干意见》之后，国家相关行政部门出台了一系列人事与分配制度改革政策，为大学的人事与分配制度改革提供了依据和指导。1999 年，教育部发布了《关于当前深化高等学校人事分配制度改革的若干意见》（教人〔1999〕16 号）；2000 年，中共中央办公厅发布了《关于印发〈深化干部人事制度改革纲要〉的通知》（中办发〔2000〕78 号）；2000 年，中组部、人事部、教育部印发了《关于深化高等学校人事制度改革的实施意见》（人发〔2000〕59 号）；2002—2004 年，国务院先后转发了 3 份人事部关于事业单位试行人员聘用改革的通知；2006 年，人事部出台了关于《事业单位岗位设置管理的试行办法》，以及经党中央、国务院批准，人事部、财政部、教育部联合下发的《关于印发事业

① 即国家教育委员会，现为中华人民共和国教育部。

单位工作人员收入分配制度改革方案的通知》。这一时期，大学人事制度改革全面推行聘任制，定编定岗，将过去“因人设岗”改为“按需设岗”，精简了高等教育机构，减少了高校内部非教学人员，改善了高校教师的待遇，调动了教师献身高等教育事业的积极性，提高了高等教育的质量和效益。

改革开放 30 年的人事与分配制度改革，在不同阶段的侧重点和成效有所差异[7]：20 世纪 80 年代中期到 90 年代前期，改革的主要成效是开始落实高校人事分配自主权，推动从政府直接管理、高度集中的计划管理向政府间接管理、学校自主管理的转变；20 世纪 90 年代中期之后 10 年左右的改革重点是高校用人机制改革，全面推进人力资源配置方式改革，逐步实现从“身份管理”向“岗位管理”的转变；2006 年开始至今，高校人事制度改革强调完善机制制度，强调高校岗位管理与聘用制改革结合，与转换用人机制结合，与高校收入分配制度改革结合。

（三）大力推进高校后勤社会化

后勤是大学人才培养、科学研究、社会服务和文化传承创新不可或缺的保障。20 世纪 90 年代以前，中国大学实行“一校一户办后勤”“校校后勤办社会”，每一所大学犹如一个小社会，严重制约着大学乃至中国高等教育的发展。为了走出“校校后勤办社会”的困境，保证高等教育持续、稳定、健康发展，“高校后勤社会化改革”成为 20 世纪 90 年代高校内部管理体制改革的重点。1991 年，国务院批转教育部的《面向 21 世纪教育振兴行动计划》，明确提出：“加速学校后勤工作社会化改革，精简分流富余人员。高等学校招生计划的扩大要同学校后勤工作社会化的进度挂钩。”1993 年，中共中央、国务院发布《中国教育改革和发展纲要》，指出：“学校的后勤工作，应通过改革逐步实现社会化。”[3] 1999 年，中共中央、国务院《关于深化教育改革全面推进素质教育的决定》进一步指出：“加大学校后勤改革力度，逐步剥离学校后勤系统，推动后勤工作社会化，鼓励社会力量为学校提供后勤服务，发展教育事业。”1999 年 11 月 2 日，全国高校后勤社会化改革工作第一次会议在上海召开，时任教育部部长的陈至立、国务院副总理李岚清发表了重要讲话。2000 年 1 月，国务院办公厅转发了教育部、国家计委①、财政部、建设部、中国人民银行和国家税务总局《关于进一步加快高等学校后勤社会化改革的意见》，第一次明确提出“力争用三年的时间基本完成后勤社会化改革”的奋斗目标。

高校后勤社会化改革的过程，实质上是高校后勤领域中政府职能、高校职能和市场职能的调整过程。经过一系列政策的颁布和实行，中国高校后勤社会化改

---

① 即国家计划委员会，现为中华人民共和国国家发展和改革委员会。

革极大地促进了高校办学效益的提高；后勤保障能力显著增强，服务质量明显提高；加快了后勤设施建设速度，打破了后勤制约高等教育发展经费的“瓶颈”；激发了后勤服务实体和员工的积极性、主动性和创造性，提高了运行效率和服务水平，积极而有效地推动了中国高等教育大众化进程。

1978—2009 年，中国大学内部管理体制改革的成绩是显著的，积累了丰硕的大学治理经验，呈现出这个阶段的鲜明特征。

党委领导下的校长负责制的确定，是这个时期大学治理变革的突出特征和成果。在 1978—2009 年改革开放的 30 年里，中国高等教育取得了举世瞩目的成就，党委领导下的校长负责制经受了实践的检验，也发挥了重要作用。这里举四个列子：其一，这 30 年中，人事分配制度改革和后勤社会化改革要打破许多传统的体制和机制制约，首先要求人的观念要更新，要探寻符合时代要求、符合高等学校特点的制度设计。改革也是利益的调整，涉及方方面面，涉及高等学校的每一个人，这一方面要精心设计，另一方面还要精心实施，要做大量的思想政治工作，这就要求高等学校决策科学、实施有力有效。在这一过程中，党委领导下的校长负责制发挥了重要的体制优势。其二，这 30 年中，特别是从 1999 年开始的扩招，高等教育投入不足，高等学校准备不足，教师、设备、校舍短缺，在这样的情况下，1998—2005 年全国高等教育在校生从 643 万人增加到 2095.8 万人，约是原来的 3.26 倍，年均递增率为 18.41%。这在中国的高等教育史上是罕见的。1994 年，我们国家的高等教育毛入学率是 5.7%，2002 年达到了 15%，其间只用了 8 年的时间，实现了高等教育的大众化，这在全世界的高等教育史上应该说是一个奇迹。高等学校能够完成这样的历史任务，党委领导下的校长负责制发挥了重要的作用。其三，这 30 年中，高等教育宏观管理体制发生了巨大变化。为了打破高等教育条块分割的局面，按照“共建、调整、合作、合并”的八字方针，中央业务部门管理的高等学校大部分通过共建转由地方管理，其中中央部门所属高等学校转由地方管理或以地方管理为主的共 306 所（其中普通高校 205 所）。此外，还有 556 所高等学校经合并调整为 232 所。完成这样大的改革，一方面要依靠政府的大力支持，另一方面高等学校需要做大量艰苦细致的工作。如果没有党委领导下的校长负责制这样的体制保证，完成这样的任务是难以想象的。其四，这 30 年中，特别是 1998 年以后的一段时间，中国高等教育扩招，从外部来说，我国正处于社会转型、体制转轨，一些矛盾很容易传导到学校；从高等教育内部来说，投入不足，条件短缺，给管理带来了困难。在这种情况下，高等学校保持了稳定，这是很不容易的。从世界高等教育史看，20 世纪 60—70 年代是国际高等教育快速发展的年代，也是学潮不断的年代。而我国高等教育在上述条件下实现了扩招，又保持了稳定，这在世界高等教育史上也创造了一个奇迹。可以说，没有党委领导的校长负责制的体制优势，既实现扩招又保持稳定，是很难做到的。

改革开放30年，中国大学内部管理体制改革中的人事与分配制度、高校后勤社会化的一系列改革，开始解决在计划经济条件下形成的一些弊端，如机构臃肿、人浮于事、平均分配、缺乏竞争等；也开始解决学校办社会、不讲经济效益、服务质量差等长期困扰高等学校的一些问题。为了适应社会主义市场经济体制的改革，高等学校引入了竞争激励机制，调动了广大教职员工的积极性，优化了资源配置，提高了高等学校资源使用的质量和效益，促进了高等学校建立与社会主义市场经济体制相适应的运行机制。尽管人事分配制度改革和后勤社会化改革还有许多工作要做，但是这30年高等学校的人事分配制度改革和后勤社会化改革作为高等学校内部管理体制改革的重要内容，为大学的治理积累了丰富的经验，取得了显著的成果，为中国大学内部治理向纵深推进，以及完善中国特色现代大学制度，奠定了坚实的基础和准备了充分的条件。为了推进人事分配制度改革和高等学校后勤社会化改革，政府有关部门密集出台了一系列文件，发挥了重要的指导作用和约束作用，这也凸显出了政策引导大学治理变迁的特点。

纵观1978—2009年以高等学校内部管理体制变革为重点的大学治理改革，特别是领导体制的变革，主要还是以如何分配政治权力和行政权力为核心。确立党委领导下的校长负责制，在我国高等学校找到符合我国国情和高等学校实际的政治权力和行政权力协调模式及运行模式，无疑是非常重要的，也是30年大学治理变迁中取得的最主要成绩。但是，如果从权力的视角看，大学充满着各种权力，除政治权力和行政权力以外，还有学术权力、学生权力、职工权力、校友权力、家长权力及其他利益相关者的权力。因此，大学是一个多元权力结构，大学治理实际上是不同的权力如何在大学治理中发挥作用，参与决策和管理的过程。从20世纪90年代开始，就有学者开始呼吁重视学术权力，改变大学过分的行政导向，发挥学术权力在大学治理中的作用。还有的学者呼吁重视学生和教职工的民主权力，发挥其参与治理和民主监督的作用。1978年教育部修订的“高校六十条”，1998年颁布的《中华人民共和国高等教育法》，都提出高等学校要设立学术委员会，发挥学术委员会在学术治理中的作用。《中华人民共和国高等教育法》还明确规定，高等学校通过以教师为主体的教职工代表大会等组织形式，依法保障教职工参与民主管理和监督，维护教职工的合法权益。在这30年的改革实践中，政府虽然也在推动这样一些改革，但是远没有像推动领导体制改革、人事分配制度改革和后勤社会化改革的力度大。从客观上看，一段时间的改革不能全面铺开，要有重点，另外也显示出了对教授治学和民主管理、民主监督的重视还不到位。

三、2010 年至今的中国大学治理：以完善中国特色现代大学制度为主旨

2010 年是中国“十一五”规划的最后一年，也是中国高等教育史上具有划时代意义的一年。这一年，中共中央、国务院颁发了《国家中长期教育改革和发展规划纲要（2010—2020 年）》。作为中国 21 世纪第一个中长期教育规划纲要，它提出要建设依法办学、自主管理、民主监督、社会参与的现代学校制度，并明确提出了“完善中国特色现代大学制度”及其相关内容：①落实和扩大学校办学自主权；②完善治理结构；③加强章程建设；④扩大社会合作；⑤推进专业评价。

《国家中长期教育改革和发展规划纲要（2010—2020 年）》对建设现代大学制度进行了顶层设计和全面部署，这标志着“中国大学治理由内部管理体制改革进入到完善中国特色现代大学制度整体的制度设计和推进阶段”。内部管理体制改革和完善中国特色大学制度，两者不只是提法的不同，更重要的是，它们的内涵和外延不同，所体现的中国大学治理发展阶段不同。内部管理体制改革只是重点推进大学治理某些领域的改革，还没有提出一个现代大学制度的整体框架；内部管理体制改革主要局限在大学内部，现代大学制度建设则不仅包括大学内部的领导体制、治理结构及其运行，同时包括落实和扩大大学的办学自主权，构建政府、大学、社会的新型关系；内部管理体制改革为现代大学制度建设奠定了坚实的基础，现代大学制度建设则是内部管理体制改革和推进的必然逻辑结果，是完善中国大学治理的内在要求，也是中国建设高等教育强国的重要内容和现实需要。

现代大学制度建设是一项复杂的系统性工程，为了贯彻和落实《国家中长期教育改革和发展规划纲要（2010—2020 年）》的精神，系统推进中国特色现代大学制度建设，国家和有关部门相继颁布了一系列专门的政策法规，诸如《普通高校党委领导下的校长负责制实施意见》（2012 年）、《高等学校章程制定暂行办法》（2012 年）、《学校教职工代表大会规定》（2012 年）、《关于坚持和完善普通高等学校党委领导下的校长负责制的实施意见》（2014 年）、《高等学校学术委员会规程》（2014 年）、《普通高等学校理事会规程（试行）》（2014 年）等，凸显了政策在推动和完善中国大学治理中的作用，为中国大学治理走向理性与自觉提供了法理性和制度性的依据。

有大学治理几十年的改革实践和积累的宝贵经验，又有国家一系列制度设计和制度规定，中国特色现代大学制度的建设正在扎实有序地推进。不过，我们还必须看到，建设中国特色现代大学制度，还有很长一段路要走，还有许多工作要做。

党委领导下的校长负责制，是中国特色现代大学制度的核心。中组部和教育

部有关文件对如何坚持和完善党委领导下的校长负责制做了详细的规定，但是坚持和完善好党委领导下的校长负责制，建立健全党委统一领导、党政分工合作、协调运行的工作机制，还需要在思想上、制度上、措施保障上做很多工作。实际工作中，关键是要落实好民主集中制，要处理好“领导”与“负责”的关系、“决策”与“执行”的关系、“管人”与“管事”的关系，明晰“重大事项”的界限，等等。大学还需要在议事决策机制、党政协调配合、运行保障等方面有具体细化的办法。坚持和完善党委领导下的校长负责制，书记和校长是关键。书记和校长要认识到位，明确职责，领悟好各自的“角色”，按制度办事，扮演好“角色”，胸怀大局，要有能力、有思路、有思想，更要有境界，相互支持，相互尊重。

学术委员会是教授治学的有效途径，《中华人民共和国高等教育法》对学术委员会的性质、作用做了明确的规定。《国家中长期教育改革和发展规划纲要（2010—2020 年）》再次强调，要充分发挥学术委员会在学科建设、学术评价、学术发展中的重要作用。当前，各个大学普遍设有学术委员会，制定了学术委员会章程，并注意发挥学术委员会的作用，似乎已经制度化。但是，我们不能过于乐观，从实际看，学术委员会的作用发挥得并不理想。什么事提交学术委员会审议，尽管有章程规定，但是，能不能按规定提交学术委员会审议，仍然和学校领导的认识有关，学术委员会在很大程度上还处于“想起来就用一用，想不起来就不用”，“不好决策的时候就用一用，方便决策的时候就不用”的状态。高等学校长期形成的行政导向的管理思维与运行模式，制约着学术委员会作用的发挥。另外，学术委员会的日常办公机构不确定，一般挂靠在学校的有关部门，有的挂靠在校办，有的挂靠在科研处，有的挂靠在学科办，有的挂靠在教务处，没有专门的日常办公机构处理学术委员会的相关事宜，必定会影响学术委员会的正常运行。总之，学术委员会在一定程度上还处于“虚化”状态，距离真正的制度化还有很大距离。

大学章程被称为大学的“宪法”，制定章程和依据章程管理学校是依法治校的要求。《国家中长期教育改革和发展规划纲要（2010—2020 年）》强调指出，各类高等学校应依法制定章程，依照章程规定管理学校。教育部于 2011 年 7 月颁布《高等学校章程制定暂行办法》，并于 2013 年 9 月颁布《中央部委所属高等学校章程建设行动计划（2013—2015 年）》，推动大学章程的制定。从实际看，各个大学普遍制定了章程，章程意识明显增强。但是，要使章程真正发挥作用，必须使章程的要求体现在学校的各项制度中，落实在各项管理上。也就是说，必须以章程为标准，审视我们现存的学校各项制定，看它是否符合章程的要求，是否体现了章程的要求，修订和完善学校的各项规章制度，包括教师制度、学生制度、教学制度、科研制度、财务制度、资源管理制度等，完善以大学章程为核心的大学制度体系，否则，章程就会空设，徒有其名。

完善大学的院（系）治理结构，是大学制度建设的重要内容。当前，大学的院（系）单位普遍规模很大，有的甚至有几千名学生、几百名教师，同时，随着事业发展和学校下放权力，院（系）单位的人、财、物方面的权力也在扩大，大学的院（系）治理是大学治理的重要组成部分，搞好院（系）的治理是保证大学事业健康发展的内在要求。另外，院（系）的治理也涉及治理结构和运行模式。目前，在国家的政策文件中，对于大学院（系）的领导体制，治理结构及如何运行涉及不多，只是在有关的文件中明确了院（系）单位“通过党政联席会议，讨论和决定重要事项”。在现代大学制度建设过程中，备受关注的是学校层面的治理结构及其运行，院（系）层面的治理显得薄弱，需要高度重视。对于院（系）层面党政如何分工合作、何为院（系）重要事项、党政联席会议的议事规则等，都需要有明确的规定。另外，院（系）作为一个学术单位，如何发挥好以教授为代表的教师群体在治院（系）、治学当中的作用，如何发挥广大教师在民主办院（系）中的作用等，还有很多问题需要研究和解决。

建立大学权力运行的制约与监督机制，是大学治理需要高度重视的问题。有权就有责，用权必受监督，没有制约就会导致权力滥用，导致腐败。高等学校有政治权力、行政权力、学术权力等多元权力，如何保证权力在制度的笼子里，正确使用权力，以及建立高等学校权力运行制约和监督机制，是现代大学制度建设的重要任务。

大学是分类分层的，不同的大学身处不同的大学生态位，对大学治理模式有着不同的诉求，因而每一所大学都理应根据自身实际建设现代大学制度，而不是盲目地跟风和模仿，以免大学治理出现千校一面和同质化。

四、结语

对于同一问题或现象，从不同的视角进行分析具有不同的意义。关于中国大学治理问题，可以从文化、权力、政策等多个视角去分析，本文只是选择了其中的一个，意在抛砖引玉。事实上，从文化和权力的视角研究中国大学治理问题，也是非常有必要的。若从文化的视角看，我们会发现，“中国大学治理的百年就是多元文化冲突和平衡的百年”。若从权力的视角看，我们则会洞见，“中国大学治理的百年则是大学内外部权力的分配、运行、监督与制约的百年”。总之，中国大学治理的研究是多学科和多视角的，也应该是多学科和多视角的，否则就只能窥见它的“冰山一角”，因为它足够庞大和复杂。

纵观新中国成立以来中国大学治理走过的历程，可以看出中国大学治理还具有典型的“中国特征”：第一，政策在中国大学治理变迁中发挥重要的作用，是推动大学治理的重要力量。大学的治理与国家的政治体制、经济体制及其变革密切相关；政治、经济与社会的发展变化影响着大学治理的变革，这种影响常常不是直接作用于大学的治理变革，而是影响着中国高等教育政策变革，而中国高等教育政策变革又主导着中国大学内部治理变革。第二，中国大学内部治理变革具有鲜明的阶段性和连续性的特征，是一个由局部到整体的过程，即由“以大学内部领导体制探索为中心”向“以大学内部管理体制改革为重点”，最后走向“以完善中国特色现代大学制度为主旨”的系统建设，这既揭示了中国大学治理的阶段性和连续性特征，同时也呈现了大学内部治理改革由点到面再到体的历史生态。这种阶段性和连续性既表明不同时期国家政治、经济形势，特别是政治体制和经济体制对大学治理的影响，也表明中国大学治理不断积累经验、总结教训而走向成熟和完善。第三，经过几十年的探索与改革，中国的现代大学制度建设展示出了系统性的图景。党委领导、校长负责、教授治学、学术自由、民主管理与监督等构成了中国现代大学治理的基本内核，这对于中国高等教育健康、可持续发展是非常重要的。第四，完善现代大学制度需要把国家政策主导与激发大学内生动力结合起来。在中国，政策主导的大学治理变迁对于完善大学治理结构及其运行，建设现代大学制度，是必要的、有效的。但是，中国的高等教育规模大，结构复杂，国家的政策应该保持一定的张力，关键是要激发大学自身建设现代大学制度的内生动力，避免过度的政策导向。过度的政策导向、过细致的规定要求会导致大学跟在政策后面亦步亦趋，产生路径依赖，像小学生给老师交作业一样完成上级的“规定动作”。长期形成的思维定势、行为定势，使大学内部建设现代大学制度的动力仍显不足。在中国，只有把国家政策的推动和大学的内在积极性结合起来，把国家政策的要求和大学的实际结合起来，才能更好地实现现代大学制度建设的目标。

中国大学治理的变迁过程是一个多重力量交织作用的过程，新中国成立后的中国大学治理史清晰地呈现出了这样一幅画卷：政治导向、经济驱动、文化冲突、国际借鉴、大学自主选择等，以单体或群体的方式作用于中国大学治理，引发出中国大学治理不同的特征。

参考文献

[1] 中华人民共和国国家教育委员会计划建设司. 中国教育统计年鉴 1949—1981 [M]. 北京：中国大百科全书出版社，1984：965.

[2] 中共中央、国务院关于教育工作的指示，建国以来重要文献选编第十一册. 中国共产党

新闻・文献资料.［EB/OL］. http：//cpc.people.com.cn/GB/64184/64186/66665/4493226.html.

［3］教育部法制办公室编. 中华人民共和国教育法律法规规章汇编. 上海：华东师范大学出版社，2009：479，809-812，828-830.

［4］傅国良，肖龙江. 新中国高校内部领导体制的演变述评——兼与国外之比较［J］. 教育发展研究，2006：8B；史华楠，王日春. 党委领导下的校长负责制的演进、实践及其完善［J］. 扬州大学学报（高教研究版），2004：2.

［5］郝维谦，龙正中. 高等教育史［M］. 海南：海南出版社，2000：614-616.

［6］教育部发展规划司. 2007 教育统计摘要［M］. 2008：9，13，14，19.

［7］李立国. 高校人事制度改革的走向［N］. 光明日报，2014-6-3：13.

大学有效治理取决于学者共同体机制确立

马陆亭[①]

（教育部教育发展研究中心　中国　北京　100816）

摘　要　本文首先回顾了从管理体制改革到现代大学制度建设的过程，认为当前改革的重点是完善治理结构，而教授共同体建设是其突破点。其次，本文从大学的起源出发，强调大学应以教授主导的学者共同体为重要特征。最后，本文进行了学者共同体治理模式设计，提出了大学是由学院组成的共同体，学院是由教授组成的共同体，校学术委员对联邦制的学院决策予以制衡，核定学术型行政岗位等具体的改革思路。

关键词　大学；制度；教授；共同体

① 作者简介：马陆亭（1963—　），河南新乡人，教育部教育发展研究中心高教室主任、研究员，博士生导师，主要从事高等教育发展与管理政策研究。

当去行政化、学术权力与行政权力冲突等概念提出后，学界反应强烈，说明其切中时弊。但是，再往下却争议纷起、莫衷一是，感觉该议题不了了之了。近年来，中央政府陆续确立了加强现代大学制度建设、推进国家治理现代化、全面依法治国的治理理念，高等教育领域也在政府简政放权、大学章程制定、完善治理结构等方面做了大量工作。笔者认为，政府与大学的关系、学术权力与行政权力的关系，正在成为改革亟待突破的关键。根据“大学治理：权力运行制约和监督”国际研讨会的主题，本文聚焦于后者。

一、制度的激励和约束作用

自改革开放以来，高等教育就不断地进行着宏观管理体制和高校内部管理体制的改革，并形成了“宏观简政放权、微观激励搞活”的改革思路，方向无疑是正确的。但是，权力“一放就乱、一乱就收”反复困扰着我们，说明改革理念并没有切实转化成制度安排。

下放权力是计划经济的改革思路，权力归位是市场经济的改革思路，高等教育治理能力现代化的关键是规范各方的权力边界。所以，伴随着国家体制从计划经济转向市场经济，国家对高等教育管理制度的提法也从体制改革慢慢地转变为现代大学制度建设，二者是一脉相承的。另外高等教育治理能力现代化的目标也是指向建成现代大学制度的。

诺贝尔经济学奖获得者诺斯认为，“制度是一系列被制定出来的规则、秩序和行为道德、伦理规范，它旨在约束主体福利或效用最大化利益的个人行为”[1]。可见制度虽有激励作用，但更是一种约束。计划经济时代的约束力太强，所以要激励；而市场经济解放了旧的束缚，就需要建立起新的约束。

因此，我们的改革内容要变：过去的管理体制改革重在放权、激发下属的办学活力，而目前的现代大学制度建设应该是重在规范、调整权力结构。进一步说，起源于计划经济时期的管理体制改革，着力解决的是权力集中问题，因此放权、激励是主旋律，政府完全主导；而起源于市场经济条件下的现代大学制度建设，重在治理结构的规范，激励与约束并重，该谁的权就是谁的权，即把权力放进笼子，是一个由政府主导转向学校自我建设的过程。

二、大学是以教授为主导的学者共同体

目前，国际高等教育学界基本认同现代意义的大学起源于中世纪的欧洲。如

当代美国著名比较高等教育学者阿特巴赫（Philip G. Altbach）就曾经说过：“毫不夸张地说，世界上所有的大学都起源于中世纪欧洲大学模式，源于巴黎大学模式。中世纪欧洲大学是以行会模式治理的，其实行会也是当时社会的治理模式，大学只是遵从了社会。”[2] 这说明大学在产生之初是行会式的教授共同体，这就是“教授治校”的本来面目。

共同体就是利益、责任共担的机制，大家地位平等，共同说了算，争议通过协商、表决机制解决。慢慢地，大学规模大了，职能多了，教授数量多了，学科也分化了，出现了专职的校长和行政人员，政府、市场也开始介入，教授治校似乎已不可行。因此，我们现在的提法是教授治学。

其实，用教授治学来代替教授治校，争议是很大的。例如，支持者认为，正如战争太重要了不能让将军说了算一样，高等教育已是国家战略怎能让教授说了算？大学规模那么大，教授相互间不认识，怎么来治校？现代大学要实行战略管理，教授只懂自己的业务而对战略问题却不懂。反对者则认为，教授治校是大学的本质特征之一，教授治学不能替代教授治校；教授治学是天经地义之事，本不用说，是一句废话。

如果说教授治校不可行，还会带来另一个问题：大学在产生之初具有这样一个特征，现在如果让这个特征没了，那么现在这个机构还是不是“大学”？那么，这就引出了现代大学合法性问题，它还是大学吗，还是只是高等教育机构？

大学是舶来之物，那让我们继续看一下国外的情况。尽管社会对大学的影响因素在不断增多，但那些身处高等教育强国的大学还是力求维护与外界的边界及内部学术与行政的边界的。如英国大学设置学术评议会，是大学最高学术权力机构，享有制定大学学术政策的全部权力，是唯一和各个学部、系直接打交道的机构；德国大学的评议会是主要决策机构，对学术事务及重大的行政事务拥有审议决策权，也负责选举校长和批准学校章程；法国大学设有校务委员会、学术委员会和学习与大学生活委员会等内部管理机构，各司其职。

所以，所谓学术权力，其实就是学者共同体特征如何体现。我们需要思考学者共同体的实现方式，具体而言，就是要加强教授共同体模式的构建。

三、教授共同体治理模式架构

毋庸置疑，教授治学是实现教授共同体模式的一种路径选择，它选择的是窄化共同体的范围。是不是还有其他的选择，如降低层次到院系一级？答案无疑是肯定的。笔者提出的设计方案是：大学是以学院为基础的共同体，学院是以教授为主导的共同体；高等学校实行学院联邦制学术治理模式，在二级学院构建有决策地位的教授会，校学术委员对联邦制的学院决策予以制衡。

第一，构建学院新型教授共同体。原因如下：①二级学院层级与学术的关联最为直接和密切，这里几乎所有的管理事务都与学术相关，如人事、经费、学科专业方向、教学、科研、奖励等。在学院里，教授治学与教授治校的意义近似相同，因此可以实现教授治院。②在二级学院里，教师的学科比较接近，人数也比较少，相互之间可能知根知底，因此可设立教授会作为学院重大事务的决策机构，实现真实的学者共同体治理。③同行评议制度是被国外大学检验并认可了的有助于创新的学术制度，实行教授治院有利于改变当前重"量"轻"质"的行政化评价方式，并减少行政权力学术寻租现象。④如果学院教授会集体僵化或占山为王或排挤人才怎么办？对此现象要一分为二地看：好的一面是也许有助于形成特色，如果真出现问题的话，也还有许多制衡、申述机制来加以解决。

第二，高校实行学院联邦制。所谓学院联邦制，就是学院是一个相对独立的自治体，但其发展规划要得到校方批准，与学校整体战略一致。它弱化了校职能部门对学院、教师的管理权限，增强了服务职能，同时也增强了其对学生的服务职能及与社会的联系职能。大学的管理重心下移，学院的地位上升，但对基础学科、新兴学科、跨学科中心的扶持和发展，责任仍在大学。院长不设定行政级别，由教授会民主推选，学校任命，在需要时也可直接担任大学的校长、副校长而规避掉过去的逐级提拔模式，使大家把精力用在做事上而不是拉关系上。这样，今后在好的大学里，可能会出现某院长最牛、某教授最牛的局面。同样，行政人员的发展也是专业性的，很多行政岗位也不宜让教授来担任。

第三，校学术委员会有权否定学院的决策。校学术委员会既是大学学术决策机构，也是二级学院政策的制衡机构。在大学层面，要依据教育部的《高等学校学术委员会规程》，实现"教授治学"。这个学不单指教学，而且指整个学术。学术委员会平衡各学科学术发展，监督、制衡院系学术决策，形成全校以教师为主导的学术治理机制。为突出育人功能，学术委员会主席应按章程规定由主管教学的副校长担任，是全校最高的学术首脑，即首席学术官。

第四，核定学术型行政岗位。大学领导人要不要有教授头衔？不能一概而论。都没有，就成了外行来领导大学了；可都有也是问题，因为这破坏了学术的神圣性和专业性。大学领导人的真实岗位是管理，不同职位与学术工作的密切程度不同。所以，大学要对行政岗位作出界定，有些是学术型行政岗位，而大部分不是。依据工作性质，大学的行政负责人，不论其原来的学术水平多高，从事管理工作后职责都会发生变化。大部分岗位不能继续使用学术头衔，更不能依据行政位置晋升学术职称。只有少数与学术工作密切的岗位可保留学术头衔，如校长、院长，以及主管学术工作的副校长、教务长等，以维护学术的严肃性。

参考文献

[1] 道格拉斯·C. 诺斯. 经济史中的结构与变迁 [M]. 陈郁，罗华平等译. 上海：上海人民出版社，1994：225.

[2] 菲利普·G. 阿特巴赫. 比较高等教育：知识、大学与发展 [M]. 人民教育出版社教育室译. 北京：人民教育出版社，2013：2.

大学的校院关系与学院治理[①]

宣 勇[②]

（浙江工业大学现代大学制度研究中心 中国 杭州 310014）

摘 要 高校办学的内生动力主要是在学院，主要是学院的办学活力。高校要“完善内部治理结构，形成自我约束、自我规范的内部管理体制和监督制约机制，这也是政府放权的制度前提”。学院的扁平化管理是方向，主要有两种观点：第一个观点是，学院制是我国大学组织结构的基本选择；第二个观点是，校院关系从直线型走向扁平化。基于此，本文提出四条建议：第一，尽快建立学院的权力负面清单制度；第二，尽快完善二级教代会制度；第三，整合和进一步发挥二级学术委员会的作用；第四，发挥学生在学院治理中的作用。

关键词 校院关系；学院治理；扁平化

① 本文是根据2015年12月18—20日作者在由大连理工大学和中国高等教育学会主办、大连理工大学高等教育研究院承办的“大学治理：权力运行制约和监督”国际会议上的报告录音整理而成，已经作者审核。整理者：韩梦洁、白晋延。

② 作者简介：宣勇（1965— ），男，浙江诸暨人，浙江工业大学现代大学制度研究中心主任，浙江农林大学党委书记，教授，主要从事高等教育管理研究。

在整个大学治理过程中，院校关系问题很容易被忽视。在宏观层面上，研究者可能更多地关注大学与政府的关系问题；在中观层面上，研究党委领导下校长负责制的比较多，而相对来说，学院层面的治理研究稍微有些薄弱。

一、问题的提出

2015 年发生的三件大事与本文题目密切相关。第一件事就是复旦大学的放权备受关注。复旦大学在做教育部部署的综合教育改革中，媒体对其中一项改革给予了很高的评价，高等教育界也给予了很高的关注。从 2015 年 1 月开始，校内各个院系获得更多的校内办学自主权，不再吃大锅饭，让学院有更大的权力去配置院内的资源，时任复旦大学党委书记的朱之文说，"改革不是向国家伸手要资源，更重要的是如何盘活存量，激发每个学院的办学活力"，"让学校审批决定每个具体学科的发展、选聘人员、分派资源，肯定不如院系更加知根知底。要让第一线了解情况的人做决策，决定人财物该用在哪。学校对各院系、学科自身的常规发展扮演审核、监督角色，腾出精力，谋划少量单个学院无法完成、关系学校发展大计的重大项目"[1]。实际上，高校办学的内生动力主要是在学院，主要是学院的办学活力。

第二件事是政府的期待与担忧。2015 年 5 月份教育部颁发了《关于深入推进教育管办评分离，促进政府职能转变的若干意见》。《中国教育报》专门用了很大的篇幅解读管、办、评分离问题，其实从十八届三中全会提出治理体系和治理能力现代化以后，教育部一直在大力推进这件事情，我们注意到，在 2014 年的全国教育工作会议上，袁贵仁部长作了《深化教育领域综合改革　加快推进教育治理体系和治理能力现代化》的报告，他特别表达了扩大与落实学校自主权的主动意愿，"简政放权，当前的重点是扩大省级政府教育统筹权和学校办学自主权"。"凡是由省级管理更方便有效的事项一律下放省级管理，凡是由学校能自主决定的事项一律下放到学校。"并承诺："把该放的放掉，把该管的管好，做到不缺位、不越位、不错位。"[2] 这就意味着，学校在今后办学过程中的自主权非常之大，但是他也表达了政府的担忧，这个担忧是什么，就是把权力下放到高校，高校是否有能力接住权力，用好权力，确保放而不乱，所以明确提出"学校自主办学，就是要落实学校办学主体地位，明确权利责任，自我管理、自我约束、自我发展"。高校要"完善内部治理结构。形成自我约束、自我规范的内部管理体制和监督制约机制。这也是政府放权的制度前提"。[3]

教育部的担忧是有道理的，与此相关的第三件事是现实的争议。就在 2015 年 10 月份，网名为"秋水至乐"的网友发出了一篇题为《×××教授的公开信》，某大学博导×××实名披露他在某大学文学院受到的包括被迫提前退休、11.52 万元绩效工资被克扣等一系列不公平待遇，最后讲到了该校文学院院长行为不端，院长霸占学术资源，独断专行，顺者昌逆者亡，有正义感的教授边缘化，有成就的青年教师孤立无援，学术标准丧失，学术风气极度恶化，文学院成了拉帮结派的黑社会。该事件在网络上一时一片哗然，引起了一阵热议，反映了学院权力运行中存在的问题，制约学院权力成为社会关注的焦点。

对此，至少有两个问题值得我们思考：第一个就是如何来重建大学的院校管理。因为现在学校面临着政府放更多的权，学校接住这些权力以后，内部治理怎么来重建，这个问题值得深思。第二个要思考的是一旦学院有更多的权力，在运行过程中怎样进行监督和制约。

二、扁平化：大学校院关系的重建

大学的校院关系如何进行重建？事实上，学院的扁平化管理是方向，本文主要谈以下两个观点。

第一个观点：学院制是我国大学组织结构的基本选择。

大学组织结构跟所有的组织结构一样。明茨伯格曾经讲过，组织架构由 5 个部分组成：高层管理、中层管理、技术核心、技术支持和管理支持。根据他的理论，我们把大学组织构型架构成学校—学院—基层学术组织，同时有管理部门和后勤技术部门的支持，这构成了大学的基本组织构型。组织结构跟着政策演变在做调整。新中国成立初期，1952 年院系调整，中国向苏联学习的是校—系—教研室这样的组织结构。改革开放后，其实也就是 1978 年以后，中国的大学组织结构逐渐转向欧美模式，从苏联模式回到了欧美模式，科研职能回到大学以后，20 世纪 80 年代中期开始尝试系管教学，研究所管科研。到 20 世纪 80 年代中期尝试恢复学院制，就是校—院—系，当然在当时引起了很大的争议，如系是虚的还是实的，学院是虚的还是实的，是在几个系合并的基础上成立学院还是由系升格为学院，等等。非常巧合的是，大连理工大学在 1984 年是国家最早实行学院制的大学。紧接着，中国人民大学、华中理工大学、青岛海洋大学在 20 世纪 80 年代中后期相继实行学院制，一直到 20 世纪 90 年代，北京师范大学、西安交通大学，清华大学、浙江大学、东南大学、吉林大学、山东大学、厦门大学开始实行学院制。

从此，学院制成了我国大学组织结构的基本选择，学院制不是中国的发明，实际上是伴随中世纪大学的诞生而形成的，学院制从中世纪至今一直在不断发展和完善，学院的设置越来越灵活，更倾向于以新的学科关系进行学院的组织，一些关于学院设置的陈规陋习不断被打破，学院的种类越来越多。众所周知，我们原来传统的学院的几种模式有以学生住所为划分依据的牛津大学、剑桥大学模式，以教学居所为划分依据的伦敦大学模式，以学科类型为划分依据的爱丁堡大学模式，以学科方向为划分依据的东安吉利亚大学模式，以传统的多学科综合的文理学院为主体辅以专业学院的美国模式，以“学部”为名称的强调学科发展内在逻辑的日本模式等。

学院如何划分设置，也是大学所关心的问题。中山大学对 20 所学院的设置和划分，在短时间内进行了反复的调整，在内部引起了轩然大波，所以如何来设置学院也是值得关注的。我们判断中国大学的学院设置整体偏多，美国大学基本上是设置 8～10 个学院。我国有学者做过统计，20 所左右“985”高校，16 所左右“211”高校，17 所左右地方院校，学院数整体上偏多。

那么，我国大学的校院关系又是什么状况呢？笔者对 2015 年 6 月份教育部核准的 84 个大学章程做了统计，章程中本应该规定内部治理结构是个怎样的结构，而笔者发现非常明确写明学校实行的是校院两级管理体制的是 55 所，而 29 所没有这样明确的表达。但在谈论职责职权时，又不同程度地讲到学院的一些权力，所以实际上我国大学基本上是实行学院制的。笔者分析了《大连理工大学章程》中关于学院部分的表述，如第十一条规定学校实行学校、学部（学院）两级管理体制。第五十六条规定学部、学院等教学科研实体机构（以下统称：二级办学单位），是学校人才培养、科学研究、社会服务、文化传承创新等方面工作的具体实施单位，也是学科建设、队伍建设、国际合作与交流的主要载体。学校根据事业发展需要组建或调整二级办学单位。当然这里还有一些对于学院的要求，如第五十七条规定学校实行学校、学部学院等二级办学单位两级管理，按照增强活力、责权统一的原则，精减管理层级，调适管理跨度，下移管理重心并强化目标管理。

我国大学的校院关系基本上还处于直线型阶段，就是科层制的，对大学的权力配置，以及社会对于横向权力配置关注得比较多，比较关注政党权力、行政权力、学术权力，包括学生权力、民主权力怎么来配置，但是相对来讲，对纵向权力的配置，如从学校到学院到基层组织这个权力配置缺少关注。其实，变革制度安排都是由政策推动的，教育部包括中共中央办公厅发布的一系列文件，都是关于大学宏观的现代大学制度建设，对学院的管理与决策只有一个文件，就是在高校党的基层组织工作条例中有所涉及。

第二个观点：校院关系要从直线型走向扁平化。

高校权力的纵向配置，基本上是 3 种模式：第一种是科层制，是直线型的，学院基本上就是一个操作单位，是一个运行单位，是一个执行单位。它跟企业里面一样是一个生产车间。第二种是事业部制的扁平化的管理方式，相对有一些自主权，有一些经营权，可以有一些独立的财务、独立的权力。第三种是像牛津大学、剑桥大学那样独立的联邦制的方式。科层制对于政府而言，是一个特定功能的组织，有庞大的规模、正式制度规范、等级制度、特定的任务、书面文件。在最早的时期，科层制被认为是现代工业文明下理想的组织安排，效率很高，组织结构非常简单，是直线型的，所以最初它并不是一个受批判的对象，而是受到推崇的一种模型，在确保一致性、持续性、预见性、稳定性、谨慎性、重复性工作的高效性、平等性、理性及专业性等方面，科层制是最好的组织形式。但现在我们发现科层制也带来了一些问题，就是它造成基层组织的等、靠、要，内生动力不足，基本等待上一级的指令来运行。所以，当大学规模扩大、管理范围增加、职能扩展的时候，如果再按照直线制或科层制这种模式产生内生动力非常难，所以科层制结构现在被认为是僵化的，基本上是一种自上而下的管理方式，所以有学者专门指出需要进行改变。文森特·奥斯特罗姆直面这种紧张关系可能带来的供给绩效问题，在《美国公共行政的思想危机》中指出：如果政府不允许不同群体表达其偏好，那么政府就会在没有公民个人偏好信息的情况下采取行动，由此政府支出与消费者的效用没有什么关系，这种消费者效用缺失下的生产者效率是没有经济意义的。那么在高校的表现方面产生的问题是什么呢？即权力过于集中、管理效率不高、组织协调不力、办学活力缺乏……近年来，在围绕中国高校大学治理体系开展的讨论中，时见这样的论断。事实上，随着社会与高校发展到一定阶段，在建设世界一流大学的道路上，传统的治理模式逐渐显现出不适应性，所以，这是内部直线科层制带来的一些问题，那怎样来改变呢？

事实上，复旦大学的章程体现了试图作出改变的意愿，章程明确学校实行学校—院系两级管理，这与大连理工大学一样，但在第二十四条中讲到了一些不一样的地方，和其他的章程进行比较，“学校根据人才培养的要求和学科属性设置学院，并且根据发展需要予以调整。学校按照事权相宜和权责一致的原则，在人、财、物等方面规范有序地赋予学院相应的管理权力，指导和监督学院相对独立地自主运行”[4]。这就是复旦大学章程对学院的权力规范、下放，让学院能够自主运行，事实上这就是一种事业部制的管理方式。

我们统计了 84 所高校章程中规定学院所拥有权力的情况，其中较为明确的有 69 所，不明确的有 15 所，但是 60 所中主要讲到组织本单位的教学活动、科学研究、社会活动、思想品德教育。实际上，学院主要还是一个生产单位，是一个执行单位。有 55 所学校的学院制定了本单位年度经费与经费方案，可以决定经费怎么使用，但这是在学校划定的经费范围内，不是一个自主理财的概念。从这些职权的分析中，基本可以判断现在高校的院校关系基本还处于科层直线型。

所以，从高校内部治理结构的变革角度讲，要真正增强内生动力，需要在组织结构、权力下放上做一些变化。我们认为，需要从科层制向事业部制转变，从直线型向扁平化发展。理由如下：第一，高校将会拥有更多的自主权。第二，所有高校在走内涵式发展道路上都希望能够激发办学活力，但是如果基层办学活力激发不出来，学校是不可能有活力的。第三，现在越来越强调学校的办学绩效，强调投入产出，强调政府问责。所以，这些因素会促成高校组织结构的权力管理重心下移。事实上，这些改革举措早在 1999 年浙江工业大学的内部管理改革中就已实行，2011 年浙江农林大学也在推行，实行效果非常之好，激发了学院的办学活力。

三、学院的权力运行、监督与制约

既然校院关系呈扁平化趋势，那么如何运行、监督与制约呢？

第一，现在可以借助政府权力清单和负面清单的方式。李克强总理在 2014 年就已经讲到，政府要进行三项清单，就是权力清单、负面清单、责任清单。他讲到“法无授权不可为，法无禁止即可为，法定职责必须为”。把这三句话用于高校，即是说大学的机关、大学的职能部门要法无授权不可为，机关不能随意干预学院。第二，对学院来讲，法无禁止即可为，学校要对学院开出负面清单，规定哪些是不能做的，除此之外都可以做，这是我们权力改革的运行方向。所以，这是大学的责任清单，即法定职责必须为，对于机关而言，从这个角度来讲可以得到很多启示。在内部的治理改革中，可以在机关开出权力清单，对学院开出负面清单，例如，浙江农林大学已经开始做准备，准备列出一些权力清单，因为 2011 年开始在浙江农林大学改革的时候，就明确提出把学院变成相对独立的办学主体，让学院有更大的自主权。

因此，大学可以借助政府的改革思维来推动权力的变更，高校为什么能够制定权力清单，当然有一些缘由：一是高校作为国家设立的事业单位，对内拥有行政权力和学术权力；二是制定权力清单，厘清行政权力和学术权力是高校去行政化的重要举措；三是执行权力清单制度，它是依据学校章程落实依法治校的具体体现；四是执行权力清单制度是划清部门权力边界，强化部门责任担当的有力途径。

第二，扁平化的校院二级的权力配置与监督。学校职能部门的权力叫法定权力，学校的权力清单应该有哪些？大致可将之归纳为 5 个方面：其一是战略管理。所谓战略管理，就是设定目标，因为一个学校整体组织必须围绕战略中心来实施，所以学院必须围绕学校的战略而运行，职能部门首先要采用目标管理，要从过程管理走向目标管理。过去很多职能部门都是过程管理，学院进人、理财等方面什么都要去管，今后学院要确定一个目标，围绕学校的战略来分解各个学院的任务，这是职能部门需要完成的工作。其二是研究制定政策。过去是人治，今后更重要的是通过制度的管理、政策的调控，用制度来制约权力，通过制度、政策来引导学院的发展而不是人治，不是人事处处长直接给院长打电话，学生处处长直接给院长打电话汇报工作，以后得通过制度。其三是要通过宏观调控、监控考核来实现管理，因为有时学院在办学过程中会走偏，或者与学校的战略相违背，所以这是职能部门必须要关注的。其四是对外联络，就是学校的职能部门必须更加开放，面向社会，面向政府来办学，相当于具有外交权，必须要履行好这个职责。其五是提供公共服务，加强技术和后勤保障能力，在信息、图书、生活、安全等方面公共服务的水平和质量上要大大提高，要提高专业化程度，要加强这一方面的服务，所以，我们认为学校要增强职能部门的服务意识。这是对机关的权力清单。

机关明确职责以后，学院必须要成为相对独立的办学主体，学院要承担三大责任，即学科建设的责任、专业建设的责任和社会服务的责任，这是学院必须要承担的，但也要赋予三大权力，我们前面提到的是自主理财权、自主用人权和自主配置资源的人力和物力权，这些权力都要下放给学院，那么这里的核心是什么？就是自主理财权，就是财权要给学院，那么如何给？学生的所有费用全都由学院收，谁收谁支。在过去学校的财务处对学校的柴米油盐都进行了规定，多少钱买柴，多少钱买油，都是明确的，不能调配，现在是自主理财，钱收了以后，全部由学院自主理财，这大大激发了学院的活力。如在 1999 年改革之前，高考大众化，教育厅要求学校多招生，校长把任务领回来了以后，所有的院长都不乐意增加学生，因为有了学生要新办专业，加上没有内生动力，扩大的招生指标很难落实下去。1999 年改革以后，实施自主理财，学生收费归学院自收自支，情势完全发生改观，院长求校长多给招生指标，为什么？因为多一个学生多一份收入，大家都要扩大规模，内生动力就出来了。既然学院要多招生可以，那么校长就开始提要求了，要进行旧专业的改造，要设置新专业，要进行课程体系的改革，只有这样才可以多招生，整个办学活力就完全不一样了，笔者想这就是制度的作用，当然在这里面，自主理财权是最重要的。

第三，学院权力如何制约。前面讲到监督是权力对权力的监督，是垂直的，而制约是平行的，就是内部怎样来自我约束。在 84 个章程当中，在学院层面建立决策与制约机构的基本状况是：明确党政联席会 80 个、实行院长负责 79 个、有二级教职工代表大会 52 个、学术委员会 41 个、教授委员会 26 个，学位评定分委员会 19 个、教学委员会 7 个、聘任委员会 2 个、人才培养委员会 1 个。这就是学院层面的一些横向机构设置，以及相互分权与制约的基本状况。据分析，在很多方面学院的权力制约实际上还是有很大空间的，当然，党政联席会议、党政共同负责是中国共产党在普通高等学校基层组织条例中明确要求的，但是对学术委员会如何参与做决策并未明确要求，包括二级教代会现在还有 32 个学校没有建立起来，所以当时浙江工业大学改革的时候，很重要的理财预算和决算必须要通过二级教代会，这就涉及要通过民主管理、民主参与等重要途径，能非常有效地避免院长权力滥用，就不会出现刚刚讲到的某大学的情况，因为它没有制约，包括学术委员会的一些权限，当然还包括人事聘任委员会、教学委员会等还有很大的改进空间，所以学院层面的权力制约还是有很大空间可以发挥的。

第四，提出四条建议：其一，尽快建立学院的权力负面清单制度。其二，尽快完善二级教代会制度。其三，整合和进一步发挥二级学术委员会的作用。根据教育部的规程，学术委员会在学校层面其实已经整合了，但在学院层面其实还没有整合，教学委员会、学术委员会、晋升委员会、聘任委员会都还很零散，其实笔者认为这些都是学术委员会的职能，可以把它们整合起来。其四，大学治理中有一个核心利益相关者被遗忘了，那就是学生。学生怎样在学院的治理中更好地发挥作用，这个问题是很值得研究的。

参考文献

[1] 彭德倩. 复旦：让第一线了解情况的人做决策. 解放日报 [EB/OL]. http：//www.shedunews.com/zixun/shanghai/gaodeng/2015/01/16/1245276.html.

[2] 邓晖. 教育部：高考改革方案确定“1+5”. 光明日报 [EB/OL]. http：//news.xinhuanet.com/politics/2014-01/16/c_126013675.htm.

[3] 袁贵仁. 深化教育领域综合改革　加快推进教育治理体系和治理能力现代化 [J]. 中国高等教育，2014（5）：4-10.

[4] 复旦大学章程 [EB/OL]. http：//xxgk.fudan.edu.cn/fddxzc/list.htm.

我国大学内设学院权力运行制约与监督现状和对策①

迟景明　何晓芳　康　乐　张　弛　任　祺　何志程②

（大连理工大学高等教育研究院　中国　大连　116024）

摘　要　作为大学内部的基层运行组织，学院内部权力运行制约与监督的关系直接影响着大学组织管理运行的有效性。本文从学院层面权力运行所处的制度环境因素入手，探析制度环境对学院权力运行制约与监督关系的影响机理。通过构建结构方程模型及问卷调查统计，对研究假设进行验证分析，从而探索出制度视角下保障学院内部权力合理运行的有效途径。

关键词　制度环境；权力制约；权力监督；结构方程模型

① 基金项目：教育部哲学社会科学研究重大课题攻关项目“高校内部权力运行制约和监督体系研究”（14JZD051）。

② 作者简介：迟景明，博士，教授，博士生导师，大连理工大学高等教育研究院副院长；何晓芳，博士，副教授；康乐，博士，讲师；张弛，博士；任祺，博士；何志程，博士。

大学内设学院的办学内涵丰富、办学活动复杂，学院作为学校内部的办学实体，成为教学、科研、学科建设及其管理的基本单位。随着内部管理体制和运行模式的变化，高校管理的重心开始向学院转移，学院成为高校中行政权力、党委权力、学术权力等多种权力的聚集区，其权力运行呈现出复杂性和典型性。因此，加强学院层面上的权力制约与监督，规范与完善学院制度建设，成为一项迫切的重要任务。本文的目的在于了解和分析当前我国高校学院一级的权力结构关系，权力运行中的制约与监督状况、有效性和存在的问题，并以此为基础提出建立与完善学院一级的权力运行制约与监督体系的思路与对策。

一、学院权力制约与监督关系分析

（一）概念界定与分析

1. 高校内部权力

从不同学科维度来看，“权力”具有不同的内涵与特征。目前，还很难确定一个公认的经典定义。《中国大百科全书（政治卷）》将权力定义为：“权力是人际关系的影响力，权力主体根据自己的目的去影响他人行为的能力。”根据这一定义，权力有如下特征：①权力是一种力量。权力的一个主要功能在于实现权力主体的自我保存和自我发展，即权力的自我维系。②权力主体的意志制约着权力客体的意志。③权力主体制约权力客体的目的在于利益。

从组织理论的视角来看，权力的实质是一种关系。[1]高校内部权力是指在高校内部各权力主体之间人际关系的影响力，是高校权力主体在高校内的人际相互作用关系中，根据自己的目的去影响或制约他人行为的力量。高校内部权力概念所反映的是高校内部各权力主体之间的相互影响、相互制约和相互作用关系。我国大学内设学院层面的权力结构划分，主要包括学术权力、行政权力和政治权力3大类。[2][3]

2. 权力制约

权力制约是指对权力的制衡、约束和控制，以防止、制止对公权力的不当行使。任何一种权力在没有得到其他权力支持的情况下，其单独的行使都难以实现权力目的。同时，任何一种权力的存在和行使又都会对其他的权力构成牵制。权力经过分解后由不同的主体来行使，彼此形成一种掣肘、均衡的关系。权力制约不是单向的，而是多向的。

高校内部权力制约侧重于研究高校内部各权力之间，如学术权力与行政权力、学校权力、政治权力等的相互制衡、约束关系与控制机制。目前，研究倾向于强调提升学术权力的决策能力，而限制和约束行政权力的影响力，从而表现出追求学术权力与行政权力制约均衡化发展的诉求。其主要是对大学决策权力的制约诉求，要求避免决策的专制化、官僚化等。

权力间的相互制衡、约束关系，主要取决于在学院学术、人事和财政事务决策过程中不同权力对决策最终结果所产生作用和影响的强度，即权力强度。所以，权力强度就成为测度学院内部 3 种权力之间制约关系程度的重要变量之一。权力的行使都是在与其他权力的作用中实现的，故而权力的实现离不开牵制与协商的过程。达尔（Dahl）认为，在所有决策活动中，权力并不只是单一决策参与者所独有的，而是不均匀地分布在决策群体中的每个角落。[4] 所以，通常情况下，决策参与者达成最终决定的有效方式，就是在权力运行中采用协商手段实现决策者的目的、利益等方面的协调；同时，决策过程中的权力主体在相互协商中，也会借助自身的资源优势，尽可能地争取更多利益，确保自身的生存与发展。[5] 此外，所有的权力主体在拥有权力之后，都容易产生滥用权力的行为，因而要避免这种行为的发生，就必须采取以权力约束权力的方式。[6] 这种约束方式主要表现为学术权力组织，如学术委员会或教授在学院学科建设、人才培养、经费配置、职称评审等诸多事务的决策过程中，对行政权力主体（如院长）决策结果的牵制程度；党委权力主体在学院的上述事务决策中，对行政权力主体决策结果的牵制程度。这就是学院内部权力制约关系的另一测度变量——权力牵制。

3. 权力监督

权力监督与权力制约一样，是一种针对于权力运作的控制机制。与权力制约不同，权力监督是以授权为前提的。监督是当权力的拥有者不便或者不能直接行使权力，而把权力委托给他人行使以后，控制后者按照自己的意志和利益行使权力的制度安排和行为过程。监督孕育于权力的委托与受托的过程之中，是权力的拥有者、委托者与权力的受托者、行使者之间的权利和义务关系。权力监督是单向的，是权力的所有者、委托者对权力的受托者的一种控制，后者对前者没有反向的牵制权、控制权。

就高校来说，其权力监督主体包括 3 个维度：一是党代会和党委全委会；二是高校纪检监察部门；三是群众。高校的权力监督对象包括高校党政“一把手”、领导班子、各职能部门负责人和各学院负责人等领导。结合高校权力结构自身的特点，从权力的具体运行过程来说，主要包括 3 方面的监督：一是对权力运行起点的监督；二是对权力运行过程的监督；三是对权力运行结果的监督。

就学院层面而言，教师群体作为学院内部权力的授予方，享有对学院内部权力运行状况的监督权力。这种监督形式集中表现为学院内部的民主监督，其核心内容就是通过信息公开来减少信息不对称，增加意见表达的渠道和途径，而教职工代表大会是实现民主监督的主要机构和形式。因此，可以考察教师群体对学院相关事务决策过程中的信息公开程度及教师群体意见表达的通畅程度，实现对学院内部权力关系的民主监督状况的测度。

同时，由于我国大学实行“党委领导下的校长负责制”的管理体制，因而党委权力主体享有对以校长为代表的行政权力主体的监督权力。而在学院层面，学院分党委组织作为校级党委组织的直接下属机构，被上级组织赋予了监督以院长为代表的同级行政权力主体的权力。这种监督形式与民主监督的最大区别在于监督者的权力来源，即前者是一种自上而下的赋予形式，是同级权力主体之间的监督行为，所以也称为平行监督。

（二）研究假设

制度环境是权力关系形成和维持的基础。权力主体要实现其利益诉求，必须在一定制度规则的限制下行使各自的权力。制度环境的建立，不仅保障着组织内部各利益主体在权力关系博弈中的纳什均衡，同时也为各权力主体提供了权力来源的合法性、权力的边界、权力运行的程序。正如捷克教育家夸美纽斯（Johann Amos Comenius）所言，学校开展所有工作的灵魂是制度，哪里制度稳定，哪里便一切稳定；哪里制度动摇，哪里便一切动摇；哪里制度松垮，哪里便一切松垮和陷入混乱。有效的制度环境有助于促进资源的合理配置，从而建立学院内部稳定健康的权力运行制约与监督关系。因此，结合上述分析结果，我们提出以下研究假设：

H1：制度环境的支持程度对学院层面权力制约存在正向的影响作用。

H2：制度环境的支持程度对学院层面权力监督存在正向的影响作用。

根据已有文献的分析，可以将假设 H1 分解为若干子假设进行论证，如下：

H1a：权力来源的合法性程度对学院层面学术权力强度存在正向影响。

H1b：权力界限划分的清晰程度对学院层面学术权力强度存在正向影响。

H1c：权力程序的规范性程度对学院层面学术权力强度存在正向影响。

H1d：权力来源的合法性程度对学院层面权力牵制程度存在正向影响。

H1e：权力界限划分的清晰程度对学院层面权力牵制程度存在正向影响。

H1f：权力程序的规范性程度对学院层面权力牵制程度存在正向影响。

H1g：权力来源的合法性程度对学院层面权力协商程度存在正向影响。

H1h：权力界限划分的清晰程度对学院层面权力协商程度存在正向影响。

H1i：权力程序的规范性程度对学院层面权力协商的有效程度存在正向影响。

结合已有理论文献进行分析，可将假设 H2 分解为若干子假设进行论证，如下：

H2a：权力来源的合法性程度对学院层面民主监督存在正向影响。

H2b：权力界限划分的清晰程度对学院层面民主监督存在正向影响。

H2c：权力程序的规范性程度对学院层面民主监督存在正向影响。

H2d：权力来源的合法性程度对学院层面平行监督存在正向影响。

H2e：权力界限划分的清晰程度对学院层面平行监督存在正向影响。

H2f：权力程序的规范性程度对学院层面平行监督存在正向影响。

（三）模型建构

基于上述理论基础，本文构建了制度环境对学院层面权力运行制约与监督关系影响机理的理论模型（图 1）。该初始模型中共包含 8 个潜变量与 37 个显变量。其中，权力来源的合法性程度、权力界限划分的清晰程度和权力程序的规范性程度是外生潜变量；权力牵制程度、权力协商程度、民主监督的效果和平行监督的效果是内生潜变量。

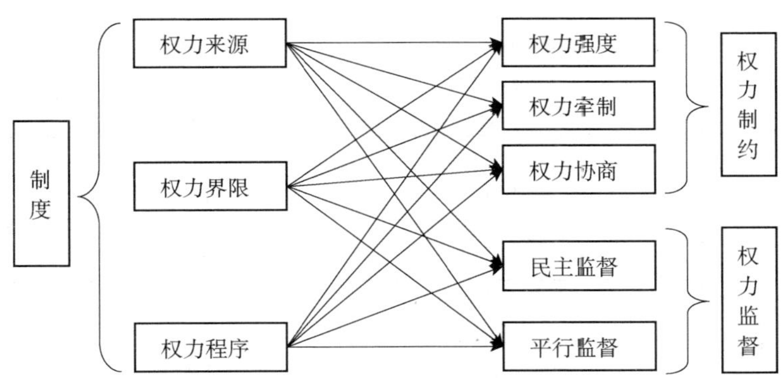

图 1　制度环境对学院层面权力运行制约与监督关系的影响模型

（四）实证分析

1. 问卷设计与数据来源

本次研究依据制度环境、权力制约和权力监督 3 个维度，编制了“大学内设学院权力运行制约状况调查问卷”。该问卷采用五点式量表，共设有 37 个题项，分别从权力牵制程度和权力协商程度两方面对学院层面权力制约关系进行量化；从民主监督和平行监督的效果对学院层面权力监督关系进行测度；从权力来源的合法性程度、权力界限划分的清晰程度和权力程序的规范性程度 3 方面量化学院权力运行所处的制度环境。通过在大连理工大学选取 65 名教师进行问卷预测，并依据预测结果对调查问卷中一些题项的描述进行了改进，以便获取更真实的数据，保证问卷具有较好的信度和效度。

本次调查面向全国范围内 20 所“985 工程”高校，共计发放问卷 1100 份，回收问卷 806 份，问卷回收率为 73.3%，有效问卷 747 份，问卷有效率为 92.7%（表 1）。

表 1　调查对象的基本信息统计概况

类别	样本特征	频率	百分比/%
性别	男	459	61.4
	女	288	38.6
	总计	747	100
年龄	35 岁以下	204	27.3
	36～45 岁	326	43.6
	46～55 岁	153	20.5
	56 岁以上	64	8.6
	总计	747	100
受访者职务	院长	18	2.4
	副院长	24	3.2
	学院党委书记	5	0.7
	学院党委副书记	13	1.8
	系主任或所长	90	12.0
	无行政职务	597	79.9
	总计	747	100
受教育程度	学士	34	4.5
	硕士	113	15.1
	博士	600	80.4
	总计	747	100
受访者身份类别	专职教学人员	578	77.4
	专职行政人员	41	5.5
	教师兼行政人员	128	17.1
	总计	747	100
学校	大连理工大学	52	7.0
	吉林大学	43	5.8
	武汉大学	42	5.6
	哈尔滨工业大学	42	5.6
	北京大学	41	5.5
	厦门大学	39	5.2
	清华大学	38	5.1
	中山大学	38	5.1
	兰州大学	38	5.1
	北京航空航天大学	37	5.0
	南开大学	36	4.8
	南京大学	35	4.7

续表

类别	样本特征	频率	百分比/%
学校	西安交通大学	35	4.7
	上海交通大学	34	4.6
	复旦大学	34	4.6
	四川大学	34	4.6
	东北大学	33	4.4
	湖南大学	33	4.4
	华南理工大学	32	4.3
	天津大学	31	4.1
	总计	747	100

2. 模型验证与假设检验

本次研究借助 AMOS22.0 软件对回收的有效数据进行拟合，并验证结构方程模型，通过选择 AMOS 中的极大似然法（maximum likelihood，ML）作为模型的估计方法，对模型中各变量之间的关系进行验证，得到初始结构方程模型的验证结果及模型修正指标（modification indices，MI）。根据 AMOS 提供的 MI 结果，通过增加结构方程模型中残差项之间的共变关系，从而提升数据与模型的匹配程度。本次研究的结构方程模型在经过多次修正后，各项拟合指标均达到了相应要求，表明结构方程模型与模型拟合适配程度较好。同时，经过模型修正后，最终得到制度环境对学院权力运行制约与监督关系影响的结构方程修订模型。

根据结构方程模型的整体拟合情况及各变量之间的标准化路径系数统计结果可知，除假设 H1i 和 H2c 未能通过验证外，其余假设均通过验证。结构方程模型的验证结果表明，制度环境中权力来源的合法性程度、权力界限划分的清晰程度和权力程序的规范化程度对学院层面学术权力强度和权力牵制程度都存在显著的正向作用；而权力来源的合法性程度和权力界限划分的清晰程度对学院层面权力主体之间的协商程度存在显著的正向作用。就制度环境对学院层面权力监督关系的影响结果而言，权力来源的合法性程度和权力界限划分的清晰程度对于完善学院内部民主监督和平行监督发挥着显著的积极作用；权力程序的规范化程度则仅对学院内部的平行监督存在显著的正向作用。

3. 实证结果

基于结构方程模型的验证分析，得到如下几个方面的结论。

首先，从学院层面的权力制约关系来看，对权力强度的测度结果说明，学术权力在学院重要事务中的参与程度和决策力度不足，特别是在学术事务的决策上，并没有发挥应该具有的主导作用，很多本应该由学术权力主导的事务被行政命令代替，存在行政权力对学术权力的越界情况；对权力牵制程度的测度结果指出，在学院事务的共同决策中，院长、党委和学术委员会（教授委员会）三方彼此间相互作用的“抗衡性”不足，特别是学术委员会（教授委员会）对于院长决策的制约力量很少得到体现；通过对权力协商程度的测度，可以发现在学院内部，院长、党委和教授群体之间的正式或非正式沟通情况尚可，但是学术权力与行政权力的协商程度仍然弱于党委权力与行政权力的协商程度。

其次，从学院层面的权力监督关系分析，高校学院内部教职工代表大会形式的民主监督情况优于党委权力对行政权力的平行监督；学院事务决策的程序规则和结果等方面信息的公开情况良好；教师群体有相对畅通的渠道表达意见；学院分党委对于以院长为代表的行政系统的工作监督还有提升的空间。

最后，从制度环境对学院层面权力制约与监督的影响作用来看，通过对制度环境中权力来源合法性程度的测度表明，目前我国高校学术权力、行政权力和党委权力三者从制度上得到赋权的强度不足，其中问题较为严重的是学术权力的强度和作用力没有在制度环境中的职责分工，以及权力范围边界的划分并不明确，容易引起混淆和纷争；对权力程序的测度结果表明，高校现有制度对于参与学院事务决策的人员数量比和身份有相对明确的规定，但是对于权力具体运行的方式和流程的说明不足，实际指导性不强，缺少规范性。

二、对策建议

我国高等教育现行法规制度体系对大学内部治理和权力运行的相关规定，主要集中在学校层面，相对而言，对大学内设学院的治理模式、权力关系和运行方式，缺乏明确的制度依循。《中国共产党普通高等学校基层组织工作条例》《高等学校学术委员会规程》《学校教职工代表大会规定》等制度文献，除了规定学院“得到充分保障；对权力界限的测度结果说明我国高校对学术权力、行政权力和党委权力三者通过党政联席会议，讨论和决定本单位重要事项。支持本单位行政领导班子和负责人在其职责范围内独立负责地开展工作”之外，对党政联席会的运行程序与规则、学院学术委员会等学术权力机构、教职工代表大会等民主权力形式的权限与实施程序，没有明确的规定，因此给我国高校内设学院管理及权力运行留下了较大的空间。课题组前期对国内部分“985 工程”大学的访谈与问卷调查发现，当前普遍存在着学院党委权力、行政权力、学术权力等各权力主体职权不清晰、权力边界不明、权力运行无序、权力之间制约不足、权力监督不够等问题，特别是学术权力强度不足及其对行政制约乏力、教职工民主监督渠道不畅等问题相对严重。课题组通过对问卷测量模型变量的作用路径与强度进行分析，以及对访谈内容的信息进行提取，发现形成这些问题的首要因素是相关制度对权力赋权、权力界限、权力运行程序等的规定不完善或制度缺失，权力过度集中又得不到有效约束，其关键是制度不完善，制度执行力不强。

因此，建立健全权力运行制约与监督制度，提高制度的科学性、约束力和执行力，才能有效地配置办学资源，既能最大限度地激发学院的办学活力，又能防止出现内耗现象和腐败行为。

基于上述分析，课题组提出如下政策建议。

1）完善学院党政联席会议制度。根据《中国共产党章程》《中华人民共和国高等教育法》《中国共产党普通高等学校基层组织工作条例》及具体高校内部章程等有关文件规定，为进一步推进学院权力运行的制约与监督，抑制学院权力腐败的发生，结合高校布置及学院实际，制定并完善学院党政联席会议实施细则。学院的领导体制实行党政联席会议制。党政联席会议是学院的决策核心，研究决定学院建设、发展工作中的重大问题和重要事项。院务会议是研究落实党政联席会议确定的决议和方案，处理学院教学、科研和行政管理工作的行政性会议。党政联席会议细则必须明确：党政联席会议的组成结构、基本职责、工作原则、会议规程、议事规则；院务会议的基本职责、议事范围、会议规程，以及对党政联席会议决策的落实与督办情况的检查和监督。

2）完善学院学术委员会制度。依据《中华人民共和国教育法》《中华人民共和国教师法》《中华人民共和国高等教育法》《中国共产党普通高等学校基层组织工作条例》及高校内部章程等有关文件的具体规定，为深化学院民主管理，要加强学院权力运行中的制约与监督，制定并完善学院学术委员会章程及其实施细则。学院学术委员会是学院改革与发展相关重大事项的咨询和重要学术事务的决策机构；是建立学院民主管理与自主发展、自我完善机制的必要组织形式。学术委员会具有行使对学院教学与科研等相关学术事务的决策权和对非学术事务的咨询权，是学院非行政性质的最高学术组织机构。学术委员会章程及其实施细则必须明确：学术委员会的组成与产生规程、职责、权利、义务及议事规则。

3）建立健全学院信息公开制度。教育部直属高校应在《高等学校信息公开事项清单》的基础上，扩大信息公开范围，进一步推进二级学院信息公开制度建设，将其作为完善学院内部治理、接受师生和社会监督的重要内容。学院层面的基本信息、学院各项规章制度、学院领导班子分工、师资队伍、学科信息、培养方案、课程设置、科学研究、对外交流合作信息等应面向社会主动公开。凡是涉及广大教职工和学生切身利益的事项要公开透明，切实保证师生和公众的知情权、参与权和监督权。学院信息公开事项具体可参照《高等学校信息公开事项清单》，结合各学院实际进一步细化内容。

4）落实二级学院的纪委监督责任。随着校院两级管理体制改革的深化，二级学院将拥有较为独立的行政管理权、学术自主权、财务管理权，加强对其的监督十分迫切。二级学院纪委书记必须由学院党委副书记或者具有党员身份的副院长兼任，依托各个二级学院的党代会或党员大会，选举纪委书记和纪委委员。二级学院纪委应建立例会制度、备案制度、述职述廉制度、联席会议制度等常规性工作制度，明确二级纪委的基本工作职责，加强对学院招生工作、人事招聘、职称评聘、科研经费、基建、招标采购、学术诚信等重点领域的监督。

5）健全二级教代会民主监督制度。学校教职工代表大会根据学校的中心工作确定议题和各项政策，上述内容多关注学校宏观层面，而学院治理具有具体性和特殊性，二级教职工代表大会是依法保障教职工在本单位行使民主权利、参与民主管理和民主监督的基本制度和组织形式，对高校内部权力运行与制约监督具有不可替代的作用。但一些高校二级教代会存在运行不规范、职权落实不到位等问题，与教职工愿望和要求存在较大距离。因此，我们建议教育部出台加强二级教代会工作指导性意见，各高校制定《二级学院教职工代表大会实施细则》，明确规定二级教代会职权、组织制度、大会制度、教职工代表的权利与义务等。学院行政负责人应定期向二级教代会报告工作，如本单位发展规划、重大改革方案和重要规章制度等，也应提交大会讨论审议，并形成相应的决议。学院领导班子应认真对待大会决议和提案，对教代会审议通过的事项给予支持和落实。创新二级教代会闭会期间的工作机制，建立教代会执行委员会或常设主席团履行教代会职责。

参考文献

[1] 埃哈尔·费埃德伯格. 权力与规则——组织行动的动力 [M]. 张月译. 上海：上海人民出版社，2005：3.

[2] 严蔚刚，李德峰. 我国高校学部的基本权力、分类及相关思考——基于我国学部制改革的调查研究 [J]. 中国高教研究，2012（7）：12-16.

[3] 贾效明，焦文俊. 大学学院实体化建设中学院治理结构的改革与调整 [J]. 北京理工大学学报，2005（6）：64-66.

[4] Dahl R A. Who Governs? Democracy and Power in an American City [M]. New Haven，CT：Yale University Press，1961.

[5] Bachrach P，Baratz M S. Power & Poverty：Theory &Practice [M]. London：Oxford University Press，1970.

[6] 孟德斯鸠. 论法的精神（上册）[M]. 张雁深译. 北京：商务印书馆，1961：154.

大学内部权力结构和决策角色研究
——基于社会网络分析的视角①

姜　华② 徐　琪③

（1. 大连理工大学高等教育研究院　中国　大连　116024；

2. 辽宁教育研究院　中国　沈阳　110034）

摘　要　本文分别选取了1所本科大学、1所高职学院和1所民办高职学院作为研究样本，从社会网络分析的视角，对其内部权力层次状态图、集权程度、权力大小和决策角色进行分析。研究表明，本科大学治理结构复杂，整体上比较民主，党委会、党委书记和校长把持着主要决策权，教学管理部门最重要，行政部门次之，教辅部门地位最低；高职学院最为集权，领导层掌握着更多的权力，行政部门权力最大，教学管理部门次之，教辅部门地位最低；民办高职学院决策最为民主，领导层成员掌握着主要决策权，党委书记的权力小于董事会和校长，教学管理部门权力最大，行政部门次之，教辅部门权力最小。

关键词　大学治理；权力结构；决策角色；社会网络分析

---

① 基金项目：国家社会科学基金课题一般项目“基于社会网络分析的大学治理有效性研究”（14BGL009）；教育部哲学社会科学研究重大课题攻关项目“高校内部权力运行制约和监督体系研究”（14JZD051）；中央高校基本科研业务费专项“基于绩效评价视角的大学治理完善机制研究”资金资助。

② 作者简介：姜华，辽宁沈阳人，大连理工大学高等教育研究院教授，博士，研究方向为大学治理与绩效评价。

③ 作者简介：徐琪，内蒙古赤峰人，辽宁教育研究院研究实习员，硕士，研究方向为大学治理与社会网络分析。

一、引言

《国家中长期教育改革和发展规划纲要（2010—2020 年）》指出，要建设现代学校制度，探索符合学校特点的管理制度和配套政策。大学治理结构是现代大学制度的基石。[1] 大学治理结构即大学对于重大事务决策中的权力配置方式，其核心就是大学内部的权力结构和决策中的角色。

大学权力是为了保证大学的功能实现，对大学实现合法治理的一种力量。[2] 大学的权力结构则是指大学内部权力主体决策权力的分配及其活动方式，其权力结构是高校微观管理的核心。[3] 以往学者透过诸多视角对大学的权力结构进行了研究，从决策权力的生成机理视角，研究我国大学权力的基本表征；从决策权力的合理配置视角，提出由党委领导、校长负责、教授治学、共同参与等几大要素构成的大学内部组织结构关系；在场域视野中研究我国大学的宏观和微观权力结构，以期使我国大学按其自身的特定逻辑形成良性的权力运行和耦合机制[4]；从特定利益相关者的角度，探讨在行政主导的条件下相对弱势群体的权力缺失现象[5]和边缘化状态[6]；从比较研究的视角，通过对西方大学权力模式的运演及特色分析等方面进行比较研究[7]，借鉴他国优秀经验。这些研究涵盖了大学权力结构的各个方面，为完善大学治理结构，推进现代大学制度的建设作出了贡献。但这些研究呈现出多思辨性质的探讨，少实证化的研究；多应然状态的论述，少实然状态的分析；多普遍意义上的治理结构概述，少具体治理结构分析的特点。

对于大学权力的权力结构和决策角色实然状态的分析，一直是高等教育领域中的一个难题。大学的权力结构与很多因素相关，难以用一个通用的模式去解读和描述，需要采用一个全新的研究方法来研究。社会网络分析（social network analysis，SNA）的方法正好适应了这个要求，其优势在于不以行动者的内在属性对其进行归类，而是更加关注对不同行动者之间的关系进行分析。这种分析方法直接针对社会结构模式的关系本质，甚至超越了主流的统计方法。[8] 本次研究应用 SNA 方法考量各决策主体和决策单元在整个大学网络中的地位和角色，真实呈现其在治理中的结构和决策中的角色，使研究更加科学化。

在社会网络结构中，不同组织所处的位置决定了其权力的大小，也导致了成员之间权力的不平等。[9] 从网络取向看，成员之间的权力分化与成员所占据的不同网络位置有很大关系。因为某些有价值和稀缺性的资源，是通过网络途径传递（信息）、借用（资源）甚至转移（权力）的，因此，占据有利位置的成员可以通过控制甚至阻断资源的流程来获取对其他成员的支配权。[10] 我们通过问卷分析，梳理和呈现大学的行动者在重大决策中的关系与位置，从而反映出大学在制定重大决策时的权力结构。[11]

本次研究分别选取1所本科大学、1所高职学院和1所民办高职学院作为样本。3所学校均为全日制普通高等院校，纵向上涵盖了本科和高职两种不同的办学层次，横向上包含了公办和民办两种不同的办学主体，且样本学校在空间上均地处同一省份的临近城市，具有相似的政治、经济和文化环境，也使分析结果更具可比性。

本文所选研究单元为高等学校内外部具有决策权力的个人和组织。能够在大学重大决策中起到作用的主要有领导层、职能部门、教学部门和外部机构4部分。其中，领导层包括校党委会（董事会）、党委书记、校长、副校长等校领导班子和成员；职能部门包括人事处、财务处、教务处、科研处、后勤处、保卫处等；教学部门主要包括各院系专业；外部机构主要包括教育厅、市政府和相关企业等。以上个人和机构即为本次研究的“行动者”，在SNA中，这些行动者又被称为“节点”。研究中我们要求被调查者对学校重大决策的主要制定主体、本人（部门）参与决策情况、与其他人（部门）工作联系情况、其他人（部门）参与决策的情况进行问卷填写。通过对回收问卷进行分析，得出3所大学的内部权力结构和决策角色。

二、权力结构分析

SNA可采取多种视角来对结构进行分析，本次研究将对样本学校进行权力层级状态图分析、集权程度分析和权力大小分析。

（一）权力层级状态图分析

以往的研究多将大学内部权力划分为学术权力和行政权力，但有学者认为，当行政机构（人员）被授权管理学术事务时，他就获得了学术管理权力，即学术人员、行政机构（人员）构成了学术权力的主体。[12]本次研究不对校内各部门或个人进行分类，而是利用SNA软件UCINET6.0，将全部节点间的联系情况绘制成网络图。通过输入问卷数据，软件将依据Principal Components Layout（主成分布局）法生成层级状态图，清晰地呈现出各节点所处的位置及所控权力大小：相近位置的节点发出或接收联系的情况较为相似，越是处在上层的、图标面积大的节点，其权力越大，与组织的关系越紧密；越是处在下层的、图标面积小的节点，其权力越小，与组织的关系越疏远。为了使权力结构更加清晰，以下图中省略部分参与组织治理程度最低的节点，仅保留参与决策程度较高或代表某一类机构的部分节点（图1）。

某本科大学多数关系连接线发生在领导层内部，其中校党委会、党委书记、校长和党委副书记的节点面积最大，掌握了主要决策权，4位副校长面积较小，但仍大于多数其他校内职能部门。行政部门间的层级关系并不十分明确，个别职能部门（人事处）在图中的水平位置上靠近图片顶端，说明其在组织中地位较高，接近校长等校领导；学术委员会的节点位置靠近副校长，节点面积大于部分副校长（图2）。

某民办高职学院在制定组织治理决策时，既有发出又有反馈的双向联系往来大都发生在领导层成员内部，且联系紧密，连接线分布密集。其他节点主要向外发出联系请求，很少接收联系请求或收到反馈。领导层节点与其他校内外部门节点间的距离较远，呈现出较为明显的层级状态。其中，党委会、党委书记和两名副校长距离较近形成一组，院长、党委副书记和其余3名副校长是另一组，但目前尚难以确定各组成员的地位高低。处在状态图的最底层的省教育厅，节点面积相对较大，证明其对组织的影响较大，但与该校关系疏远（图3）。

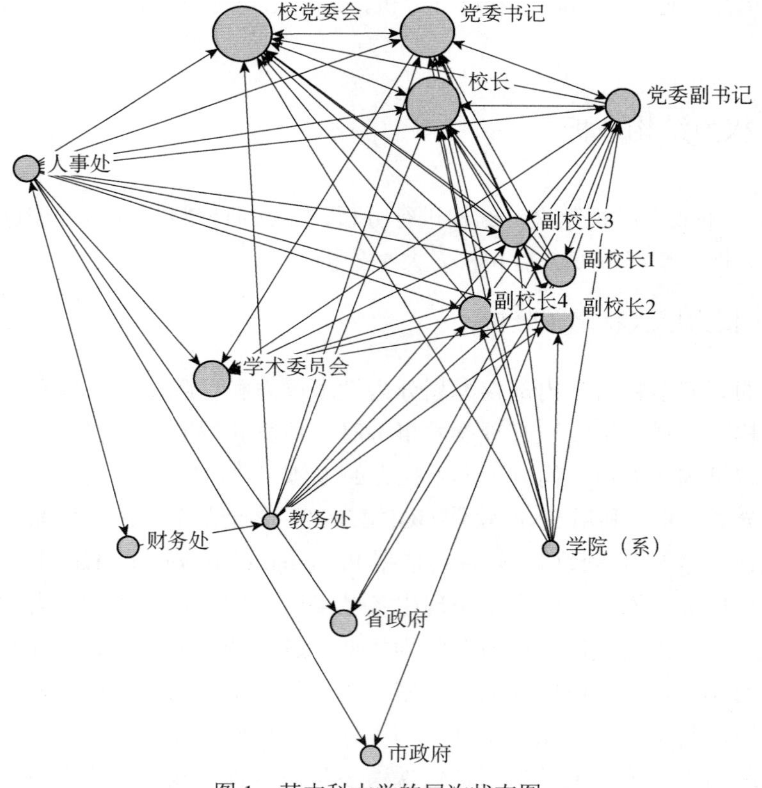

图1　某本科大学的层次状态图

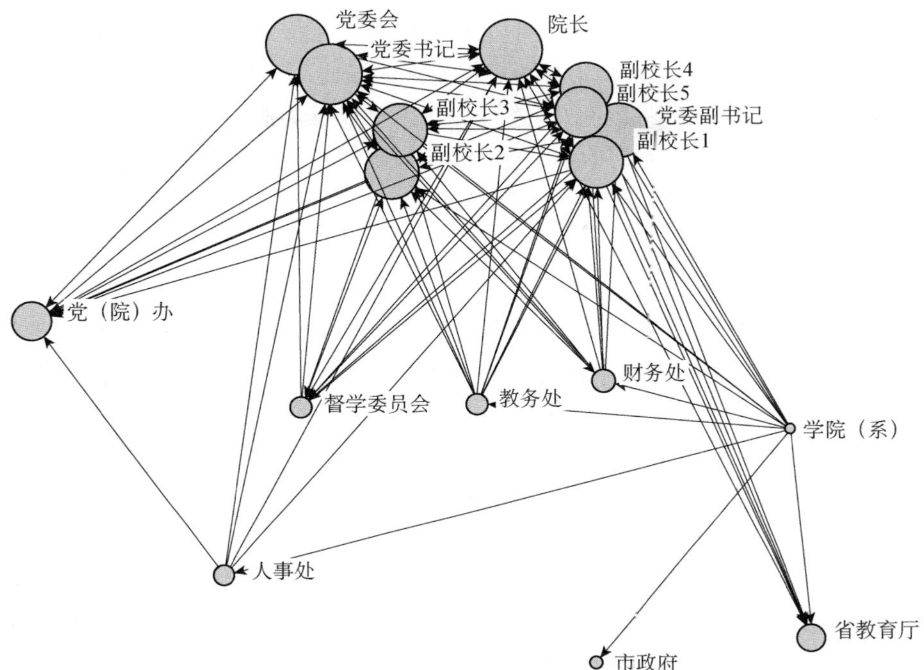

图 2　某高职学院的层次状态图

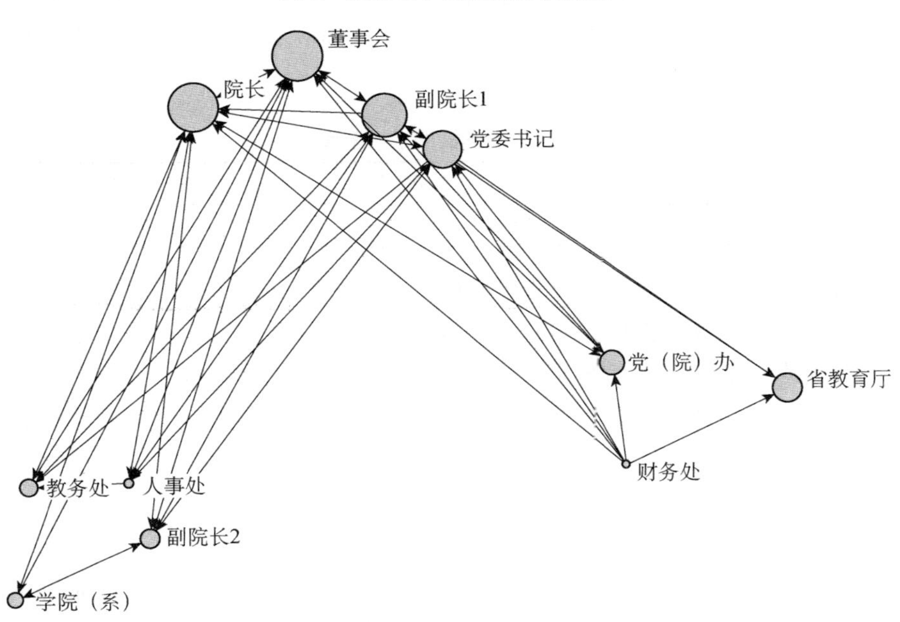

图 3　某民办高职学院的层次状态图

某民办高职学院的节点面积大小呈现出明显的两极分化状态，校领导节点面积最大，其余部门节点面积极小且距离很远。但该校各节点间的连接线分布平均，并大多呈现出既发出又反馈的双向连接关系，可以推测出该校一方面具有较强的等级关系，另一方面多数组织成员也能够参与到组织决策中来，是较为民主的决策机构。

（二）集权程度分析

集权是指决策权在组织系统中较高层次的一定程度的集中，SNA 通过密度指标来反映组织决策权力的集中程度。密度指标是指组织内各节点间实际存在的联系数与可能存在的最大联系数的比例。网络密度用 Δ 表示，假设网络中共有 g 个行动者，那么在有方向性的网络中包含的关系总数在理论上的最大可能值就是 $g(g-1)$，假设网络中包含的实际关系总数为 L，网络密度公式如下[13]：

$$\Delta=\frac{L}{g(g-1)} \tag{1}$$

通常情况下，密度越高，组织内部节点间联系越密切，制定决策的过程中存在较多的相互沟通现象，相对民主；密度越低，节点间联系越少，仅由个别节点制定决策，较少会考虑其他节点的意见，相对集权。就本次研究的样本数据而言，本科大学与高职学院相比，高职学院更加集权；高职学院与民办高职学院相比，高职学院更加集权（表 1）。

表 1　本学校的组织密度

项目	某本科大学	某高职学院	某民办高职学院
密度值	0.2425	0.197	0.2474

但仅依靠密度指标衡量组织的集权程度是不够严谨的。因为在高密度组织中，可能存在个别小团体内部联系紧密，但与其他个体联系松散的现象。这样会导致组织的平均密度值较高，但实质上决策权仅由个别小团体把持，并不是真正意义上的分权组织。因此，还需要结合中心性指标和角色分析来一同衡量组织的治理结构。

（三）权力大小分析

在衡量大学组织的权力结构时，主要任务之一就是识别组织中各部门或个人的所控权力大小，SNA 的中心性分析可以完成这个任务。中心性指标主要用于衡量哪些节点在团体中成为最主要的中心人物。这样的成员在社会学的意义上，就是组织中最有社会地位的成员；在组织行为学上，则是组织中最有权力的成员。

拥有高程度中心性的成员，在这个团体中也占据重要地位。本次研究利用中心性指标分析负责制定组织治理决策的个体，即衡量其在决策过程中的权力大小。

网络中有多少个节点，就有多少个中心性数据。节点的程度中心性分为入度中心性和出度中心性。出度是扩张性的测度，而入度是接受性或受欢迎性的测度。所以，我们用入度中心度来测量本网络的中心性，即其他节点承认对某一节点有关系的数量总和，从而反映个成员在组织中的地位。其标准化公式为

$$C_{DI} = \frac{d_1(n_i)}{g-1} \tag{2}$$

其中，$d_1(n_i)$为邻接至n_i的节点数，g是该网络中的总人数。

根据前述公式可知，中心性数值在很大程度上受到网络中节点总数的影响。节点多的组织中，地位较低的个体也可能拥有数值较高的中心性。因此，初次计算的结果并不适于不同组织间的直接对比。下表呈现的数据为经过二次标准化处理以后的数据，样本间可进行横向对比。为节约篇幅且使主要决策部门或个人的所控权力大小更加清晰，表中将省略部分中心性数值较低的节点，仅保留中心性数值较高或代表某一类机构的部分节点（表2）。

表2　样本学校的中心性数据

排名	某本科大学		某高职学院		某民办高职学院	
	节点名称	中心性	节点名称	中心性	节点名称	中心性
1	校党委会	82.75	党委会	90.32	董事会	84.21
2	党委书记	75.86	院长	90.32	院长	84.21
3	校长	75.86	党委书记	90.32	副院长1	73.68
4	学术委员会	44.82	党委副书记	80.64	党委书记	63.15
5	党委副书记	41.37	副校长2	74.41	省教育厅	47.36
6	副校长1	41.37	副校长1	74.41	党（院）办	31.57
7	副校长4	41.37	副校长5	74.19	副院长2	26.31
8	副校长2	41.37	副校长4	74.19	教务处	21.05
9	副校长3	37.93	副校长3	74.19	系（学院）	15.78
10	人事处	27.58	党（院）办	48.38	市政府	10.52
11	省教育厅	27.58	省教育厅	32.25	人事处	5.26
12	财务处	20.69	财务处	29.03	财务处	0
13	市政府	17.24	督学委员会	22.58		
14	教务处	13.79	教务处	19.35		
15	学院（系）	10.34	人事处	19.35		
16			市政府	3.22		
17			系（学院）	0		

由表 2 可知，本科大学校领导的权力均低于两所高职院校，副校长与职能部门权力接近。职能部门的权力（以人事处为例）相较其他两所学校明显较高。教学部门的权力高于高职院校，但低于民办高职院校。省教育厅对该校的影响力远小于高职院校，市政府的影响力则大于高职院校。本科学校各部门或个人的权力大小呈现出从高到低的缓慢递减趋势，职能部门的权力大于教学部门。

高职院校的领导层权力最大，明显高于其他部门。职能部门权力普遍偏低，小于本科院校，但高于民办高职院校。教学部门对组织的重大治理决策没有影响，是 3 所样本学校中最低的。3 所学校中省教育厅的权力是最大的，市政府的权力则最小。高职院校的权力大小两极分化极为严重，领导层把持主要决策权，其他职能部门所掌握的权力甚微。

民办高职院校的校领导所控权力介于本科院校和高职院校之间，党委书记掌握的权力远小于校长，负责行政事务的副校长所控权力较小。该校教学部门及教务处的权力是 3 所学校中最大的，其他职能部门的权力则是最小的。省教育厅的权力极大，甚至接近党委书记。民办高职院校各部门或个人的所控权力大小也呈现出从高到低的缓慢递减趋势，但行政部门权力远小于教学相关部门。

三、决策角色分析

社会网络中存在诸多行动者，仅分析出每个个体的权力大小不足以勾画出整个网络的权力结构。以上分析虽已给出了校内各部门所控权力大小的递减排序和初步分组情况，但此时图中节点众多，分组笼统，难以从中获得关于组织治理结构的直观印象，且尚不明确各个部门在制定决策的过程中发挥了何种作用、扮演何种角色。具有相同职能的个人或部门在不同的组织中发挥的作用或许各不相同，这就需要对各节点进行角色分析。

Linton 曾指出，当一个人“将组成他身份的权利和义务付诸实现时，他就在扮演一个角色”[14]。社会角色的定义在概念、理论和形式上都取决于社会地位的定义。在 SNA 中，地位是指以相同方式嵌入网络关系中的个体集合，而角色是指地位之间或者行动者之间获得关系的模式。地位的概念因而是指一个行动者集合，这些行动者与其他地位上的行动者有着相似的社会行为、联系或互动。在网络中，处在相同地位的个体，扮演了相同的角色。同一个地位的行动者，因其所处的地位而有权力对其他地位的行动者发出命令、请求、咨询或建议。本次研究中，角色分析的主要目标就是简化网络数据集中的信息，将复杂的社会网络数据用简单的形式表现出来，揭示包含在关系网络中相似的行动者。经过角色分析后，可以获得每个组织成员在治理活动中所处的地位及所扮演的角色，进而可以对相同职能的部门在不同类型高校中的治理结构中所发挥的作用进行对比。

（一）节点分块情况

第一步，需要对组织内的各节点进行分组，进而判断各组在决策中所扮演的角色。REGE 程序通过分析组织内各节点发出和接收联系的相似程度，可以将节点划分成不同小组，SNA 将其称为“块”。同一块内的节点地位相同，意味着它们拥有相似的行为、联系或互动。表 3～表 5 分别为 3 所样本学校的节点分块情况。

表 3　某本科大学分块情况

分块	机构或个人
P1	校党委会、党委书记、校长、党委副书记、人事处
P2	副校长 1、副校长 2、副校长 3、副校长 4、党政办公室、组织部、统战宣传部、学术委员会、省教育厅、市政府
P3	教学质量管理处、国际交流合作处、科技处、招生就业处、财务处
P4	国有资产管理处、工会、后勤管理处、团委、纪检监察处、保卫处
P5	学生处、教务处、学院（系）
P6	相关企业

表 4　某高职学院分块情况

分块	机构或个人
P1	院长、党委副书记、副校长 1、副校长 4、副校长 5 、省教育厅
P2	党委会、党委书记、副校长 2、副校长 3
P3	党（院）办、财务处、督学委员会、组织部、纪检监察处
P4	统战宣传部、教育教学研究所、学生处、后勤处、人事处、教务处、招生处、基建办、科研处
P5	团委、信访办、工会、保卫处、信息中心、学院（系）
P6	相关企业、市政府

表 5　某民办高职学院分块情况

分块	机构或个人
P1	董事会、院长、党委书记、副校长 1、省教育厅
P2	副校长 2、人事处、学生处、招生处、就业处、资产处
P3	国际合作处、团委、财务处、后勤处
P4	教务处、党（院）办、学院（系）
P5	相关企业、市政府

各样本学校的P1分块主要由中心性最高的领导层成员构成；P2分块涵盖了其他领导层成员和部分较重要的职能部门；P3、P4分块主要由其余职能部门构成；P5多为教学机构；P6为外部机构。但由表3～表5可见，即使是同类型的节点，所属分块也是各不相同的。

（二）角色判断

第二步，需要判断各分块在组织中所扮演的角色。Burt将组织中的节点划分到4类地位中，分别是初级地位（既接收从其他地位成员发出的联系，又接收自己块内成员的联系）、经纪人（既接收又发出联系给其他地位的成员）、谄媚者（发送给其他地位成员的联系多于内部的联系，而且不接收太多联系）和孤立者（既不发出也不引入太多联系）。[15]进行角色判断需要首先计算密度表，算出各块的块内联系密度及与其他块间的联系密度。其次，依据密度表绘制映像矩阵，由映像矩阵确定各块的块内和块间的联系情况。最后，依据以上信息考察各块的拓扑性质，进行角色定位。拓扑性质基于块是否接收联系、块内的标准联系比例与实际联系比例的大小、块接收联系比例3类数据，分析后得出各块的地位归属。研究发现，各样本学校都存在这样一种分块，其他所有分块都向此块发出联系请求，此块仅向个别其他块发出联系。这表示，在组织中该块的地位最高，因此本次研究将其重新命名为“重要地位”。

为了节约篇幅，本文省略计算过程，仅呈现样本学校拓扑性质的计算结果，详见表6。

表6　样本学校的地位划分情况

项目	P1	P2	P3	P4	P5	P6
某本科大学	重要地位	初级地位	谄媚者	谄媚者	经纪人	孤立者
某高职学院	重要地位	重要地位	经纪人	谄媚者	谄媚者	孤立者
某民办高职学院	重要地位	经纪人	谄媚者	经纪人	经纪人	

由表6可知，本科大学的所有节点可被划分为5类地位，高职学院可被划分为4类地位，民办高职学院被划分为3类地位。

（三）决策角色图

根据上述信息，绘制出了如下角色图（图4～图6）。图中，每个块的节点都包含在一个方形中，每个方形都代表了一种角色，同一地位内的节点扮演相同的角色。箭头的源头代表联系的发出者，指向方代表联系的接收者，弧形箭头代表自反联系，即该角色的成员发出的联系是指向块内成员的。

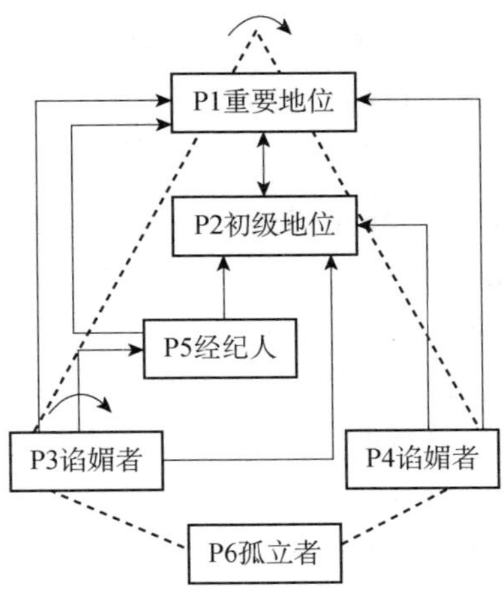

图 4　某本科大学的角色图

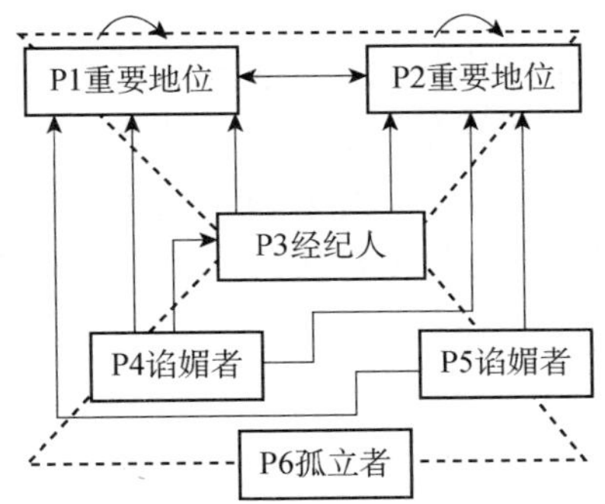

图 5　某高职学院的角色图

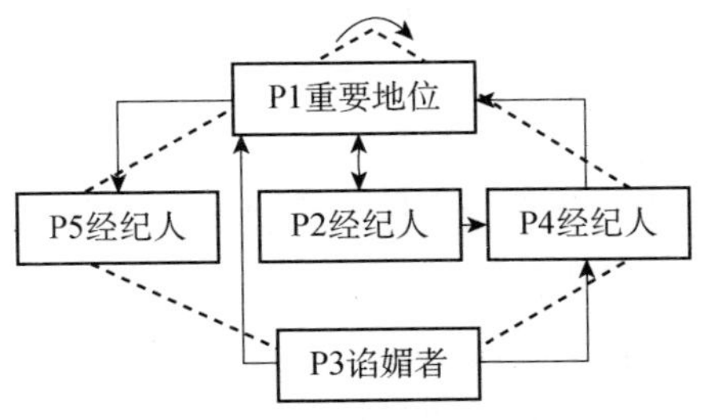

图 6　某民办高职学院的角色图

由图 4～图 6 可见，某本科大学呈现出水滴形结构，治理结构较为复杂，内外部部门和机构共被划分为地位从高到低的 5 种角色，决策权力最大程度地集中在党委会、校长和党委书记处。结合中心性数据可知，该校行政部门的地位高于学术相关部门：在重要地位中，除校领导外仅包含了行政部门的人事处；在初级地位中，包含 3 个行政部门和 1 个学术相关部门。虽然学术委员会的中心性数值高于全部副校长，但学术相关部门在治理决策权力中整体所占比例相对低于行政部门。校领导者在制定决策时，需考虑外部机构的意见，尤其是省教育厅的意见较为重要。教学事务相关的教学机构、教务处和学生处扮演了经纪人的角色，多数校内部门扮演了地位不重要的谄媚者角色，仅单方面向上级发送联系请求。

高职学院呈现出双领导中心的沙漏形结构，治理权力集中，内外部部门和机构仅被划分为 4 种不同角色。该校权力大小的两极分化程度较明显，处于重要地位的校领导和处于谄媚者地位的校内部门所占比例最大，没有部门属于初级地位，仅有 5 个部门属于经纪人地位，其他部门都处于单方面向上级提出联系请求的不重要地位。治理决策仅由校领导制定，省教育厅对决策的影响较大。与某本科大学相似，其他部门中仅有督学委员会一个学术相关部门地位相对较高。外部机构中的市政府和相关企业被排除在治理决策之外。

民办高职学院呈现出更为民主的菱形结构，与某高职学院正好相反。较少的校领导和较少的校内部门处在组织的两极，大多数校内外部门处于经纪人地位的中间部分。其治理结构接近某本科大学，但由于缺少初级地位，并且多数成员属于经纪人地位，所以呈现出更加扁平状的民主决策状态。与教学活动相关的部门在民办高职学院具有较高的地位，教学管理部门与各学院（系）能够以经纪人的地位影响决策，没有被排除在组织治理决策以外的机构或部门。

四、结论

通过社会网络分析，本次研究尝试对不同办学主体和不同办学层次的 3 所样本学校的治理结构进行了实证化的比较分析，结论如下。

（一）3 所大学对比结论

在研究样本中，本科大学治理结构最为复杂，层级较多；较为民主，决策过程中能够考虑绝大多数部门和机构的意见，但领导班子内部权力分布不均，党委会、党委书记和校长把持着主要决策权；职能部门中的教学管理部门最重要，行政部门次之，教辅部门地位最低；教学机构的权力明显大于其他两所样本学校，对决策有一定的影响力。

高职学院最为集权，且是双领导中心的治理结构。组织内部权力分布两极化程度严重，多数校内外部门无力影响决策，领导层掌握最多权力，但其内部成员间的权力分布相对均衡；在职能部门中，行政部门的权力最大，教学管理部门次之，教辅部门地位最低；教学机构不影响决策。

民办高职学院的决策最为民主，治理结构扁平化，领导层成员掌控着主要决策权，但其他部门能够不同程度地参与治理，体现出了决策权力的分享。领导层内部党委书记的权力小于董事会和校长；在职能部门中，教学管理部门权力最大，行政部门次之，教辅部门权力最小；教学机构对决策有一定的影响力。

（二）SNA 视角下的权力分析

SNA 方法为我们提供了定量化地描述大学治理结构进而寻找完善治理结构途径的有效手段。透过 SNA 的视角，本次研究比较清晰地呈现出了样本学校的权力结构，有助于了解不同类型和不同办学主体的学校在权力结构中表现出的不同特点。

从研究的结论来看，我国大学的权力结构呈现出比较一致的共性。首先，校长和党委书记的权力过大，从研究数据来看，除民办高职学院外，校长和党委书记已经掌握了等同于党委会（董事会）的主要权力，校长或党委书记个人的决策很可能会左右集体决策，在这种状态下，难以发挥集体决策的优势，难免由于个人的认知的局限而带来不良结果。其次，作为教学部门的院（系）的权力很小，教学部门是直接面对教学的机构，最了解教学过程中存在的问题和解决手段，但是教学部门几乎没有权力，也就难以及时应对问题，作出最佳的决策。最后，学校的职能部门的权力比较大，职能部门是学校的执行部门，本身不拥有权力，其权力是学校领导通过委托的形式授予的，但是由于现代大学机构庞大、人员众多，学校领导已经无力对日常的具体事务进行决策，很多权力已经逐渐演化为职能部门所拥有的权力。职能部门处于学校和院系之间，具有承上启下的重要作用，其权力又很难被监督，因此容易产生权力的滥用与异化。

大学治理结构的优化是近期高等学校面临的主要任务之一。治理结构的优化首先就是权力结构的优化，从本次研究的结论来看，权力结构的优化途径主要有 3 条：第一，加强校级集体决策的权力，主要是加强党委会、学术委员会和职工代表大会的权力，警惕个人的权力替代集体的权力；第二，加强基层教学部门院（系）的权力，基层教学部门的权力加大，才能够有能力及时解决实际工作中的问题；第三，明确和规范职能部门的权力，职能部门的权力来源于校级权力的授予，这种授予没有明确的范围和边界，难免会产生权力授予过宽或过大的局面，因此，需要对职能部门的权力进行明确和规范。

从研究的 3 个样本学校来看，其治理结构受到办学层次、外在环境、学校文化和历史的影响，呈现出不同的状态，大学治理结构的优化除了以上的一些共性之外，还要结合不同学校的实际状态，寻找自己独特的优化路径。但是，不管其路径如何，其恪守的原则和得到的结果都是一样的。一个良好的大学治理结构，其核心就是能够圆满地满足大学的基本任务，培养出优秀的人才并能够为人类的知识宝库作出贡献，只有能够满足以上要求的路径才是优化的路径。

本次研究借用 SNA 方法，虽然定量地刻画出了样本学校的权力结构，但是限于所获取的是截面数据，还无法观察到大学治理结构的演化过程，以及外部环境变化对治理结构产生的影响，进一步的研究需要寻找影响大学权力结构和决策角色的因素和影响的机制，以便进一步完善大学治理结构。

参考文献

[1] 龚怡祖. 大学治理结构：现代大学制度的基石［J］. 教育研究，2009，(6)：22-26.

[2] 柯文进. 现代大学权力运行机制研究［J］. 中国高等教育，2006，(22)：27-35.

[3][5] 方婷，黄小忠. 我国大学权力结构中学生权力缺失现象的思考［J］. 教育科学，2006，(6)：6-66.

[4] 王晓辉. 场域视野中大学权力结构的失调与调试［J］. 现代教育管理，2013，(3)：44-47.

[6] 欧阳霞. 大学学科权力配置叹息［J］. 高教探索，2011，(2)：85-88.

[7] 杨天平，王超. 西方大学权力模式的运演及其特色［J］. 教育研究，2012，(5)：141-159.

[8] Wellman B，Berkowitz S D. Social Structures：A Network Approach［M］. Greenwich，Connecticut：JAI Press Inc.，1988 /1997.

[9] Marsden P V. Restricted access in networks and models of power［J］. American Journal of Sociology，1983，88：686.

[10] 李林艳. 社会空间的另一种想象——社会网络分析的结构视野［J］. 社会学研究，2004，(3)：64-75.

[11] 姜华，徐琪. 基于社会网络分析的大学治理结构研究［J］. 高教探索，2014，(4)：16-21.

[12] 许志红. 试析大学权力结构的重组［J］. 黑龙江高教研究，2005，(6)：7-9.

[13] 斯坦利·沃瑟曼，凯瑟琳·福斯特. 社会网络分析：方法与应用［M］. 陈禹，孙彩虹，译. 北京：中国人民大学出版社，2012：7，133，283，299.

[14] Linton R. The Study of Man：An Introduction［M］. New York：Appleton-Century Co.，1936.

[15] Burt R S. Social contagion and innovation：cohesion versus structural equivalence［J］. American Journal of Sociology，1987，92：1287-1335.

中国大学治理的“三元文化”冲突

李枭鹰[1] 唐德海[2]

（大连理工大学高等教育研究院 中国 大连 116024

广西民族大学预科教育学院 中国 南宁 530006）

摘 要 清末自中国大学孕生以来，大学治理一直纠缠在中国与西方、传统与现代、保守与超越、集权与分权、计划与市场、借鉴与创新等“二元文化”的冲突中“摸着石头过河”。事实上，中国大学治理还伴随着一系列“三元文化”的冲突，恰当地平衡这些文化冲突，是完善中国特色现代大学制度和大学治理结构不可回避的行为抉择，也是中国大学治理从理性走向自觉、从规范迈向自由的必由之路。

关键词 大学治理；三元文化；文化冲突；文化平衡

---

① 作者简介：李枭鹰（1973— ），男，广西全州人，大连理工大学高等教育研究院教授，博士生导师，教育学博士，主要从事高等教育理论和高等教育管理研究。

② 作者简介：唐德海（1959— ），男，广西全州人，广西民族大学预科教育学院教授，教育学博士，主要从事高等教育理论和高等教育管理研究。

大学是文化孕育的产物，本身也是一种特殊的文化存在。文化因素不仅与政治、经济因素一样对大学治理产生直接作用，而且政治、经济对大学治理的制约作用，通常也是经由文化的“折射”来彰显和达成的。清末自中国大学孕生以来，大学治理一直纠缠在中国与西方、传统与现代、保守与超越、集权与分权、计划与市场、借鉴与创新等“二元文化”的冲突中，而对一系列超越“二元文化”的现象及其价值冲突或茫然不知，或视而不见，或瞻前顾后，或盲人摸象，或随性而为……造成大学文化生态严重失衡，致使具有中国特色的大学治理一直在“摸着石头过河”。事实上，中国大学的文化冲突不是天然地规约在“二元对立”上，它通常是超越二元的，存在诸如政府行政性文化、社会工具性文化、大学自治性文化的冲突，以及大学内部的政治性文化、行政性文化、学术性文化的冲突，科学文化、技术文化、人文文化的冲突，教师文化、管理者文化、学生文化的冲突，以及自然科学部落文化、社会科学部落文化、人文科学部落文化的冲突等“三元文化”冲突现象。在大学治理中，假若依旧照搬套用“二元论”的行事习惯与思维逻辑，势必会造成若干过程性甚或关键性信息的遗漏或损失，最终导致大学治理因信息不对称而抓不住主要矛盾或分不清轻重缓急。历史与现实业已表明，这种行事方式已致使中国大学治理的众多努力付之东流或化之于无形，更使中国大学长期处在社会变革的风口浪尖，无法找到良性发展的平衡和协同点。因此，恰当地平衡这些文化冲突，是创建有中国特色现代大学制度不可回避的行为抉择，也是中国大学治理从理性走向自觉、从规范迈向自由的必由之路。

一、政府行政性文化、社会工具性文化、大学自治性文化的冲突

大学治理包括外部治理和内部治理，前者表征为大学与政府、社会之间关系的处理，后者集中表征为大学内部权力的分配、运行、制约与监督。从大学外部治理看，主要交织着大学与政府、大学与社会两大“关系域”，并在大学治理的实践中逐步形成两大“文化冲突主线”。

第一条文化冲突主线的现实表现，是政府行政性文化的“强势推进”与大学自治性文化的“无力抗争”。政府行政性文化的实质是国家意志的反映，它具有一定的强制性、统一性和科层性。这种文化作用于中国大学的生发逻辑，可以从中国大学的“生世”及其“养育”中窥见一斑。中国大学诞生于中华民族危亡之际，承载着国家救亡图存的期待和憧憬。也就是说，中国早期的大学，无论国立还是私立身份，均担当着国家复兴的重大使命，大学与政府命运与共、骨肉相连。新中国成立后，所有大学一律改姓为“公”。1952—1955 年，政府分别通过院系调整和行政级别工资制改革，不仅将大学转变成“亲生”，而且把政府的行政管理思维

与方式直接延伸到大学内部。从1949年新中国成立到20世纪80年代初，中国政府一直是大学的举办者和投资者，同时也是管理者和办学者。直到20世纪80年代中叶，随着社会主义市场经济模式的初步形成与发展，以及人民群众不断增长的文化需求，民间办学的积极洪流才打破中国政府对高等教育大包大揽的格局，出现了新中国成立后首批不姓“公”的私立大学。不过，这些大学获得“准生证”的条件是将“私立”改成“民办”。从以上可以看出，中国公立大学治理受政府行政性文化制约是先天的，政府行政性文化与大学自治性文化冲突的主要表征是前者的强势与后者的式微。这种长期的、一边倒的冲突格局，已经出现“疆域化”的惯性与“去疆域化”的举步维艰。1998年颁布的《中华人民共和国高等教育法》明文规定，高校有7项自主权，而今已逾18年，政府的越法行政和大学的无语依旧，违法的成本与责任几乎“无人问津”。其实，政府也有意愿改变这样的冲突格局，提出在高等学校管理中“去行政化”，想不到站出来反对的竟然是一些大学的主要管理者，闹得政府在出台政策时被迫在“大学去行政化”前加上“逐步”两字才收场。由是观之，中国大学的自治性文化像一个“怪胎”，给自治没有底气要，不给自治又竭力争。至于中国的民办大学，发展已有30余年，在政府的严格管理中生存下来实属不易，还能够不断发展壮大更是难能可贵，但言及大学自治性文化恐怕为时过早。迄今为止，众多民办高校采用“大学”命名，若依照国家文件规定的大学命名条件，中国没有一所民办高校符合大学的设置标准，连大学都不是，又何来大学自治性文化？

第二条文化冲突主线的现实特征是社会工具性文化的“强大诱惑”与大学自治性文化的“明知故犯”。身处社会中的大学，必然要选择性地与社会某些文化发生互动，而在互动中产生矛盾或冲突在所难免。一方面，大学要与社会发展相适应，这是社会对大学的根本性要求，这种要求彰显的是“以社会发展需要为导向”的工具性文化。另一方面，大学是“以人的发展需要为导向”的，它忠诚于人的全面发展、忠诚于人的自由和解放，希望按照大学自身的发展逻辑达成这些目标，这种逻辑诉求折射出大学自治的理性主义文化。受社会工具性文化的诱惑，以及社会发展需要的驱动，大学有时会丧失理性，来迎合社会的欲望和偏好。比如，大学发展定位、学科布局、专业调整、课程设置、人才培养模式选择等，无不参照政治、经济、文化、科技等社会发展需要这一坐标。可以说，社会工具性文化的诱惑已浸入中国大学的灵魂和心扉、血液与骨髓，系统性地影响着中国大学治理及其文化。大学发展如果丧失理性、不加选择地屈从于经济的驱动和市场的需要，那就严重地违背了大学的生发逻辑和高等教育发展的内在规律。中国的大学治理正面临着“社会工具性文化与大学自治性文化之冲突”带来的两难抉择，这种诱惑与抗诱惑的拉锯和两难抉择，正如阿什比所言：“在过去，每所大学都是独立的有机体，各按其内在规律去吸收营养和发育成长。如今的大学已成为经济发展和国家生存绝对不可缺少的事物……它们在向前演化的进程中，正经历着遗传体系经常遇到的进退两难的困境：一方面它们必须改变以适应社会的新形势，否则将遭受社会的抛弃；另一方面，它们在适应社会的改变中，又不能破坏大学的完整性，不然将无法完成它们所承担的社会职责。”[1]

二、大学内部政治性文化、行政性文化、学术性文化的冲突

大学是一个以政治权力、行政权力、学术权力为核心交织而成的多元权力系统，不同的权力主体信守不同的大学理念，衍生出 3 种相互作用、相互影响、相互制约的权力文化，即以党委领导的价值取向为核心的政治性文化，以校长负责的价值取向为核心的行政性文化，以教授治学的价值取向为核心的学术性文化。这 3 种文化之间的冲突在中国大学普遍存在，具体表现有三：一是文化冲突的主体不同。或是政治性文化与行政性文化的冲突，或是行政性文化与学术性文化的冲突，或是政治性文化与学术性文化的冲突，或是政治性文化、行政性文化、学术性文化相互交织的冲突。二是文化冲突的程度不同。政治性文化、行政性文化、学术性文化相互之间的冲突，或显性、激烈、持久、广域，或隐性、平和、短暂、狭小。三是大学内部文化冲突存在着校际差异，即不同大学文化冲突的主体、程度、范围不尽相同，或整体性的、长期性的、公开化的，或局部性的、阶段性的、潜伏性的。

大学内部政治性文化与行政性文化之间的冲突，集中表现为政治权力与行政权力的权限不清，党委领导下的校长负责没有释放出其独特的能量。党委领导下的校长负责制是一种按照党的民主集中制原则，实行集体领导、分工负责的制度，它是中国高校的特色和优势所在，也是当下中国大学内部治理结构的基石。党委领导是指党委集体领导，即党委总揽学校改革、发展、稳定的大局，统一领导学校的工作，集体讨论并决定学校的一切重大事项；党委既是高校全局工作的领导核心，同时也是高校的政治领导核心，是高校管理体制的领导核心。校长负责是指校长对外是学校的法人，对内作为学校最高行政领导，在党委的领导下全面主持行政工作，依法行使职权。以党委领导为核心的政治权力和以校长负责为核心的行政权力之间存在一种制约和监督关系。这种领导体制集中体现了中国大学治理的本质特征：它是一种外部治理主导下的内部治理，是一种高等教育行政主导下的高等学校管理。在中国，大学是国家的大学，是与国家命运休戚与共的大学，是承载着国家意志、民族复兴和社会民主等诸多使命的大学。因此，一切从实际出发、从国情出发，正确认识大学内部的政治权力与行政权力的职责和边界，党

委领导与校长负责各司其职，搭台的搭台，唱戏的唱戏，中国的大学治理必然会呈现出新的景观。

大学内部行政性文化与学术性文化并无天然的冲突或“敌意”。大学治理的主要方面是教学、科研和管理，行政与学术的出发点是相同的，最终的目标和归宿是一致的。现实的问题是，大学行政性文化和学术性文化不仅存在“矛盾”或者“冲突”，还在某些过程或环节出现“对立”甚或“对峙”。大连理工大学的张德祥教授认为，问题产生的根源主要来自两个方面：一是行政权力经常干预和挤压学术权力，导致学术权力搁浅，学术委员会异变为通过行政权力处理“麻烦”的工具；二是学术委员会制度虚化，“审议学科、专业的设置，教学、科学研究计划方案，评定教学、科学研究成果等有关学术事项”是《中华人民共和国高等教育法》赋予高等学校学术委员会的权力，但在大学治理的实践中，这些学术权力经常被忽视，想起来时就用一用，想不起来就搁置一边。客观地说，行政权力与学术权力是可以和谐共存的，遵照“万物并育而不伤害，道并行而不相悖”的理念行事，实现行政性文化与学术性文化的共荣，符合大学治理的大局和内在逻辑。

大学内部政治性文化与学术性文化之间的冲突比较隐蔽，不容易为人们所觉察，但它是确确实实存在的。从表面上看，学术权力追求学术自由，政治权力主要体现为对行政权力的监督和制约，学术权力似乎与政治权力并不直接发生关系。但若深入分析则不难发现，在中国大学治理的过程中，真正对学术权力产生影响的主要是政治权力而非行政权力。尽管行政权力在大学治理中的地位和作用十分显见，但它不是主导性的和根本性的。从根本上讲，行政权力是要对政治权力负责的，因为党委是高校全局工作的领导核心、高校的政治领导核心和高校管理体制的领导核心。依此推论，在中国大学治理中，政治性文化是主流文化，行政性文化和学术性文化相对而言是从属文化。如果此推论为真，那么把控政治性文化与学术性文化的“平衡度”，有两个倾向性问题值得深入思考。

一是过度“去行政化”。大学“去行政化”伴随着某种程度的“去政治化”，因为大学失去了行政级别这张皮，政治权力也就失去了依附之所。毋庸讳言，中国大学治理一旦失去了政治权力的监管与制约，是否会出现一波又一波冲击社会主义制度底线的新问题，诸如大学办学的政治立场和政治方向问题、敌对势力对大学意识形态领域的渗透问题、青年大学生被别有用心的人利用进而引发社会震荡问题等。实事求是地说，改革开放30年来，尤其是20世纪90年代末中国高等教育超常规扩招以来，高等教育质量没有出现大的变数，高等学校教育教学秩序井然，其中学校党委的领导功不可没，这也证明了“党委领导下的校长负责制度”的优越性及其存在的合理性。

二是政治权力过度干预学术权力。政治权力对学术权力的影响，通常是从意识形态领域入手的。需要引起注意的是，以意识形态斗争的长期性、复杂性和隐蔽性为由头，人为地设置若干“学术禁区”，其中包括“不能讲的知识”“不能研究的问题”和“不能从事并发展的学科”等，曲解社会主义核心价值观，将学术研究混同于“资产阶级自由化”，这既不利于大学正常教育教学秩序的开展，也不利于大学的科学研究深入推进，有百害而无一利。事实上，设置“学术禁区”及其带给中国、带给中华民族的痛苦是沉重的，教训也是深刻的，殷鉴不远。“文化大革命”期间，教育领域是“重灾区”，教育学被污蔑为“修正主义教育科学的思想基础”，心理学被戴上“伪科学”的帽子，教育史被打成“封、资、修的黑货”。改革开放不到40年，中国共产党谨记历史经验和教训，带领中国人民开创了史无前例的经济社会发展奇迹，再反观一些国家进行“橙色革命”或“颜色革命”给国家和民族带来的灾难性后果，中国大学的精英们在党的领导、社会主义道路、国家稳定等大是大非问题上的认识是清醒的和理智的。基于学术权力主体的思想境界、认识能力和价值判断，政治权力监管学术权力的思路和方式应该有所变化、有所创新，探寻最佳的平衡点，而不是“穿新鞋走老路”，即变着花样设置“学术禁区”绝非大学治理的可取之道。从理论上审视，政治权力与学术权力不是对立关系，因此在政治性文化和学术性文化之间是可以找到平衡点的，只要政治权力运用得科学、合理和得当，学术权力的空间不仅不会萎靡和缩减，反而会获得更大和更好的发展。

三、大学内部科学文化、技术文化、人文文化的冲突

从教育与文化的关系看，科学文化、技术文化和人文文化与科学教育、技术教育和人文教育密切关联，即前者是后者的内容，后者则是前者传播的途径。从大学治理的视角看，科学文化、技术文化、人文文化又是支配科学教育、技术教育、人文教育之抉择的价值取向，即大学崇尚科学、技术抑或人文，就会坚持相应的教育观，采取相应的教育行动。从现实而言，当今中国之大学，普遍存在重科学轻技术或重科学、技术轻人文两种明显的价值倾向。这种倾向的背后潜存着双重的文化支配，即科学文化对技术文化的支配和科技文化对人文文化的支配。

第一，科学教育与人文教育失衡。人文教育是人本身的教育，是人之化成的教育，是教育的本来面目，也是大学教育的原初模样。人文教育可以追溯到古希腊的自由教育或“七艺”(文法、修辞、辩证法、算术、几何、天文、音乐）教育。大学诞生之初，其教育主要是人文教育，或是根基于人文的。然而，随着科学教育的泛滥，大学人文教育日渐式微：一是科学教育不断挤占人文教育的地盘，大量的人文教育课程被赶出了大学课堂；二是在自然科学的课程教学中，不再渗透

人文精神，很难闻到人文的气息，表征为一种单纯的为科学而科学、为理性而理性的教学。当今之大学，人文教育往昔的辉煌不再，代之而起的是科学教育，“科学给我们的印象如此之深以至于我们有时谈论‘合乎理性的艺术’和‘科学的伦理学’”[2]。对于一些大学来说，人文教育如同“鸡肋”，食之无味而弃之可惜，大多被遮蔽在科学教育的“雾霾”中。再反观世界一流大学，无一不珍视人文教育，并且善于创新人文教育。像耶鲁大学这类凭借科学技术扬名立万的大学，也从不过分强调实用性，而是突出人文精神，始终相信并坚持那些经过证明了的或经过深思熟虑后认为可行的价值观，自建校之初就确立了发展人文教育的办学宗旨，并将人文学科视为学术研究的正统。20 世纪 80 年代，在自然科学盛行、人文科学遭到非难和贬低的潮流面前，耶鲁大学顶着社会舆论的压力成立了“惠特尼人文科学中心”，吸引了各方的人文科学学者和社会科学学者，使人文科学的教学与科研能沿着健康的轨道运行，成就了耶鲁大学厚重的人文品格和学术声望。又如，在哈佛大学，人文学科不仅是人文专业学生的必修课，也是理工科学生的基础课。哈佛大学的人文精神不仅体现在课程设置上，更是渗透在校园文化的方方面面。独特的人文教育塑成了千万学子心目中熠熠生辉的哈佛大学，也成就了千万大学森林里参天挺立的哈佛大学。再如，斯坦福大学明确规定学生必须研修西方文化、文学和艺术、哲学、社会和宗教思想、人类发展、行为和语言、社会过程和机构、数学科学、自然科学技术和应用科学等课程，而其中多半是人文课程。我们认为，科学是发动机，人文是方向盘，两者不可或缺。大学要发展，社会要进步，科学力量必不可少，但不能没有人文力量的引领。可以断言，在理性主义思潮风起云涌、功利主义文化甚嚣尘上的时代，将人文教育和科学教育内在地耦合起来，将理性与人性完美地融合起来，大学行进的步伐将走得更加稳健、踏实和高远。

第二，科学教育与技术教育的地位不对等。科学与技术相互区别又内在关联，即科学提供原理，技术指向应用，技术以科学为基础。这正如梁启超所言：“学也者，观察事物而发明其真理也；术也者，取所发明之真理而致诸用者也。”[3]但是，这并不意味着科学和技术有尊卑之分，科学可以凌驾于技术之上，技术必须是科学的婢女或附庸。科技是第一生产力，而非科学或技术是第一生产力，这本身就表明科学和技术是连体性的，彼此有着紧密的内在关联性。由此可以推出，科学教育和技术教育对于一个国家或民族同等重要，极端地强调一方面而忽视另一方面，最终耽搁甚或伤害的是科学或技术自身。从文化的视角看，中国历来存在“重学轻术”的传统，科学与技术的地位并不对等，科学教育与技术教育的地位也不对等。在中国的大学治理中，科学研究和科学教育是正统，技术创新和技术教育是歪门邪道。这种风气不仅在大学里盛行，而且辐射到整个高等教育系统乃至全社会。比如，职业技术教育，迄今已经占据高等教育的半壁江山，人才培养及其就业前景较好，但职业技术教育并没有获得与之相称的尊贵地位，很多人依然将其视为一种“次等的教育”或“低人一等的教育”，就连家长和学子们都已经体悟到，就读于职业技术院校实属一种无奈的选择。

四、大学内部教师文化、管理者文化、学生文化的冲突

大学内部的管理者群体，除政治权力和行政权力的拥有者外，还有一支被称为“教辅”的庞大队伍，诸如图书管理者、后勤管理者、财务管理者等，这些管理者形成的管理文化与教师文化、学生文化一道，共筑了大学文化冲突的“独特界面”。3 种文化的交互影响越来越小，而对立或对峙却日益显见。

大学教师文化正在衰变为一种“教技”文化，“教人”文化日渐式微。教师因学生或因育人而存在，教师文化的建设主要是以大学教育功能的释放和实现为前提的，而大学教育的首要功能是人才培养，其次才是科学研究和（直接）为社会服务。因此，可以说大学教师文化主要是围绕大学生的成长和发展而存在并产生作用的。在大学教育中，大学生的整体成长和发展主要受两方面的影响，即显性课程的直接影响和隐性课程的间接影响。但现在的问题是，大学教师文化的衰变不是发生在显性课程或隐性课程的某一方面而是两个方面全覆盖，使得大学生的片面发展问题日趋恶化，这与中小学生的片面发展相衔接，演变成为制约整个社会持续健康发展的瓶颈。大学生片面发展的症结之一是教师文化当中的教育价值追求异化。中小学教师教育价值追求的主要方面是让学生获得更高的分数，而大学教师的教育价值追求是让大学生拥有某种“技”，是促进学科进一步发展的“技”，或社会行业广泛应用的“技”，或某一工作岗位娴熟的“技”，“人”的教育逐步淡出显性课程领域。“技”的增长，如果没有健康的人格和良好的人品作为保障，那人类社会离走到末日就不会太远了。大学生片面发展的症结之二是教师文化影响的作为不够。教师文化依凭学生发展而存在，教师文化理应与学生文化交互作用、互相影响，实现教学相长。比较普遍的现实是，大学教师很少与学生交流或交往，深入学生或学生生活的教师越来越少，“上课准时到，下课及时跑”这种对学生成长冷漠和少作为的现象，正在削减教师文化的影响力。大学生片面发展的症结之三是教师文化影响的品位不高。作为文化影响，要么是“势强能大”，要么是“魅力十足”。然而，改革开放以来，经济社会的快速发展不但没有赋予教师文化的“势”和“能”，反而造成了教师文化魅力的沦丧，教师文化对大学生的潜在影响力正在一步一步地失去。

大学的管理者文化正演变为一种单纯的“管理”文化，而失却了“育人”的

特质。正确地说，大学管理者不是社会生活中一般意义上的管理者，而是大学教育中特殊的管理者，是大学生成长和发展中不可或缺的重要群体。事实上，在我国大学治理的实践中，“管理育人”和“服务育人”一直在管理者文化中占据重要地位，是管理者文化内涵的主体构成。然而，在今日的大学管理者文化中，“育人”的功能正逐步丧失，剩下的就只有“管理”文化了。而管理者文化衰退的始作俑者，不是大学教师，也不是大学生，恰恰是管理者自己。自科学管理产生以来，它在经济社会发展中的表现优异、成绩斐然。科学管理及后来不断创新的管理方法，极大地提高了企业的生产效率，促进了社会生产力的大发展，大学的管理者便把企业管理的成功经验引入教育领域，用于社会劳动力的“再生产”。由于社会劳动力的生产过程迥异于物质的生产过程，大学绩效考核所能把控的方面是“管理”，不能量化的是“育人”，“管理”雄起而“育人”消退也就顺理成章。当今中国一些大学的教学制度“虚化”现象严重，像教授为本科生上课制度、自主选专业和选课制度、自主转专业制度、主辅修制度、跨学科专业选课制度、以学生发展为导向的课堂教学评价制度等几乎都是“假制度”，因为它们没有落到实处，学生没有从中受益。又如，一些大学煞费苦心争取到的国家级人才培养模式创新实验区、双语教学示范课程建设项目、国家级教学团队、高等学校教学名师奖、高等学校特色专业建设点等本科教学质量与教学改革工程，却很少转化为人才培养资源，最终只是学校用于推介自己的一种资本。

大学的学生文化正逐步退守到虚拟世界。大学的教师文化与学生文化交互作用的时间和空间受到挤压，管理者文化中只有“管理”而不再“育人”，学生文化根植的领地正在一点点地被侵吞和蚕食，大学治理中的学生文化已成为“文化孤岛”。在这个“孤岛”上，大学学子经营的不是现实世界，而更多的是虚拟世界，在那里没有大学教师的文化影响，也没有大学管理者的文化影响，有的就是大学生文化与虚拟世界文化的交流、交往并发生作用，有识之士对此无不忧心忡忡。他们所担心的是，中国大学治理孕育而成的大学生，不是被誉为“天之骄子、国之栋梁”的现实世界担当者，而是没有使命感和责任意识、逃避现实躲进虚拟世界的“怪胎”。

五、大学内部自然科学部落文化、社会科学部落文化、人文科学部落文化的冲突

大学是以学科建制为基本特征的，大学的每一个学科都犹如一个相对独立的“部落”，无论是“成熟的学科”还是“事实的学科”，它们皆拥有“自身”的学科

领地、学科建制、学科规训、学科体系和学科范式，由此而构成自身独特的“部落文化”，滋养着学科部落的每一个成员。大量事实表明，学者对学科的情感或忠诚远胜于大学，学科已经成为学者的精神家园。学科部落的每一个成员都经常用自己独特的方式誓死捍卫自己的学科领地、学科建制、学科规训、学科体系和学科范式。这种捍卫在某种意义上维持了学科的“精纯性”，同时也造成了学科之间的“森严壁垒”。

作为知识门类的划分，各种不同的学科分属于自然科学或社会科学或人文科学，久而久之而形成自然科学部落文化、社会科学部落文化、人文科学部落文化，集中表征为各自拥有自身的学科领地、学科建制、学科规训、学科体系和学科范式，其中最为根本的是学科领地和学科范式。从学科领地看，自然科学的研究对象是无机自然界和有机自然界，社会科学的研究对象是人类社会现象及其规律，人文科学的研究对象是人的社会存在及人类社会的本质和发展规律。从学科范式看，自然科学主要采取实证研究，强调证实或证伪；人文科学和社会科学则兼用思辨研究与实证研究，并在不同的历史阶段有所偏重，呈现出一种“此消彼长”的态势，没有哪种学科范式一直处于垄断地位。目前，学界存在两种较为明显的倾向：一是将知识习惯性地二分为自然科学和社会科学，人文科学只是社会科学的构成部分，几乎没有自己的领地。事实上，人文科学与社会科学是不同的，两者的主要区别在于，后者更接近科学，前者则带有更多的主观表达和非理性的成分，很难用科学手段去说明和验证。二是人文科学或社会科学在与自然科学的文化对峙中，文化自信心有所动摇和衰减，开始滋生“此山望到那山高”的念想，呈现出对感性经验的过度崇尚，似乎只有实证的研究才是好的人文或社会科学研究，导致合理的、适度的理性思辨的学术市场日益缩减。这种学术文化正在深刻地影响着大学人文或社会科学研究的走向，尤其是在一些理工科大学中，实证主义导向下的科学研究处于绝对垄断地位，众多人文或社会科学研究成果因缺乏实证而备受诟病，人文科学或社会科学也因此沦为“次等学科”，其学科地位日显尴尬甚或狼狈。事实上，学科的价值及科学研究成果的价值，从来都不是由纯粹的研究方法决定的，而是取决于学科的贡献及研究成果的科学性、客观性和解释力。历史地看，数学和哲学不强盛的国家，鲜有成为世界科学技术强国的典例。而数学和哲学的主要研究范式就是思辨式的，而非实证式的。很明显，那种主张将思辨研究弃之如敝屣，将其作出的抽象结论视为“概念来概念去地编造抽象概念”“结不出经验的果实”[4]的看法，无疑是对思辨研究的一种深度误解，也是对思辨研究的不尊重，更是思辨研究本身的不幸。

人的思维有一种惯性，习惯于用已知的、成功的手段去把握未知的王国。也就是说，一个人一旦使用某种方法得心应手以后，就会经常习惯性地从以前熟悉的那种领域所获得的经验出发，把这种方法运用到不熟悉的领域、没有涉猎的领域、尚未穷尽的领域。从近代以来，科学技术的发展使人类坚信科学可以解决一切问题。科学成了一个绝对的褒义词，凡是符合科学的就是真理，而科学崇尚的实证研究方法也自然被推崇备至。自然科学是崇尚实证研究的，人文科学和社会科学也崇尚实证研究，心理学中有实验心理学，社会学中有社会达尔文主义，伦理学中用生理学来解释人的道德，美学正在走向科学的美学。这实质上是自然科学在吞并人文科学和社会科学，其结果是人文科学和社会科学一个个遭到毁灭。研究范式的普遍科学主义或绝对实证主义，对人文科学和社会科学的发展而言并不是一件幸事，甚至是极其有害的。对于人文科学或社会科学研究而言，实证方法是极其重要的，但它的适用面也是极其有限的。譬如，对于高等教育问题的研究，实证方法对某些浅层次的高等教育现象的研究是有用的，但对深层次的高等教育基础理论诸如高等教育理念、高等教育本质、高等教育规律、高等教育原则等问题的研究往往一筹莫展。高等教育基础理论研究首先需要研究者有理性的洞察力和领悟力，能在严谨的思维逻辑上建构起系统的理论假说，即对高等教育基础理论研究来说，重要的是“建构”而不是“实证”。从这个意义上说，实证方法不是高等教育研究的唯一方法，只是高等教育研究的一种重要方法，它与思辨方法是互补的，两者共同构成了高等教育研究方法论的两翼。概言之，实证研究和思辨研究都不是万能的，两者应该“联姻”，而不是“离异”。

学科部落文化之间的冲突是客观的，也是很难完全避免的，因为不同的学科有着不同的学科领地、学科建制、学科规训、学科体系和学科范式。学科之间森严的学科壁垒的存在，容易引发不同学科部落之间的文化冲突，使大学的学术治理变得更为复杂。譬如，大学在科研立项、成果出版、成果评奖、职务聘任等方面，经常要根据学科分类执行不同的评价标准，平衡不同学科部落之间的利益。当今中国的大学，都是多学科的，有的甚至是综合性的，这就意味着这些大学必然存在多元的学科部落文化。大学强制性地推行“化多为一”的文化治理，其实质就是隐性的“学科合并”，这显然是不可取的，因为它违背了学科发展的内在逻辑。既然如此，大学治理尤其是学术治理就必须尊重这种学科部落文化的多元性，加强各学科部落之间的交流与合作，让各学科部落在海纳百川中捍卫自身的学科领地、学科建制、学科规训、学科体系和学科范式，使各学科部落文化“各美其美，美美与共”。

六、结语

作为一种组织行为，大学治理不是价值中立或价值无涉的，任何大学治理都蕴含主体的思想、观念和价值的取舍。大学治理面临的文化冲突本质上是文化主体价值观的冲突，而大学治理的文化平衡实质上是文化主体利益的平衡，这种冲突与平衡具有典型的“博弈”色彩。大学治理的文化多样性是不以人的意志为转移的客观存在，只要代表不同利益的群体存在，文化的多样性就会存在，不同文化之间的冲突就在所难免。大学治理不是追求“大一统”，只允许“一种声音”存在，不是将“多元文化”强制性地揉成“一元文化”，而是要找到不同文化的平衡点，协调好不同文化主体的关系，以文化认同为根基构建和谐的大学治理生境，完善大学治理结构，让党委领导、校长治校、教授治学、学术自由和民主管理与监督释放出最大的组合能量。

权力冲突的背后是文化的冲突，权力平衡的实质是文化的平衡。不同的文化之间并非总是冲突的，也并非全是冲突的，它们之间也可以协同合作，彼此之间也存在交集或共同点，这种交集是不同文化主体相互认同的基石。“三元文化”的冲突是中国大学治理中颇为典型的现象，平衡它们之间的关系是中国大学治理走向自由王国的关键。不同“三元文化”的冲突点不同，有的聚焦在治理价值观上，有的聚焦在权力分配上，有的聚焦在教育目标上，有的聚焦在人才培养过程上，有的聚焦在学术范式和学术评价标准上。因此，大学治理的文化平衡要抓住不同文化之间的冲突点，在不同文化的互动关系中找到最佳的平衡点。

参考文献

[1] 阿什比. 科技发达时代的大学教育 [M]. 滕大春，滕大生，译. 北京：人民教育出版社，1983：12-13.

[2] 巴伦. 科学与社会秩序 [M]. 顾昕等译. 上海：上海三联书店，1991：8.

[3] 梁启超. 学与术：梁启超饮冰室合集（第3册）[A]. 北京：中华书局，1989：12.

[4] 理查德·塔纳斯. 西方思想史 [M]. 吴象婴，晏可佳，张广勇，译. 上海：上海社会科学院出版社，2013：303.

大学校长权力的制约与监督

梁国利[①]

（沈阳化工大学高等教育研究所　中国　沈阳　110142）

摘　要　校长是大学的最高行政长官，又是大学的最高学术领导者，大学校长集学术权力和行政权力于一身。所以，大学校长就成为大学权力制约与监督的首要对象。本文从"加强大学制度建设""实行校长职业化""强化优良文化对校长的积极影响和作用""积极推进民主治校"和"加强在职校长的教育与监督"等方面入手，提出了对大学校长权力制约与监督的建议性措施。

关键词　大学；校长权力；制约；监督

---

① 作者简介：梁国利（1972—　），男，博士，辽宁朝阳人，沈阳化工大学高等教育研究所所长，助理研究员，主要研究方向为高等学校管理、大学战略管理。

孟德斯鸠认为，“一切有权力的人都会滥用权力，这是一条万古不易的经验。有权力的人们使用权力一直到遇有界限的地方休止。要防止滥用权力，就必须以权力约束权力”[1]。正因为有此认识，习近平总书记上任伊始便发出“要加强对权力运行的制约和监督，把权力关进制度的笼子里”的号召，强调“要加强对一把手的监督，认真执行民主集中制，健全施政行为公开制度，保证领导干部做到位高不擅权、权重不谋私。形成不敢腐的惩戒机制、不能腐的防范机制、不易腐的保障机制”[2]。实际上，任何组织和部门都存在大小不等的权力，所有权力均需制约，绝对权力更是需要约束和监督，大学亦然。因此，在大学的治理问题上，必须解决好内部的权力制约和监督的问题。

一般来讲，校长是大学的最高行政长官，同时又是大学的最高学术领导者，大学校长集学术权力和行政权力于一身，所以，高校内部权力运行的首要制约与监督对象应该是大学校长。对大学校长权力的制约与监督应该从“内在制约”和“外在制约”两方面入手。外在措施可以促进内在的改变和提升，组织的关键任务之一就是完善外在保障措施。具体来讲，对大学校长权力的制约与监督应该从“加强大学制度建设”“实行校长职业化”“强调优良文化对校长的积极影响和作用”“积极推进民主治校”和“加强在职校长的教育与监督”等方面入手。

一、加强大学制度建设

人们都生活在一定的制度环境之中。制度对人的影响无时不在、无处不在。邓小平同志说过一句话：“制度好可以使坏人无法任意横行，制度不好可以使好人无法充分做好事，甚至会走向反面。”[3] 其实，更不好的制度是让坏人可以放手做坏事而不受到限制与惩罚。[4] 所以，就一个国家来讲，对各方面的制度，尤其是对大学制度的设计必须极为用心。

（一）大学制度设计要体现“无赖原则”

制度的生成是一个无意识的自我演进和有意识的人为设计的双重统一过程。每一种制度设计，往往在初始阶段都存在着一定的理论预设。这种预设从某种程度上讲是一种对人性的解读或假设，它常常成为某个系统理论的逻辑支撑或逻辑起点。在制度设计中，最为著名的假设是英国哲学家大卫·休谟的“无赖原则”：政治作家已经确立了这样一条准则，即在设计任何政府制度和确定几种宪法的制约和控制时，应把每个人都视为无赖——在他的全部行动中，除了谋求一己的私利外，别无其他目的。[5] 这一原则告诉我们，“好人政治”是不存在的，“最佳情形”和“道德圣贤”的假设不足以成为制度设计的基础，所谓的“绝大多数”的肯定性判断大多数都没有现实判据，没有人能够保证“正义”与“公平”会成为政治家无条件的长期的行动准则，唯一的办法就是一视同仁地对所有人潜在的“无赖”行为采取积极的预防措施。

制度设计应该达到的目的是：不论一个人多么利欲熏心，通过完善的制度机制的钳制功能，都能使其“规规矩矩”地服务于公益。[6] 制度设计必须同时达到以下效果：既要对人们的“无赖”行径予以有效的钳制，也要遏制人们萌发的各种利己损公的“无赖”想法和“无理”冲动。这一预设表达了一种核心思想：既然所有人都可能成为“无赖”，那么就必须有强大的前在制约机制，以使人们服从制度、遵守规则。对此，詹姆斯·布坎南有更为明确的表述：“当人们的政治行为被认为一如他们其他方面行为一样是追求私利之时，宪制上的挑战就成为这样一种挑战：构造和设计出能够最大限度地限制以剥削方式追求个人利益，并引导个人利益去促进整个社会利益的制度和规章。”[7] 无赖原则也就是要求制度设计者从最坏情形和最糟状态着手。

（二）大学制度建设要保证能产生好校长并能使其治理好大学

从设计者的角度来看，高等教育制度的中心任务是提高高等教育行动者设计制度以达到有价值的教育目标的能力，而其中的关键是如何实现效率和效益的结合。良好的大学制度必须保证两点：第一，保证能够产生一个道德高尚、懂教育、会管理的合格校长；第二，保证校长能够（无论是主动的还是被迫的）将个人的感情和私利放在一边，切实根据大学的自身规律和特性，兼顾效率与效益的原则，以道德的方式管理好大学。这就是现代大学制度所深藏的智慧。

高等教育制度决定了能否产生一个合格的大学校长，大学校长又决定了能否产生良好的大学内部制度。从“某种程度上讲，真正对大学理想运作危害最直接、最大的行政干预源，恐怕主要还是来自于大学内部的制度设计及学术行为导向。换言之，保证大学教育、学术研究朝着良性的方向发展，关键在于大学校长对大学内部制度的设计和导向，能否体现学理良知和学理精神，以制度化的方式维护学术权力、学术道德的尊严，构建并严格践行符合大学这一学术组织题中之意的管理体制，而不是把它纳入行政官僚体系”[8]。可见，大学校长对大学的内部制度设计理念和实施方略是决定大学治理好坏的关键因素。

（三）学制度实施要完善运行机制、强化法律保障

好的运行机制是制度有效性的保证，亦是扼制人性恶性倾向的有效武器。制度经济学家经常讲述“和尚分粥”的故事，该故事最终设立了这样的一个机制：分粥者必须最后一个领粥。这一做法不仅解决了公正和效率问题，还为分粥制定

了一个公正执行的自控机制。在这种机制下，“使制度执行者得以把制度公正执行的外部压力转化成内在动力，变别人要我公正执行为我要公正执行”[9]。所以，良好的运行机制的关键是：能使制度执行者自觉地把“外在”的“别人要我遵守制度”转化为“内在”的“我要遵守制度”，把“外在”的“别人要我公正执行制度”转化为“内在”的“我要公正执行制度”。

法律是由国家制定或认可的、由国家强制力保障实施的、具有普遍约束力的行为规范的总和。法律是正式的、强制性的约束。法律作为制度的重要组成部分，从来都是与制度相互映衬、相辅相成的。当下，在我国，建设现代大学制度是一个热门话题。原因就是高等教育领域的问题积重难返，很多人呼吁通过建立现代大学制度以改变高等教育的现状。现实中，很多人对现代大学制度的认识是很模糊的，现代大学制度一建，当下的问题是否就迎刃而解，也众说纷纭，莫衷一是。现代大学制度应该是在当前的社会背景下，经过“深思熟虑”和“理智选择”形成的调整大学内外关系的一系列法律、规章、规定、条例、方法和措施等的总和。建立和完善现代大学制度，应该从两个方面入手：一是根据大学的本质、特点、规律和属性完善相应的规章、程序和方法，依规办事；二是根据现实需要，将大学的规章中具有普遍性、规律性、独特性和根本性的要求与规定上升到法律的层面，依法治校。

二、实行校长职业化

大学的目标在于培养学生、发展学术、服务社会，其领导人的遴选标准必须将通晓教育、深谙学术，以及国家和社会发展的服务理念等方面放在首位。每一职业都有自己的专业知识，都需要领导者掌握相应的专业知识，并以职业化的理念和方式开展工作，大学校长尤为如此。

（一）校长职业化是美国大学成功的经验

美国的大学是世界大学成功的典范。美国大学成功的原因之一就是美国大学校长的职业化运作。从美国大学校长的产生方式来看，美国大学将大学校长定义为一种社会职业，对学校的管理、经营和发展负责是大学校长的职业要求。美国大学校长的职业化运作非常成熟，由学校各个层面的利益相关者组成的校董事会和大学校长选拔委员会，会在不同的历史时期，根据社会需求和学校发展的需要，选择具有不同能力倾向的校长来执掌学校。我们从美国高等教育发展简史可以看到（表 1），同样的高等教育团体，在不同的时期会需要不同类型的领导。其实所谓的类型，有时候是学校发展阶段的一种现实性需要，就校长个人来讲，是其个人能力的一种倾向性选择。

表1　美国大学不同时期的校长类型

时间	发展阶段	面临形势	校长需做的努力	校长类型
1860—1910年	现代大学形成时期	提出大学理念，吸纳科学新知与学术研究进入古老的教育体系中	有理念、有顽强的意志与反对势力作斗争，还要有实践的魄力和能力，把新型的大学制度建立起来	专家型
1910—1930年	理性化时期	将新型大学制度化	巩固刚刚转型的高等教育体制	守业型
20世纪30年代	改革时期	经济大萧条，劳工运动，终身教育，社区大学运动	适应社会变迁，迎接挑战，高等教育要为社会大众敞开大门	变革型
20世纪60年代	大发展时期	民主化浪潮，学生运动席卷各校园，学校规模扩大	管理庞大的校园，处理日益庞杂的学校事务，经营学校的各种资源	经营型
20世纪80年代	提升时期	国际竞争加剧，教育的远见及学术的方向，并未受到应有的重视	保持优势，追求卓越	卓越型

资料来源：根据林孝信的文章《从学术领导看大学校长遴选》（黄俊杰主编：《大学校长遴选——理念与务实》，北京：北京大学出版社，2006：90-91）整理而成

职业化的校长应当是“懂教育、善管理”的职业教育家，有学者经过比较研究认为，校长职业化具有如下优势[10]：

1）从职务到职业，促进大学校长认识观念的转变。

2）从专家到教育家，明确大学校长的角色身份定位。

3）从学术能力到领导能力，调整大学校长的评价目标。

4）从自我提高到制度保障，拓展职业素养提升途径。

5）从统一任免到按需调整，实现校长任期的理性回归。

（二）校长职业化是一种成熟的运行模式

校长职业化模式不仅被国外大学尤其是美国大学采纳和应用，更受到国内诸多学者的青睐与推崇。有学者认为，我国大学治理存在诸多问题的原因之一，就是“我国尚未建立大学校长职业化的高等教育制度。同时也缺乏对大学校长履行职务的有效保障制度”，我国应该建立大学校长的“职务保障制度，包括履行职务时及离开职务后的制度保障，让大学校长以管理、经营、服务大学作为自己的最高事业”[11]。刘道玉、熊丙奇等知名校长、专家和学者认为，校长是大学治理的关键角色，只有校长职业化才能解决高等学校内部治理的诸多问题。

校长职业化在美国是一种成熟的运行模式。美国大学的校长选拔是由专门的遴选委员会操作，遴选委员会负责帮助学校挑选到合适的校长人选。美国大学校长的选拔具有这样几个特点：“一是高度自治性，大学校长的选拔完全是学校的自主行为；二是专业性，由专门的‘猎人公司’成员作为顾问参与工作；三是民主性，遴选委员会中有教授、学生、校友的代表；四是广泛性，通过媒体等在较广

的范围内进行应征。”[12]这种选拔制度往往对候选人的素质品质和领导管理才能特别重视，而不一定是他（她）的科研成果和学术成就。

校长职业化是一个完整、成熟的管理制度，在职业化运作的各阶段和各环节都具有相应的标准[13]：一要确定职业标准与任职资格，这是职业化大学校长的核心；二要建立规范、程序化的遴选制度，这是大学校长职业化的标志；三要建立合理的薪酬体系，这是大学校长职业化的保障；四要建立科学的评价和监督机制，这是职业化大学校长的过程保证；五要建立职业化校长的退出制度，不能只上不下、只进不出，这样才能保证优胜劣汰、适者掌校。

（三）职业化的校长可以专心治校

大学的运转和发展，亟须“大学”需要的教育领导，而不是“政府”需要的政治官员。所以，大学更亟须体现“知识、教育、学术”属性的校长产生和运作模式——“职业化”就成为遴选大学校长的不二之选。校长职业化是在一定的社会历史条件下，校长为满足管理经营学校的需要，而以自身职业的长足发展为追求，不断提升自己的专业水平与管理经营能力，从而达到职业要求的过程。它包含两方面：一是政府改变相应的管理模式与管理体制，鼓励、支持并保证校长职业化的有效实行；二是校长自身素质与能力的专业化发展。职业化的校长区别于职务化的校长与学者化的校长，不论你曾经是什么职务，一旦被聘任为校长，你的身份就是校长，必须以校长为唯一职业，你的主业就是履行校长职责，主要精力就得放在校长岗位上，心无旁骛地专注于学校各项管理事务。

校长职业化可以在外在制度的保证下，促使校长产生恪守职业道德、履行职责与使命、遵循教育和管理规律、切实促进学校扎实发展的内在需要，将“外在”的“别人要我干好”的压力转化为“内在”的“我要自己干好”的动力，将个人的目标融入大学的整体发展之中，凝神聚气，专心致志，以职业精神促进大学的真实发展，以外在价值的实现促进内在价值的提升，从而实现个人与大学双赢的良好局面。

三、强化优良文化对校长的积极影响和作用

文化是人们社会生活中的空气和土壤，谁也离不开文化的滋养、熏陶、哺育和引导。有什么样的文化就有什么样的个人，什么样的个人就传播和塑造什么样的文化。所以，在大学校长权力制约的问题上，我们要重视优良文化对大学校长的影响，通过改造和提升文化来提升大学校长个人的素质品质，以“内在”引导与约束改进大学校长良好地用权、负责任地治校。本文认为，强化优良文化对校

长的影响，就要营造积极的文化环境，提升文化品位，而要提升文化品位，就必须摒弃传统的腐朽文化，铲除当前的腐败文化，塑造、推行时代和实际工作需要的高尚文化。

（一）摒弃腐朽文化

中国传统文化的本质是维护封建专制主义的。几千年的封建社会，大一统的封建国家管理衍生出了不计其数的专制主义的管理思想和理念。“中国传统文化的代表人物和各个学派，几乎没有例外争先从理论上论证中央集权的封建专制主义国家的合理性和可行性，维护了王权，也维护专制主义。”[14] 因此，在中国的传统文化中，王权思想占统治地位，民主思想匮乏。等级意识、官僚政治、中庸思想、拜官主义、草民思维、主奴意识、金钱至上、学而优则仕、唯上思想、忠君观念、不讲原则、人情世故等腐朽文化，在经济、科技和知识高度现代化的今天，依然在人们的思想、语言和行动中留下了或强或弱，或明或暗的印记，虽然人们深受其害，但相当数量的人依然乐此不疲，趋之若骛。

智利的知识界领袖萨拉扎・班迪博士曾经说过：“落后和发达不仅仅是一堆能勾勒出社会经济图画的统计指数，也是一种心理状态。”许多致力于实现现代化的发展中国家，正是在经历了长久的现代化阵痛和难产后，才逐渐意识到：国民的心理和精神还被牢固地锁在传统意识之中，构成了对经济与社会发展的严重障碍。[15] 在现代化的实践和建设过程中，人们只注重在政治和经济制度上的探索和研究，而忽视了对人的关注和重视。历史和现实已经证明：“无论一个国家引入了多么现代的经济制度和管理方式，也无论这个国家如何仿效最现代的政治和行政管理，如果执行这些制度并使之付诸实施的那些个人，没有从心理、思想、态度和行为方式上实现由传统人到现代人的转变，真正能顺应和推动现代经济制度与政治管理的健全发展，那么，这个国家的现代化只是徒有虚名。”[16] 人的“心理、思想、态度和行为方式上”的表现就是文化的一些表现形式，也是传统文化作用的结果。因此，要做到使人“从心理、思想、态度和行为方式上都经历一个向现代化的转变”，就必须批判和摒弃心理、思想、态度和行为方式上所固有的腐朽的落后的传统文化，树立新观念，接受并践行新文化。

（二）铲除腐败文化

第一，腐败是一个社会性、普遍性问题。费孝通先生在 20 世纪提出了“差序格局”的概念，并将社会分为“熟人社会”和“陌生人社会”两种类型。他认为，中国是典型的“熟人社会”。“熟人社会”亦称为“关系社会”“后门社会”，背景和关系是熟人社会的典型话语。“熟人社会”强调的是“人治而不是法治，办事大多凭人与人之间关系的生熟程度、感情深浅程度，关系越亲密就越有可能被中心成员用来实现其实利目标，在这里责、权、利的界线较为模糊，他人的权利容易被侵犯，在公共事务中则容易发生论资排辈、任人唯亲、徇私舞弊等”[17]。“熟人社会”为腐败文化提供了肥沃的土壤，使腐败成为社会性、普遍性问题，广大民众虽深恶痛绝，却又乐此不疲。

第二，腐败是一个历史性、文化性问题。古今中外的历史表明，无论是何种类型的国家，腐败始终是一个被社会广为关注的问题。在历史发展的某一阶段或一个国家的某一时期，腐败会成为影响国家发展的焦点问题。中国几千的封建社会基本上都遵循了这样的一个发展脉络：国家成立初期，坚决反贪，惩治腐败，吏治清明，国家蒸蒸日上；王朝中叶，国家昌盛，心态松弛，对腐败渐失警惕，反贪斗争逐渐弱化；王朝末年，贪污腐败猖獗，风气污浊，民不聊生，国家衰败直至灭亡，最终被新的王朝取代，又开始新的循环，成了走不出的轮回。可以说，“中国无论哪个朝代走向衰败灭亡都与腐败有着直接的关系。朝朝相因，代代如此”[18]。

腐败有极强的腐蚀性、危害性。腐败的本质就是公权力的异化，就是掌权者利用手中的公共权力为自己谋取私利。历史与现实表明，腐败有极大的破坏性、危害性。有学者将腐败的危害总结为五点[19]：“害党”“害民”“害国”“害家”“害己”。腐败还具有极强的腐蚀性、传染性，如果不予以严惩，就会像瘟疫一般迅速传播、扩散、蔓延。腐败导致寻租行为泛滥，社会风气败坏，公平正义无法立足，正直诚实遭到遗弃，和谐局面支离破碎。腐败致使形式主义严重，官僚主义盛行，享乐主义蔓延，奢靡之风高涨。在腐败和腐败文化的影响下，大学精神萎靡，大学道德退化，相当数量的大学领导者的思想和行为遭到严重腐蚀。可见，腐败蚀骨断筋危害严重，必须制止腐败现象，铲除腐败文化。

（三）推崇高尚文化

营造积极的文化环境，仅仅“摒弃传统的腐朽文化，铲除当前的腐败文化”是不够的，有“破”就要有“立”。因此，塑造、推行时代和实际工作需要的高尚文化，就成为必需。要做到这一点，应该从 3 方面入手。

1. 继承优秀传统文化

优秀的传统文化是中华民族在长期发展过程中形成的，对国家发展和个人进步有着积极历史作用的，至今仍具有积极意义和重要价值的思想和文化。钱逊先生认为，传统文化中的仁爱精神、自强不息精神；富贵不淫、贫贱不移、威武不屈的独立人格精神：忧国忧民、竭诚尽忠的爱国精神；“慎独”的高度自觉的道德精神，以及敬老爱幼、尊师重道、温、良、恭、俭、让等，都是中国的“传统美德”。[20]杨翰卿和李保林认为，“中国传统文化中具有积极意义和当代价值、应当在思想内容上进行转换的，至少或主要的有以下两个方面：其一，体现和表达民族精神的内容；其二，扬善抑恶，注重人格和道德修养的伦理精神和人生价值观念”[21]。这些都是值得继承的中国优秀传统文化，在道家和儒家的思想中得到充分体现。尤为重要的是，其中的“道法自然”“无为而治”的道德哲学和辩证法思想，施行“仁政”、以“德”治国的伦理思维和治理理论，对大学校长治校都是很好的理论来源和实践指导，值得继承和发扬。

2. 借鉴先进外国文化

先进的外国文化是在长期的发展过程中形成的，对该国家和地区的发展、对他国和地区有借鉴意义，并对个人进步有着积极作用的思想、理念、经验、知识、方法和价值观念等的总称。世界文化是多元的，种类繁多、内容丰富，不同国家和地区的文化有不同的特点。其中，哲学理论、伦理思想、管理理念、领导理论、大学之道等的先进理念和文化，亚里士多德关于“善”的论述、道德德性和理智德性的诸多观点和理念，康德的“善良意志”“责任理念”和“定言命令”等理论，伯恩斯、萨乔万尼及诸多学者关于道德领导的含义、道德领导的方式、道德领导的目标等根本问题的研究，领导理论的诸多实践、经验和观点，以及美国大学管理的理论探究和实践探索，对我国的大学管理和治理、大学校长治校、大学德治等，均有值得学习和借鉴的现实需要和特殊意义。

3. 创造高尚当代文化

人是环境的产物，也是文化的塑造物，在人的成长过程中必然要被动地接受环境和文化的影响和塑造，人也会根据形势的变化和实际的需要主动去塑造环境，创造文化。社会发展的关键是人的发展。人的发展的关键不是他拥有多少财富，获得多大权力，掌握多少技能，而是他的文化水平和文明程度。文化是以知识为基础的动态的概念，是时代赋予个人的各方面知识的综合体现。人的世界观、人生观和价值观决定了其文明程度和文化水平。物质文明程度高并不能说明精神文明程度也高，国家的现代化首先是人的现代化。所以，一个人、一个民族、一个国家在呕心沥血创造物质文明的同时，也必须要融合优良的传统文化和先进的外国文化煞费苦心地创造与之匹配的精神文明和高尚文化，使个人拥有与时代相匹配的，能够代表未来发展趋向的哲学思想、价值观念、道德情操和意志品质，实现由“传统人”向“现代人”的转变。

四、积极推进民主治校

专权必然带来专制。专制与民主相对，与学术自由、大学自治相悖。无论国家还是大学，均深受过专制的极大伤害。民主是大学成功的经验，是大学治理的必要条件。

（一）专制危害性极大

专制与民主是相对的。对于专制的危害，托克维尔有精彩的描述：“在这种社会中，人们之间再没有种姓、阶级、行会、家庭的任何联系，他们一心关注的只是自己的个人利益，他们只考虑自己，蜷缩于狭隘的个人主义之中，公益品德完全被窒息。专制制度非但不与这种倾向作斗争，反而使之畅行无阻；因为专制制度夺走了公民身上一切共同的感情，一切相互的需求，一切和睦相处的必要，一切共同行动的机会；专制制度用一堵墙把人们禁闭在私人生活中。人们原先就倾向于自顾自：专制制度现在使他们彼此孤立；人们原先就彼此冰若秋霜：专制制度现在将他们冻结成冰。”[22]教育制度自始就是政治制度的延伸。中国数千年的专制制度，在学校也体现为学校的权力由校长一人独揽。蔡元培对此有深刻认识：“旧日道德，隐然有一种魔力，法规所定，无论当否，无丝毫违抗改变余地。国之君主，家之家长，私塾之师，其令之严，被动者唯有服从，无所谓自由其思想，使居于判断是非之地。此种思想之钳制，积数千年，至今日学校校长犹存此风。其是也，全校皆是；非也，全校非之。于是，校风播荡，国风斯成，国中思想之不自由，较之各国思想发达者，有霄壤之别矣。”[23]倡导数十年的教育改革在一些方面之所以收效甚微甚至适得其反，究其原因，从一定程度上讲，就是专制太严重，民主无法得到彰显。

（二）民主是大学成功的经验

校长是有权力、有权威的人。不管校长是因“权”而威还是因“德”而“威”，我们必须清楚，校长本人的能力和精力是有限的，要想完成大学的工作，实现大学的目标，就必须依靠群众的力量和智慧，并且“在某种意义上，要彻底实现大学的目的，大学的政策就必须由全体教师来决定”[24]。群众的想法多样，目标不一，意见冲突，校长的作用就在于维持学校离心力与向心力之间的平衡，而且校长“决策上的成功并不靠他掌握大量正确的知识，而是靠他在无知的海域中导航的才能”[25]。所以，任何压制言论、暗箱操作、躲避监督、无视意见和建议的做法都是错误的。因此，发挥群众的智慧，进行民主管理，是师生满意、学校发展、事业成功的根本保证。

欧洲大学有“教授治校”的传统。美国大学以教授会、董事会等形式治理学校。蔡元培和梅贻琦均推崇教授在学校管理中提出的意见和作用。从某种程度上讲，教授治校是民主治校的最好体现。它至少有三点好处：一是限制校长权力，防止校长专制；二是保证校长不在或暂时无校长的情况下，学校各项事务照常运转；三是可以发挥大家的聪明才智，使学校的运转真正体现出公平和智慧。涂又光先生则通过对中国高等教育史进行深入分析后认为，“教授治校”并非“舶来品”，而是中国高等教育自古至今“既有大学味又有中国味”的传统管理模式。蔡元培、梅贻琦的“教授治校”之所以成功，在于：①扎根于中华民族“尊师重道”的民族文化心理；②继承了中国自有学校就有的教师治校传统（私学、太学、书院皆由教师管理）；③吸取了西方大学的相关经验；④接受了西方民主的积极影响；⑤很符合“民主集中制”和“群众路线”的精神。[26]亦有学者认为，民主制度从某种程度上可以弥补“人性”上的不足与缺失：“如果人性是善的，民主制度是最好的制度，因为人人都能做出正确的决定；而如果人性是恶的，则更需要民主制度，因为只有大家互相制约，才能限制手握大权的统治者去作恶”。[27]

（三）民主是大学治理的必要条件

有学者认为“人性，由善到恶，同由恶变善几乎是一样的容易，有如抛向天空的硬币，落下时很可能是任何一面朝上”。亦有学者认为“人性本无善恶好坏之分，但出生后的社会与文化影响，却可以引人向善或带人作恶。向善，需要的是好的社会环境与正确的教育；作恶，则主要靠制度去限制。这就是民主制度的必要性”[28]。其实对于校内的民主境况和民主氛围，外部因素有影响但不起决定作用，内部因素要求教职工必须有民主的意识和勇气，当然更需作为当权者的校长更多地站在学校的、长远的而不是个人的、现实的角度思考问题，开展工作。对此，一些老校长深有体会：“校长的权力运作，是向大学理想、学术规律倾斜，向教授、学生负责还是向上级行政部门负责，是秉持上行下效的教育行政惯性力量，还是基于大学自治、学术自由、教授治学等多元思维治理学校，则是判断校长把自己视为学者还是官僚的界限。……当然，这样做，意味着他们不仅要具备维护大学的宗旨、个性、学术荣誉挺身而出的教育家品质，同时还要付出责任远大于权力的代价，没有民主和自由的精神，是不可能办出一所具有本体意识的大学的。”[29]

五、加强在职校长的教育与监督

教育和自我教育是从业者担当某一工作的基础和重要手段。通过教育不仅可以增加专业知识，更可以提升自己的素质品质。人并非生来就是当校长的材料，更不可能只为了当校长而专门研究如何做校长。因此，在有可能和有机会当校长的时候，有针对性地接受相应的教育和自我教育，是大学校长提升素质品质、提升专业知识和管理能力的必要手段。大学校长是掌权之人，接受监督是权力良好运行的保障。

（一）接受教育和自我教育是校长工作的现实需要

现实中，大学的管理工作纷繁复杂、目标多元、任务艰巨，没有开阔的视野，没有广博的知识，没有较强的整合能力，没有对高等教育的深刻理解和把握，没有深厚的知识基础和学科背景，大学校长很难担此重任。由于“现代科学的发展使知识愈来愈专门化，学术分工愈来愈细，这就使专家的眼光也愈来愈窄。现代社会管理往往趋于技术崇拜和技术政治，但却往往缺乏全局的眼光和长远的规划，缺少对文化、社会、传统和精神生活深切的人文关怀”[30]。大学校长只有“是对社会、文化、教育抱有全面看法和观念的领导人物，是有深刻的历史感并对未来抱有理想、意愿，并为之去奋斗的有志之士”[31]，才能应付复杂的局面，领导学校不断前进。

在中国有理工背景的大学校长中，既能坚持自己的理工专业研究，又能在学校管理和教育理论上有一定建树的，凤毛麟角。因为绝大多数的校长之前所学并非教育专业或与学校的治理无关，再加上其浅薄的阅历，很少有几个校长能够对大学的治理、大学教育和教学有一个全面深刻的认识和正确的把握，所以，接受相关教育并加强自我教育，就成为在职校长的应然之举。

在“对大学校长实施怎样的教育”的问题上，首先应该考虑“大学需要什么、大学校长需要什么”。根据大学的性质特点、大学的道德属性、大学的社会声望和大学在人们心目中的崇高地位，大学应该是体现公平、正义、廉洁、高效的制高点和标志性组织，大学校长应该是这些精神的专心经营者和模范实践者。但是，相当数量的大学校长在一些方面的表现与其职位要求相去甚远。所以，大学校长既然不是“超凡脱俗”的圣人，就不具备对一些不良东西的天然免疫力，“反腐倡廉的警示性教育”就成为复杂的社会环境下的必需；大学校长既然不是生来的教育家，高等教育基本理论、高等教育哲学、大学理念等的基础性教育，就成为管理教育性组织的基础；大学校长既然不是久经磨炼与考验的模范管理者，大学管理的基本理论、基本方法和诸多管理技巧的传授和教育，就成为管理和经营这个日益复杂的组织的必然；大学校长既然还不是诸多优秀道德品质的模范实践者，道德感化、品质人格的教育，就成为大学校长所接受的教育的重要组成部分。因为每一所学校都有其各自的特色和与众不同的地方，所以，就大学校长个人来讲，不仅要接受通识教育，更要根据所在学校的特点，进行自我教育——自主学习、不断反思。

（二）加强监督是大学校长正确行使权力的必要保障

如果说通过教育与自我教育，使大学校长了解到，作为大学校长是在做一项崇高的事业、一项需要对国家和民族的未来负责的事业、一项可以发挥自己的聪明才智作出影响深远甚至很震撼的成就的事业，而使自己对校长职业感到由衷的“敬”意的时候，教育就起到了“引导”和“拉动”的作用，使校长在“引力”的作用下，激发出人性中“向善”的一面，为学校的各项事务殚精竭虑、鞠躬尽瘁、披荆斩棘、勇往直前。但教育并不能保证大学校长必然会做到这样。由于受到“制度和管理体制、传统文化、权力本身和品性人格”[32]等的影响，校长也不可避免地会在某些时候、某种场合表现出“为恶”的倾向，所以，必须用一种方法让大学校长了解到自己所从事的是一项高风险的职业，即使自己在学校是最大的掌权者，也有自己的行事规则、活动局限、不可触碰的“高压线”，也必须注意言辞，谨慎行事，而使其以校长的身份在做一些与其身份要求不相符的事情的时候产生“畏”惧心理，起到“监督”和“约束”的作用，以达到“推进”学校工作的效果。由此可以看出对校长权力进行监督的极端重要性。

在我国，对政府权力的监督本来就十分虚弱，学校和教育界也就自然地成为“法制建设和社会监督比较忽视的‘和平区’，似乎学校作为‘清水衙门’，教师‘两袖清风’，仅靠道德自律就能保持‘净土’的面貌”[33]。所以，“在教育界，对权力的制约要大大落后于整个社会的改革进程”，加之“许多高校管理制度不健全，领导决策不民主，内部监督不到位，个别人一旦大权独揽，就把学校的发展机遇当成了谋取个人利益的机会”[34]。在这样的情况下，我们必须反思学校权力制约的问题，我们必须深刻地认识到，“在长期集权控制、唯上是从的管理文化中，我们的学校尚没有生长出在自治传统下才能形成的与责任相符的自律精神和自律能力，以及相应的伦理和文化”[35]。大学校长不会因为他的学术水平高、管理能力高而具备同样高水平的自控力和自我约束力，对校长权力的制约和监督是必要且必然的事。

在如何对大学校长的权力实施监督的问题上，制度建设是根本，民主治校是基础，有效执行是关键，监督的重点是“用人”和“用钱”，在监督的形式上要增加第三方监督的比例，让教师、学生、家长、企业、社会既成为不同深度的利益相关者，又成为不同角度的直接监督者。让权力运行在阳光下，再黑暗的身影也会被照亮。

参考文献

[1] 孟德斯鸠. 论法的精神（上册）[M]. 张雁深译. 北京：商务印书馆，1995：154.

[2] 朱书缘，谢磊. 踏石留印　抓铁有痕 [N]. 钱江晚报，2013-1-23（A0010）.

[3] 邓小平. 党和国家领导制度的改革（1980 年 8 月 18 日）. 邓小平文选（2）[C]. 北京：人民出版社，1994：333.

[4][27][28] 杨恒均. 不惮以最大的恶意来推测当权者 [EB/OL]. http：//blog.ifeng.com/article/20443521.html [2012-10-09].

[5] 斯蒂芬·L. 埃尔金等. 新宪政论 [M]. 周叶谦，译. 北京：读书·生活·新知三联书店，1997：27-28.

[6] 秦德君. 制度设计的前在预设 [J]. 上海社会科学院学术季刊，2002，(4)：48-57.

[7] 詹姆斯·M. 布坎南. 自由、市场与国家 [M]. 平新乔，莫扶民，译. 北京：读书·生活·新知三联书店，1989：39.

[8][29] 黄俊伟. 过去的大学与现在的大学 [M]. 北京：群言出版社，2011：115-116.

[9] 陈朝宗. 论制度设计的科学性与完美性 [J]. 中国行政管理，2007，(4)：107-109.

[10] 刘玉静，袁娜. 时代呼唤大学校长职业化 [N]. 中国教育报，2012-08-21（3）.

[11] 赵秋丽，李志臣. 聚焦高校去行政化：大学校长"职业化"渐成趋势 [N]. 光明日报，2011-04-14.

[12] 季诚钧. 国内外大学校长选拔制度的比较分析 [J]. 中国科技奖励，2013，(8)：24-27.

[13] 梁国利. 大学校长职业化问题研究 [D]. 东北师范大学，2005.

[14] 苏双碧. 有精华也有糟粕：中国传统文化的基本估计 [N]. 北京日报，2008-11-03.

[15][16] 殷陆君. 人的现代化——心理·思想·态度·行为 [M]. 成都：四川人民出版社，1985：3-4.

[17] 孙琳. "陌生人社会"中的制度化生存 [N]. 四川日报，2006-12-19（7）.

[18] 腐败在中国的历史溯源 [EB/OL] http：//bbs1. people.com.cn/post/60/1/2/124593462. html [2014-03-31].

[19] 萃岚. 历数腐败现象的五大危害 [EB/OL]. http：//news.xinhuanet.com/comments/2010-09/18/c-12582802.html [2014-04-01].

[20] 钱逊. 关于马克思主义与传统文化关系的几点想法 [J]. 学术月刊，1996，(5)：21-24.

[21] 杨翰卿，李保林. 论中国传统文化的当代转换 [J]. 中国社会科学，1999，(1)：80-89.

[22] 托克维尔. 旧制度与大革命 [M]. 冯棠，译. 北京：商务印书馆，1997：34-35.

[23] 蔡元培. 在南开学校全校欢迎会上的演说词（1917 年 5 月 23 日）. 蔡元培全集（3）[C]. 北京：中华书局，1984：47.

[24][25] 阿什比. 科技发达时代的大学教育［M］. 滕大春，滕大生，译. 北京：人民教育出版社，1983：92.

[26] 涂又光. 中国高等教育史论［M］. 武汉：湖北教育出版社，2003：315.

[30][31] 张隆溪. 21 世纪的大学需要什么样的校长. 黄俊杰主编. 大学校长遴选——理念与务实［A］. 北京：北京大学出版社，2006：90.

[32] 梁国利. 大学校长道德领导的影响因素［J］. 现代教育管理，2012，(9)：58-62.

[33][35] 杨东平. 试论教育腐败［J］. 北京大学教育评论，2003，(2)：109-112.

[34] 段惠. “象牙塔”里的“蛀虫”——大学校长腐败案件扫描［J］. 政府法制（半月刊），2005，5（上）：12-13.

中国大学内部治理
——困惑、症结与出路

谭晓玉[①]

（上海市教育科学研究院　中国　上海　200032）

摘　要　大学内部治理结构的建构是现代大学制度建设的重要内容。当前我国大学内部治理结构存在着严重的问题，突出表现在权力配置失衡、学术权力缺乏实质性的话语权。改革的关键在于，重塑现代大学理念，确立大学内部治理的主体——教师（群体）在学校事务决策中的权威地位，构建以学术权力为主导的治理结构，确立学术自由、民主管理、教授治校的现代大学制度价值取向。

关键词　大学治理；学术主导；教授治校；民主管理

① 作者简介：谭晓玉（1959—　），男，新疆石河子人，博士，上海市教育科学研究院研究员，中国教育学会教育政策与法律研究会常务理事，主要从事教育法学及高等教育发展战略研究。

大学内部治理结构的建构是现代大学制度建设的重要内容。当前我国大学内部治理结构存在着严重的问题，突出表现在权力配置失衡、学术权力缺乏实质性的话语权。其改革的关键在于重塑现代大学理念，确立大学内部治理主体——教师（群体）在学校事务决策中的权威地位，构建以学术权力为主导的治理结构，确立学术自由、民主管理、教授治校的现代大学制度价值取向。

一、当前我国大学内部治理结构的现状与问题

纵观世界中世纪以来现代大学制度形成与发展的演变史，任何一种大学治理理念及其治理结构的形成都以相关理论为支撑。[1] 大学理念理论强调大学自治、学术自由和教授治校；利益相关者理论主张共同治理（共享治理）；委托代理理论重视形成有效的制衡机制，创设授权和参与的环境；管家理论主张最大限度地发挥管理者的潜能。这些理论构成了大学以学术（大学）、市场（社会）和国家（政府）在一个共同场域的竞合，使大学演变出不同的治理形态，而以教授治校为内核的大学治理理念始终是贯穿其中的主线。

大学治理的实质是大学内外利益相关者参与大学重大事务决策的结构和过程，是各种决策权力在各个主体（利益相关者）之间的配置与行使（权力分配结构和权力行使过程）。大学治理结构在形式上体现为对大学进行管理和控制的体系，实质上是大学决策权力的制度安排[2]，大学治理结构的具体形式和作用机制取决于大学各种事务的决策权力在不同主体间的配置情况，不同的权力配置模式反映了政府与学校之间、学校内部行政权力与学术权力之间不同的关系。我国大学组织成为政府机构，大学行政权力成为政府行政权力链条的末端，大学与政府对口设置。在政府与学校的关系中，西方国家为学校本位，我国为政府本位；在学校内部行政权力与学术权力的关系中，西方国家为学术本位，我国为行政本位（表 1）。

表 1　西方国家与中国比较

项目	西方国家	中国
政府与学校的关系	学校本位	政府本位
学校内部行政权力与学术权力的关系	学术本位	行政本位

根据依赖-权力理论和资本-权力理论的原理，大学中的权力结构及其权力分配模式表现出以下特征[3]：大学的权力结构，无论是纵向各层次间还是横向各主体间权力的分配，都取决于相互间的依赖程度，尤其是相互间对资源的依赖程度。下层主体对上层主体的依赖程度越高，越倾向于形成集权式的权力关系，反之，则形成分权式的权力关系。依赖程度的强弱取决于各层次和各主体自身所拥有资

本的多少和获得资本渠道的多少。大学各层次和各主体自身拥有的资本越少，对其他层次和主体的依赖程度就越高；其获得资源的渠道越少，对上一层次和其他主体的依赖程度就越高。大学教师可直接从其他途径获得必要的资源，对学院和学校的依赖程度就会降低，学校和学院对基层学系或教师的控制权力就会被削弱，教师的权力相对就会增大，反之亦然。各层次及各层级权力主体所拥有资本的数量和获得资源的渠道，受制于其自身法定的地位和所处的环境（图 1）。

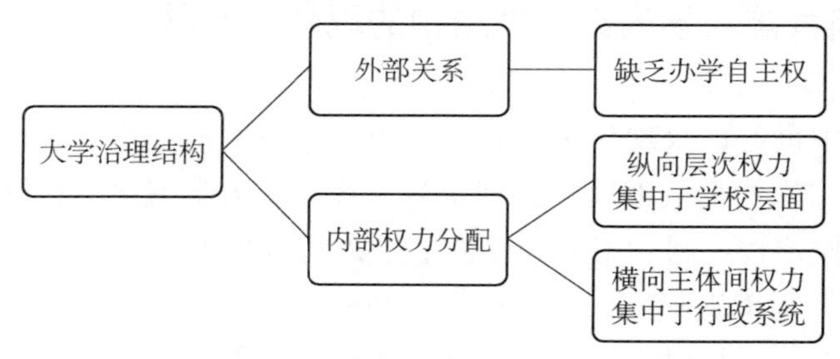

图 1　大学治理结构

关于中国大学治理结构，就其与外部的关系而言，大学无完全的办学自主权。对于大学内部权力分配而言，纵向层次权力过于集中于学校层面，横向主体间权力过于集中于行政系统，学校和院系级行政领导对行政事务和学术事务都拥有控制权。中国公办大学参照国家行政机构等级权力模式建立严格的科层式治理结构，大学层级资源分配的拨付模式，使得每一层次都依赖于上一层次，资源渠道单一。大学主要依赖于政府资本运行，大学党政群体作为政府的代表在大学内部权力结构中处于强势地位。

我国大学党政权力强势，是政府资源调控模式的结果。在我国高等教育资源配置中，社会资本参与大学资源配置的机制落后，大学资源的来源渠道主要集中于政府，政府对大学的资源配置主要是通过行政系统委托配置，从而决定了大学党政官员在资源获得中的优势位置，造成学术权力对行政权力的严重依附。

伯顿·克拉克曾将高等教育权力分为 3 个层次：国家权力、学校权力和教授权力，据此将西方高等教育权力配置模式概括为以下 3 种类型[4]：一是哑铃形模式（欧洲大陆模式），两头大，中间小；教授行会拥有很大的权力，其次是国家权力，二者共同构成哑铃的两端，不存在董事制度，大学层次权威较弱。其代表国家主要有意大利、法国、瑞典等。二是金字塔形（英国模式），底部大，顶端小。教授行会与院校董事及行政人员的适度影响结合。教育行会的权力十分强大，构成金字塔的底部，学院和大学一直被特许成为自我控制的自治机构，构成金字塔的中部，政府一般不直接干预大学事务。三是纺锤形（美国模式），两头小，中间大。美国模式综合了教授控制和院校董事管理与行政控制等形式，与英国相比，除了政府控制较弱外，教授的控制力量较为弱小，院校董事和行政人员的影响较为强大，构成纺锤强有力的中部。我国高等教育权力中的国家权力、学校权力和教授权力关系呈现出倒金字塔形：政府权力很大，学校一级权力次之，基层院系和教授的权力很小（图 2）。

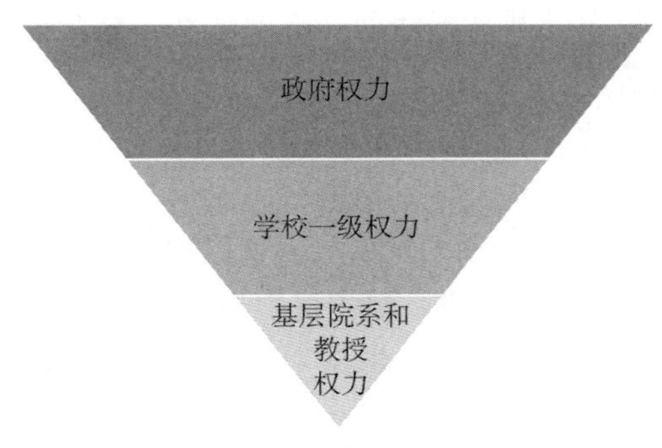

图 2　权力层级图

不同的制度安排决定了大学各权力主体的权力配置和界限，决定了大学治理结构的具体形式。不同的权力在大学内部产生竞合并影响权力的运作方向，具体表现在大学治理层级上，就是权力的竞合形成了不同的治理模式：单一模式、双重模式及复合模式。在单一模式中，又存在 3 种形态：行政主导、学术主导、市场主导。目前，我国大学治理制度安排下的治理模式基本上是单一权力模式，单一权力模式中又以行政权力主导模式为独大。行政权力在多元竞合的权力下产生了主要能够影响大学的单一势力，主导大学的运作，其他的力量都扮演配合者的角色。在行政主导型的治理结构中，学术力量缺少与行政力量抗衡的权力与资本，不是行政为学术服务，而是学术为行政服务。行政在大学治理中占据了中心的位置，学术开始逐渐地被推向大学治理的边缘。学术被边缘化，学术行政代表的政府力量妥协，使大学演变成为政治附庸、经济奴仆、学术桎梏。在我国推进现代大学制度建设的进程中，需要重新设计大学治理结构与权力配置的制度安排，由行政权力主导转向学术权力主导。

二、我国高校内部治理权力配置的异化

权力是组织的最基本要素。一个组织要有效地运行，需要通过制度对权力进行合理的分配，在各种权力关系中形成相互制衡的关系。权力失衡容易产生极权现象，使权力失去制约，导致权力异化，从而影响组织或机构的健康发展。在不同国家、不同政体、不同文化背景下，权力的分配方式各不相同，如以德国为代

表的大陆型模式，以及英国模式、美国模式和日本模式。[5]不同模式在权力运行和制度设计方面差异性显著，但在本质上却相通，即都遵循大学自治、教授治校的原则；高校都是法定的自治机构，拥有教育活动的独立自主性，大学自治作为传统的价值得到整个社会的广泛认同。

大学是一种学术组织，其基本活动是学术活动，离开了这一点大学就丧失了其基本特性和存在的价值。大学中行政权力的存在和行使，是为了保证学术活动健康、顺利地开展，为此目的而存在和行使的行政权力才是合理的。大学最初的行政权力是继学术权力之后从大学组织内部“生长”出来的，而不是从大学之外“赋予”大学的。西方大学在长期的发展和演变过程中，始终秉承以知识为中心的特点，沿袭了大学自治、学术自由、学术权力与行政权力制衡等制度“基因”，体现了现代大学共有的制度文明。[6]大学作为一个以学术文化机构存在的组织，其根本权力应该是学术权力，学术权力是现代大学制度的核心。

在我国，作为学术权力的主体，大学在与政府、行政之间的权力分配格局中，学术权力明显处于弱势，行政权力对学术权力进行吞噬，学术权力被边缘化。[7]由于我国高等教育管理体制的特殊性，大学管理机制行政化、层级化，加上学术机制极不健全，导致学术权力仍然是一个生态环境极差、地位极低、影响极弱、机制极不健全的因素，从而造成学术权力与行政权力极不对称和学术权力的长期边缘化；行政权力对学术事务介入过多，排斥学术权力对学术事务的管理，资源配置及权力配置的学术事务由行政力量起决定作用。学术权力所表现出来的学术话语权、决策权、评价权等均被学校行政层面的领导权、决策权、评价权所取代。教师应有的学术权力被学校的教师管理机构及制度所替代，高校教师从事学术活动所必需的学术权力已被转化为学校行政管理的基本资源。高校由具有学科性质的学术机构变成具有典型科层结构性质的亚行政机构，教师成为行政管理的对象。高校管理最主要的任务不是学术的创造与表达，而是预定计划的实施与秩序的保障。

在此环境下，大学学术权力发生了异化，学术权力主体从学术人员群体转移到个人。大学学术权力以各种形式的委员会为载体，通过一人一票的决策方式管理学术、分配资源，体现了众多学者的民主权利，表达了众多学者的集体意愿，具有公共性。但在现实中，学术权力经常由学术群体的权力转变为个人的权力。学术权力客体从学术事务转移到权力本身。学术权力的本意是学术事务的管理权，但在其运行过程中却逐渐异化成权力本身，不是以学术为中心，而是将学术事务放在次要地位。学术权力客体的转移为学术权力掌控者赢得了更多的权力资本，大学充斥着浓厚的权力本位意识，越来越多的人更关心权术而非学术，从而经营“权力”。另外，行政机制代替学术机制。高校普遍按行政管理模式来管理学术，并将学术管理纳入到行政管理之中。学术事务与学术机制在高校管理过程中，失去了自身的独立性。学术机制独立地位的丧失，是学术权力边缘化的基础，其结果是行政管理及决策基本上全面代替了学术管理及决策，使学术管理从一开始就被行政管理所包揽，失去了其独立的管理体系。

鉴于当下学术权力的弱化、异化，中国现代大学制度的构建需要以学术权力的彰显、复归为抓手，从理念和制度层面切入，确立学术本体的大学理念。大学是研究高深学问和培养高级人才的场所。大学的根本特性可以概括为两个字：学术。学术性是大学的本质属性，是大学功能构成的根基。尽管随着社会的不断发展和社会对大学依赖性的增强，大学的目标和功能越来越多样化，但大学 “特征不变量”的学术性本质亘古不变。因此，大学应以学术权力为主导，保障学术权力按照自身的逻辑运行；向以学术权力为中心的组织管理结构转变，校正“官本位”的价值规范，建立“学术本位”的价值规范，进而确立以学术权力为主的实践运行机制；建立健全以教授、专家、学者为核心，以学术委员会、学位委员会、教学指导委员会、教师职务评定委员会、教授委员会等学术组织为主体的学术权力系统，发挥这些机构在行政管理与学术管理中的作用，使这些机构真正按照学术规律来运行，保证学术权力的正确运用，是大学的核心制度，也是大学制度创新的根本要义。另外，要确立“学术本位”的价值，在大学实行学术内行的民主管理，使教授真正拥有学术权力。因此，要改变目前大学作为“政府代理机构”的尴尬现实，就必须改变高等学校内部的管理体制改革，实行基层民主和学术民主，确立学术本位的管理体制。

三、“教授治学”抑或“教授治校”？

确立“教授治校”是建立并健全大学治理结构、推进现代大学制度建设的核心要义。在当前我国理论界及实践中，有相当一部分力量主张教授治学，否定教授治校。其主要理由是：当代大学规模庞大，教授没有精力与能力参与大学的“校务治理”，校务管理应交给专门的管理人员。[8] 这是对教授治校的误读，其把治理方略与日常事务管理混为一谈，没有正确地认识到大学组织的本质与特征。

教授治校是相对于“学生治校”“校长治校”而言的。教授治校的基本含义是教授（教师集体）在大学决策与管理中起决定性或主导性作用，学校的行政机构起服务与辅助作用。教授治校是在关乎大学运行和发展的重大事务的决策中，教授有参与制定规则并监督规则实施的权力，大学管理应有确保教授的这一权力得到实现的制度与程序。教授治校体现了民主治校的理念，切合大学组织的内在管理需要，是建设我国现代大学制度的必由之路。教授治校反映的是学术本位，教授治校的实质是创建以学术权力为主导的大学组织结构与权力架构，旨在推进大学管理民主化改革，保证以教授为代表的教师群体能够参与学校的管理。[9]否定教授治校，实质上是拒绝大学管理的民主化改革。在这一关涉大学管理改革基本方向的问题上，应坚持教授治校，而非以“教授治学”取代“教授治校”。

作为一种大学治理结构，教授治校在世界范围具有普适性。[10]尽管大学在不断地发展变化，但大学作为学术组织的本质没有改变；尽管教授治校的外延在不断演变，但教授治校的基本精神内核没有变，教授治校作为适合大学管理的基本理念没有变。在行政权力泛化的背景下，教授治校的关键是大学管理权力的重新配置。权力和资源的分配是决定组织运作的关键因素。当前我国大学内部管理中最严重的问题表现为权力配置失衡，学术权力缺乏实质性的话语权，改革的关键在于确立以教授为代表的教师联合体在学校管理与决策中的权威地位，构建以学术权力为主导的治理结构，实施教授治校。

我国大学体制基本沿袭行政化、科层化的管理模式，管理权主要集中在以党委书记和校长为首的行政人员的手中。高校行政管理是由学术活动派生出来的，其存在的终极目的是为学术活动服务。当前我国大学管理中的主要问题是整体上权力配置失衡，行政权力一权独大，学术权力缺乏实质性的话语权，导致作为大学核心的利益相关者的教师群体在学校管理中很大程度上没有获得实质性的权力。改变这一状况的关键，是改变传统的权力模式，重新构建以学术权力为主导的大学权力架构与组织机制。教授治校的管理机制，为这些问题的解决提供了有效的借鉴与支持。教授治校管理机制通过教师民主参与学校管理的方式，充分享有规则制定权、权力分配权、资源配置权等各项校务治理事务的最终决策权，使教师群体在学校整体事务管理过程中拥有较强的话语权和影响力，既有效实现了权力制衡，承兑了大学教师的权力诉求，保护了教师利益，也保障了大学的管理和决策不会偏离其作为学术组织的基本轨道。

“教授治学”本质上反映的是行政本位。以教授治学代替教授治校，把教师管理学校的权力限制在相当有限的学术活动的空间，弱化了教师对学校的管理权。将教师的管理权力限定在治学领域，排除其在学校管理上拥有的广泛的影响力和话语权，实质上就是阻碍教授群体正当的权力和权力诉求，固化现有行政权力一权独大格局。[11]

“教授治学”是因应“现代大学制度”建设的对策性概念，而不是一种立足符合大学规律的制度概念。[12]它权宜性地安抚了教师要求参与大学决策和管理的意愿，又不撼动大学的基本管理体制，以体现大学的“中国特色”。这一设计既可应对社会舆论中要求教授参与大学决策和管理的压力，又不会因大学制度改革而使原来的权力、利益结构发生变化。这不是为了解决大学制度危机，而是为了维护现存的大学制度，以及由这种制度所形成的权力和利益。另外，“教授治学”异变为只是教师在行政权力的主导下开展一些技术（学术事务）工作。学术权力的依附地位得不到改观，不进行高校权力配置方式的实质性改革，就无法破解当前中国大学学术权力受制于行政权力的困境。

“校长治校”实质上是“官僚治校”。我国的大学制度，近期源自于计划经济体制，远期源自于我国历史悠久的文化传统和政治制度，是一种“自上而下”的金字塔形的集权化结构。来自这种结构中的大学主导力量，要求大学遵循一种有异于大学自身本质和规律的社会目的和规则，使大学成为被某种社会力量主导的为某种社会目的服务的工具。在此制度设计下，教师不可能成为在大学事务中具有发言权的“利益相关者”[13]，只能是学校的“雇员”；校长不可能是能够实践自身教育理想和信念的教育家，只能是保证社会需要和意志完满实现的“高级雇员”[14]。政府对学校的控制是通过任命校长实现。政府拥有对校长的罢免权，校长与政府是上下级关系，高校领导是按照党管干部的规定来任免的。校长任命行政取向、任用标准根据行政需要作取舍，从行政功能来讲，校长是向上负责而非向下负责的官员，任命方式极大地强化了行政权力，被束缚的中国大学校长在体制内游走，“既受惠，也受困；既受用，也受罪”。

“教授治校”的实质是“民主治校”。[15]教授治校理念来自于世界大学文化传统和理论积淀的教育思想和制度设计，与“学术自由”“大学自治”有机结合，共同构成了通行于世界的“世界大学通例”。这一制度的基本主旨是让大学遵循文化和学术活动的基本规律，成为一个具有独立地位和权力的学术机构，使大学中的教师和学生成为与大学命运密切相关的利益共同体成员，使大学成为广大教师和学生在内心深处认同的、与自己命运相连的自己的大学。教授治校这一大学治理制度设计，通过一定的机构载体实现大学教授在大学事务中的发言权、建议权、决定权。教授治校既是西方大学的教育理念，又是西方大学的基本制度，也是指导大学制度的思想和观念，是高居于具体的大学制度之上的价值观层次的精神性内容。纵观西方大学的历史，教授治校显然不是一种具体的管理策略，而是一种教育思想、一种大学活动的价值取向，这一价值取向和制度安排，来源于大学活动的本质、规律、使命，也是保证大学之为大学的最合理的安排。纵观西方大学发展的轨迹，“教授治校”治理制度选项之所以历久不衰，是因为它客观地反映了大学作为特殊学术机构的性质和特点，符合大学内在逻辑对学术发展与管理的要求。[16]教授治校遵循学术自由的原则，反映了学术治校的理念，发挥了学术权力对行政权力的制约作用，其本质是一种民主管理模式。需要强调的是，教授治校是一个限制概念，“教授”为一集合概念，表示教授团体而非个体。“教授治校”体现的是一种大学教师集体自我管理、自我发展、自我约束、自我完善的自治精神，是现代民主和法制精神在大学制度中的具体实践。在这种思想和制度模式中，教授不是指某个具体的个人，而是指大学教师这个群体，“教授治校”意旨教师的集体意志。

在我国教育民主化过程中，高校实行“教授治校”的民主管理制度是大势所趋。[17]教授治校需要改革现有的大学管理体制，创建以学术权力为主导的大学组织结构与权力架构，对大学的权力和资源配置制度进行重新分配，赋权给教师的代表和核心——教授群体。“教育民主化”与“教授治校”是形殊质同的统一体。在教育民主化视野中，“教授治校”是“体”，而非“用”；教授治校亦是教师治校或共同治校；治校的理想是学术自治，行政其中。[18]“教授治校”的主要特征是以“教授会”“评议会”等组织机构为权力主体，以保证所有教授在学校事务中的决策权。“教授治校”是教育管理民主化的重要体现。由于受“官本位”思想的影响，我国高校管理体制呈现出科层化、行政化的倾向，教授在学校事务的决策中日益被边缘化。因此，去行政化并保障教授在学校事务中的决策权，实现教授治校，成为推进教育民主化的必然要求，也是宏观政策及教育理念在具体领域的操作化。教授治校更重要的角色是一种管理理念[19]，在教育民主化视野中，它已升华为高居于具体大学制度之上的价值观层次的精神性内容，成为大学活动的一种价值取向。教授治校并不意味着学校事务事无巨细，都要由教授事必躬亲。教授治校是民主参与的“体”，而非具体实施的“用”。“教授治校”的实质，就是让大学的真正主体——教授及其全体教师能够自主地参与学校管理，形成大学的民主风气及学术的真正自由。

“大学自治、教授治校、学术自由”是当今世界大学的普遍性精神规则和基本的制度原则，并非西方国家大学的“思想霸权”，而是人类教育历史中的宝贵思想和制度结晶，是大学要完成自己教育和文化使命的必需的制度条件。其思想前提是大学的目的和宗旨都来自于大学内部，来自于大学人对自己社会职责和文化使命的自觉体悟，也是大学之所以为大学的思想和制度标志。在我国目前被体制认可的现代大学制度设计中，对世界大学制度的内容进行了两方面的置换：一是将世界大学制度中的“教授治校”换成“校长治校、教授治学”；二是将世界大学制度中的“大学自治”换成 “共同参与”或“民主管理”。这一置换保持了大学制度的“中国特色”，符合 “中国国情”，却割裂了大学本质与大学活动之间的逻辑关系，扭曲了大学的目的和功能，对大学核心价值和安身立命之本起着破坏和颠覆作用。[20]纵观世界上的大学发展史，尽管现代大学组织结构、人员构成趋于复杂，大学的权力结构也趋于多元，但师生始终是大学的主体。

四、大学内部治理变革与制度创新

"教授治校"体现的是一种科学、民主、法治的精神，这一制度在国内大学的真正建立，需要与整个国家的政治、经济和文化发展过程同步。目前，我国大学的外部制度环境和内部制度环境尚不具备教授治校的条件。[21]从外部环境说，政治体制滞后，宪政制度没有建立起来，思想自由和言论自由没有任何保障。从内部环境来说，学校的内部规则并没有建立起来，教授治校的程序缺失，尤其重要的是，教授治校的理念并没有形成。

大学制度是一国整个社会制度的有机组成部分。一国的大学制度要符合一个国家的基本政治制度并与之保持一致。大学的发展很大程度上取决于国家为其发展提供的制度环境。国家和社会尊重大学按照自身逻辑发展，既是大学能够满足国家和社会需要的保障，也是大学履行服务国家与社会使命的先决条件。大学自主、学术自由的范围和程度取决于政府的性质和国家制度。不同的制度安排决定了大学各权力主体的权力配置和界限，从而决定了大学治理结构的具体形式。调整和完善大学治理结构，就必须从深层次的制度构建和改革入手，改革高等教育的整个制度体系。

当下，我国大学治理结构改革实践似乎步入了改革"误区"，将高校治理结构改革等同于高校内部治理结构的改革，按照主管部门的要求，围绕预设的学校内部权力和职权关系进行管理体制改革。这种脱离高等教育整体制度，唯独关注整个高等教育体系某个"局部"的改革，有违大学治理结构的内在逻辑。对现存的大学制度进行一些修饰和包装，回避大学的真实问题，无以消除大学制度的弊端，其代价可能是又一次延误教育改革的良机。我国在建设现代大学制度这一重大问题上，似乎从未真正关切过制度的主人——大学本身，从未考虑过大学的制度需求。大学被剥夺了构建自己制度的权利，构建者也不是出自大学组织的本性，往往简单套用其他组织制度，出现"制度强加"现象。权力越位和权力缺位现象并存，扼杀了大学的生命力，在宏观上，政府采用行政制度管制大学，大学成为政府的附庸，大学无管理自主权，无运行主体性；在中观和微观上，大学以行政方式管理学术，学术权力成为行政权力的附庸，学者无学术自主权，探究主体性缺失。因此，这种制度安排下的大学必然是戴着锁镣的"舞者"。

我国大学制度深受传统的"政教合一"的影响，大学制度与政治制度同质同构。[22]政府的管理模式直接影响着高校的体制与管理，大学制度改革不单单是大学内部或教育领域的事情，更关乎国家层次。要改革大学治理结构，就必须改革高等教育整个制度体系。改革开放以来，我国高等学校的体制改革总体上涉及的多是一些外围问题，如针对普通教师的人事制度改革，而带有根本性的问题，比如，高校管理体制，尤其是高校领导体制，未真正深涉。现阶段的大学治理结构是我国目前高等教育制度的必然结果。“政教合一”、政治与教育的高度统一、高度重视教育的政治功能，是中国传统教育的重要特征。由于“学在官府”延续的官僚传统，以及新中国成立以后片面强调办学的政治功能和意识形态作用，我国大学制度长期以来偏离了现代大学的学术性轨道，学术权力不彰，行政权力泛化。另外，自上而下地按照行政意志设计分配方案和规则的模式并没有改变，政府行政力量依旧占据着资本分配的顶端，大学对于政府的依从、隶属地位不断强化。从外部关系来看，大学尚没有完全的自主权，大学的所有权仍归属于政府，政府作为当然的所有者对大学行使管理权、分配权和处置权等，大学依然主要依赖于政府资本而运行；从大学内部治理结构来看，大学对政府严重依赖，获取资源的渠道单一，从大学内部的权力分配看，在纵向层次上，权力过于集中于学校层面，在横向主体间，权力过于集中于行政系统，学校和院系级的行政领导对于行政事务和学术事务都拥有控制权，大学的党政群体作为政府的代表在大学内部权力结构中处于强势地位。大学内部治理结构凸显了行政本位，层级观念和科层模式充斥其中，与学术自由的内在要求产生了严重冲突。

“独立之精神、自由之思想”是大学之魂。建立并健全大学内部治理结构，推进中国现代大学制度建设，需要“改革转型”。纵观世界大学发展史，如果行政力量在大学内部无处不在，这个国家注定产生不出世界一流大学。大学组织的本质属性——学术性，是构建大学制度的内在逻辑依据，也是大学组织存在的边界。要进行大学制度创新，必须从纷繁复杂的大学活动表象中把握大学制度的本质。大学是一种“底部沉重”的组织结构，在基层的学科和专业集中了绝大部分的学术事务和学术权力。大学制度的变革与创新的着眼点应更多地放在基层的学术组织，自下而上地构建现代大学制度。大学制度改革必须体现大学组织本来应有的学术特性和文化精神，以大学的核心活动和任务为中心，调整利益格局和权力分配，改革组织制度和运行机制，彰显学术权力。

参考文献

[1] 李福华，尹增刚. 论大学治理的理论基础 [J]. 比较教育研究，2007，(9)：51-56.

[2] 任增元. 权力制约、资源依赖与公共选择 [J]. 清华大学教育研，2012，33 (6)：111-118.

[3] 刘向东，陈英霞. 大学治理结构剖析 [J]. 中国软科学，2007，(7)：97-104.

［4］董漫雪. 论我国大学组织多元权力体制的构建［J］. 教育发展研究，2011，(5)：8-12.

［5］苏君阳. 论大学治理权力结构的基本类型［J］. 江苏高教，2007，(4)：1-3.

［6］杨天平. 西方大学权力模式的运演及其特色［J］. 教育研究，2012，(5)：141-159.

［7］湛中乐. 现代大学治理与大学章程［J］. 中国高等教育，2011，(9)：18-20.

［8］杨兴林. 关于“教授治校”与“教授治学”的再思考［J］. 高等教育研究，2012，(4)：45-51.

［9］赵蒙成.“教授治校”的实质与边界［J］. 江苏高教，2013，(2)：1-5.

［10］赵晓力. 学术自由、大学自治与教授治校［J］. 书城，2003，(8)：64-68.

［11］赵蒙成.“教授治校”与“教授治学”辨［J］. 江苏高教，2011，(6)：1-5.

［12］王长乐. 大学制度改革应有明确的进步性目标［N］. 科学时报，2011-04-21.

［13］李福华. 利益相关者理论与大学管理体制创新［J］. 教育研究，2007，(6)：36-39.

［14］郑楚光. 弃“校长任命制”实行“教授治校”［N］. 东方早报，2010-03-06.

［15］吴毅. 教授治校的真谛是什么？［N］. 长江商报(武汉)，2009-04-11.

［16］庞振超. 教授治校与教授治学的历史考察与根本差异［J］. 全球教育展望，2009，(4)：61-65.

［17］陈媛. 教授治校：建设一流大学的战略选项［J］. 中国高教研究，2012，(5)：29-32.

［18］许杰. 彰显、复归学术权力：中国现代大学制度构建的根基［J］. 高教探索，2011，(4)：34-39.

［19］谢泳. 教授治校——一种现代大学理念［N］. 深圳特区报，2011-07-12.

［20］王长乐. 现代大学制度建设：正在进行时抑或还只是梦想［J］. 清华大学教育研究，2008，(2)：31-35.

［21］郭于华. 体制弊端不除教授治校只是空想［N］. 东方早报，2009-10-11.

［22］张正峰. 中国近代大学教授治校制度确立的历史考察［J］. 黑龙江高教研究，2010，(9)：5-7.

公立高校治理评价

——一种框架性思考①

王绽蕊　魏孟飞　姜晓如②

（北京工业大学高等教育研究所　中国　北京　100022）

摘　要　无论是《国家中长期教育改革和发展规划纲要（2010—2020年）》中有关现代大学制度建设的设想，还是十八大之后提出的"教育治理体系和治理能力现代化"的目标，都表明"善治"已经成为公立高校治理改革的现实追求目标。治理评价有助于了解当前我国公立高校治理现状距离"善治"目标的实现还有多远，从而为治理体系和治理能力现代化建设提供努力的目标和方向。因此，厘清公立高校治理的基本准则，确定评价的基本框架，是公立高校治理评价研究的基础。

关键词　公立高校；治理评价；治理准则；评价框架

①　基金项目：本文是教育部人文社会科学基金一般项目（项目编号：11YJA880108，负责人：王绽蕊）、北京市哲学社会科学规划基金项目（项目编号：11JYB003，负责人：王绽蕊）的部分研究成果。

②　作者简介：王绽蕊（1973—　），北京工业大学高等教育研究所研究员，硕士生导师，教育学博士，博士后，主要研究方向为大学治理与现代大学制度、比较高等教育；魏孟飞、姜晓如，北京工业大学高等教育研究所硕士研究生。

一、公立高校治理评价问题的提出

现代意义上的“治理”诞生于20世纪80年代末至90年代初。自1989年世界银行首次使用“治理危机”（crisis in governance）一词形容当时的非洲，“治理”一词便开始广泛地被用于政治发展研究中。[1]进入20世纪90年代，西方政治学家和经济学家不断赋予“治理”新的含义，其内涵也有了很大的拓展和延伸。

20世纪末至21世纪初，伴随着治理理论与新制度经济学的勃兴，我国越来越多的教育学学者对高校治理研究产生了浓厚的兴趣，相关理论论著大量涌现。全球治理委员会对于“治理”一词的定义，被高等教育学者广泛引用。其将“治理”定义为：“各种公共的或私人的个人和机构管理其共同事务的诸多方式的总和”，并概括了它的4个特征：治理不是一整套规则，也不是一种活动，而是一个过程；治理过程的基础不是控制，而是协调；治理既涉及公共部门，也包括私人部门；治理不是一种正式的制度，而是持续的互动。[2]在新公共管理理论的框架下，我国一些青年学者如龙献忠、盛冰、许杰、陈正华等发展出我国的“大学治理理论”，其研究重点在于分析政府与大学的关系，强调政府与公民社会合作、多主体参与大学治理，以及在大学治理中引入市场机制，等等。

法人治理和公司治理理论是我国大学治理研究的另一重要理论来源。学者郭卉在总结了西方学界存在的关于大学治理的定义和对其内涵的解释后，指出西方“大学治理主要围绕大学内部事务，着重解决决策权力在各个主体（利益相关者）之间的配置及行使问题”。“国外学者把大学治理界定在大学内部权力关系上，而不包括大学外部权力关系（即大学与政府和社会之间的权力关系，在西方也就是实现大学自治权力）。”[3]李福华提出：“大学治理是在大学利益主体多元化以及所有权与管理权分离的情况下，协调大学各利益相关者的相互关系，降低代理成本，提高办学效益的一系列制度安排。”[4]以法人治理和公司治理理论为基础的高校治理研究，注重分析高校内部治理主体之间的关系、高校治理制度的效率等问题。

基于不同理论来源的两种高校治理研究的侧重点不同，但在一个问题上并不难达成共识，即高校治理包含内部治理和外部治理，其中外部治理涉及高校与政府、市场的关系，内部治理则指高校内部各治理主体之间决策权配置的结构和过程。

大约10年之后，以《国家中长期教育改革和发展规划纲要（2010—2020年）》的颁布为标志，“治理”在我国从学界的研究课题转型而为国家层面的改革战略。“完善中国特色现代大学制度”和“完善治理结构”代替之前一直使用的“管理体制改革”，成为我国高校改革的重要目标。在教育部的大力推动下，一些高校纷纷采取行动，着手完善治理结构和加强现代大学制度建设，如制定章程、组建大学董事会等。因此，治理改革成为我国高校改革实践的重要组成部分。

与这种实践上的稳步推进相比，先前发挥改革和启蒙作用的高校治理研究遇到了新问题：无论是以新公共管理理论为基础，还是以法人治理和公司治理理论为基础的高校治理理论，主要阐明“什么是高校治理”，高校治理改革的目标、路径等问题，对于公立高校怎样才算建立了完善的现代大学制度和完善的治理结构，我国公立高校距离实现这些目标还有多远的路要走等重要问题，难以得出系统、明确的结论。要确保改革的有效推进，仅仅依靠感觉对高校治理改革和现代大学制度建设进程进行主观判断是靠不住的。我们需要依据学术生产和学术创新的基本原则与规律，在澄清中国特色高校“善治”理论基本内涵的基础上，对公立高校的治理现状作出客观评价，为高校完善治理结构、建立现代大学制度的改革提供决策依据。

二、可资借鉴的治理评价研究与实践

国外已有学者和机构着手高校治理评价和指标体系开发工作。例如，美国高等教育专家拉莫（Keetjie Ramo）教授在21世纪之初开发了高校“善治指标体系”（Indicators of Sound Governance），并由美国大学教授协会（American Association of University Professors，AAUP）加以推广和应用。该指标体系事实上是一套调查问卷，其目的主要在于了解美国大学教师对于高校“共同治理”（shared governance）现状的评价。[5]哈佛大学的卡普兰（Gabriel Kaplan）在美国大学教授协会和美国大学院长会议（The American Conference of Academic Deans）的资助下，设计了“高等教育治理调查问卷”(2001 Survey on Higher Education Governance)，对美国约1500所四年制本科文理学院的治理状况进行了调查。[6]英国大学校长委员会(Committee on University Chairmen）也十分关注大学治理问题，多次发布“英国大学董事会成员治理指南”，制定问卷对高校治理状况和治理绩效进行调查，据此发布大学治理调查报告。[7]澳大利亚政府于2003年制定了“公立高等学校治理国家协议”（National Governance Protocols for Public Higher Education Institution），并在2004年和2005年对大学遵守这一框架协议的状况进行了评估。此外，澳大利亚政府还设立了“大学治理专业化发展计划”（University Governance Professional Development Programme），以帮助大学在治理结构安排方面“做到最好”。[8]

一些重要的国际组织也积极参与到大学治理评估中来。例如，世界银行制定了中东和北非“大学治理筛选卡”（University Governance Screening Card），从5个维度，即背景、任务和目标、管理、自治、问责、参与度来评估该地区大学对善治准则和实践的遵守程度。[9]

由于中国高校治理体系有自己的特色，上述这些指标体系和调查问卷并不能直接拿来对中国公立高校的治理状况进行评价，但可以为我们开发中国公立高校治理评价指标体系提供很好的借鉴。

近年来，我国高等教育评价研究取得了比较大的进展，教育部本科教学评估中心对本科院校的评估，中国教育科学研究院所做的高等教育绩效评价研究等，对高校产生了很大的影响。这些评估、评价研究虽然或多或少都与高校治理相关，但其核心的评价内容和目标都不是高校治理状况。我国学者第一个公开发表的关于高校治理评价的研究成果，是柳州师范高等专科学校的周坤顺和中南民族大学高校风险预警防控研究中心的翟华云合作开发的“高校内部治理评价体系”。在这个指标体系中，周坤顺、翟华云从制度保障、党委常委会、管理委员会、教授委员会、理事会、纪监委员会、信息披露、利益相关者等 8 个维度出发，构建起了包括 8 个一级指标、22 个二级指标、68 个三级指标的评价指标体系，期望进行“全面、系统、客观、可行”的高校内部治理情况评价。[10] 但这一评价体系依据的制度框架不够清晰，没有对理想的高校治理制度与现行高校治理制度进行明确区分，所涉及的指标既包括当前高校治理结构中已有的主体，如党委常委会、纪检委员会等，也包括尚未普遍设置的治理主体，如理事会。该指标体系的构建打破了我国高等学校治理评价指标体系缺失的现状，但上述问题的存在不利于对指标体系的实践推广和应用。

相对于高校治理评价研究，公共治理和公司治理评价研究起步更早，也更为成熟，因此成为我国学者开发高校治理评价指标体系的重要参考。在公共治理评价研究方面，俞可平开发出了中国民主治理的主要评价标准及指标，包国宪构建了中国公共治理绩效评价指标体系，胡税根等开发出了治理评估通用指标。[11] 这些指标体系大多以实现“善治”为目标，在构建的过程中，大都分析、比较了世界银行、联合国开发计划署等国际组织，以及一些国家的机构、学者开发的相关治理评价指标体系，结合我国当前民主治理现状，对我国民主治理评价的原则、维度、内容等提出了比较系统的观点。

在公司治理评价研究方面，较早的有北京连城国际理财顾问公司于 2002 年推出的中国上市公司董事会治理考核指标体系，涉及经营效果、独立董事制度、信息披露、诚信与过失、决策效果等 5 个方面。我国南开大学公司治理研究中心研发的中国上市公司治理评价指标体系分别从控股股东行为、董事会、监事会、经理层、信息披露及利益相关者 6 个维度对公司治理状况进行评价，其研究成果不仅推动了公司治理理论的发展，也对上市公司完善治理结构产生了很好的推动作用。

“治理”是一个跨学科领域的理论概念，也是一种跨部门的实践活动。从这个意义上说，公共治理、公司治理与高校治理存在共同的理论内核和实践规律，因此这些领域的治理评价与公立高校治理评价必然存在相通之处，尤其是在评价目标、评价指标的治理内涵等方面，可以相互借鉴。但公立高校与公司、政府毕竟属于不同类型的组织，有自己独特的治理目标、结构和机制。良好的治理（善治）（good governance）是我国公立高校提高学术生产力和进行学术创新能力建设必备的“基础设施”。公立高校治理评价必须以实现“善治”为目标，充分考虑我国公立高校的治理现状与特点，做到既体现高校治理的基本价值准则，又有助于引导高校治理改革方向，有助于高校提升治理质量和治理绩效。

三、“善治”诉求下的公立高校治理评价：核心价值与评价框架

公立高校治理评价的目标是为了实现“善治”。关于善治的基本诉求，国际组织和相关学者提出了很多观点。世界银行认为，善治应该包括健全的法制与守法的观念，拥有能正确、公平地执行公共支出的良好行政体系，政府高度负责，政策公开透明；国际经济协会认为，善治应该体现自主性、参与性、责任性、透明性和可预测性；英国海外发展局则认为，善治应该包括 4 个要素：统治的合法性、明确的政治责任、专业的行政能力和尊重法律及人权。俞可平认为，“善治是公共利益最大化的管理过程”，并提出了 10 个善治的基本要素，包括：①合法性；②法治；③透明性；④责任性；⑤回应；⑥有效性；⑦参与；⑧稳定性；⑨廉洁；⑩公正。何哲提出了实现善治的 4 个最简归约条件：①政治上的竞争和退出的压力；②公民偏好的表达和选择权；③第三方社会契约的约束；④信息透明下的分配正义，并指出“实现善治＝民主＋法治”。[12]

公立高校“善治”与公共治理领域的“善治”内涵有相通之处，同时也有自己独特的理论内涵。何谓公立高校“善治”理论，中国特色的公立高校“善治”理论应包括哪些内涵，如何通过构建公立高校治理评价指标体系的方式使这些理论操作化并有效地指导我国高校治理改革实践，是我们急需研究的重要课题。

美国最早对大学治理问题进行研究的专家约翰·科尔森（John J. Corson）认为，高等教育的基本原则是大学必须自治，并并提出凡是被治理决策影响的群体都应该拥有决策权，教师在教学、科研、教师聘任与晋升这 3 个领域应该拥有决策权，在财政、社会服务、重要行政领导遴选方向拥有参与决策的权力等。美国大学教授联合会认为，高校“善治”就是践行“共同治理”的理念，1966 年其联合美国高校董事会协会（Association of Governing Boards of Universities and Colleges，AGB）、美国教育联合会（American Council on Education，ACE）发表《大学和学

院治理声明》，“号召高等教育机构中各方成员共同肩负治理的责任，并界定了董事会、行政管理人员以及教员担负首要责任的领域”[13]。

我国学者湛中乐[14]认为，高校要达成善治需要满足6个方面的要求：正当性、法治、透明性、答责性、回应性和有效性。所谓“正当性、法治”，是指高校内部治理结构需要在法律允许的范围内，尊重社会的伦理价值，尊重人的主体性地位；所谓“透明性、答责性”，是指尽量采取信息公开、程序开放等方式，实现公开透明的运作，进而实现责任明晰、追责途径清楚的制度安排；所谓“回应性、有效性”，是指治理过程中回应诉求充分、及时，加快处理流程，在处理不同类型事务时具备相应的科学性和专业性，并且还应避免无谓的迟延。李海燕等认为，善治的基本特点就是管理者和被管理者打破对立而对管理事务进行合作管理，是一个上下互动的管理过程，主要通过多元、合作、协商、伙伴关系、确立认同和共同目标等方式实施对公共事务的管理，管理者与被管理者进行对话合作、分享权力、共担责任，提高管理效益。[15]李福华从多个治理理论的角度分析了大学治理的理论基础，认为从大学法人治理角度而言，大学要实现良好的治理必须拥有独立法人地位，建立健全法人组织机构[16]；根据利益相关者理论，大学应该实行利益相关者共同治理[17]；根据委托代理理论，大学治理的关键是构建有效的制衡机制，以激励代理人为实现委托人的目标而努力，同时对代理人形成有效的约束[18]；依据管家理论，在大学治理过程中，政府等委托人应当创造一种授权和参与的环境，使双方的关系建立在相互信任的基础上，使大学的管理者和师生员工最大限度地发挥潜能。

我们认为，我国公立高校要实现“善治”，应该坚持以下几个治理准则。

1）社会利益最大化。公立学校是社会的机构。这些高校治理的最终目的是为社会整体和长远的发展服务，谋求社会利益最大化。

2）学术至上。高等学校的生命力和核心竞争力在于其学术绩效。公立高校的所有决策和组织制度设计都应以有利于提高人才培养和科学研究的绩效为出发点，坚持学术至上的组织和治理原则。

3）权责分配的清晰性。公立高校应在《大学章程》中对各个治理主体的权力和责任范围进行清晰的界定，明确各治理主体的首要责任及其相互之间的权力界线。在相关事务决策上，要确保负首要责任的权力主体享有充分的话语权。

4）权力制衡。公立高校要针对需要决策的具体事务合理地配置权力，在确保各主体充分自主行使权力的同时，实现权力之间的制衡，切实提高治理的效率。另外，要建立合理的权力问责机制，防止一权独大。

5）民主参与。积极鼓励校内各群体参与高校治理，确保各治理主体在高校事务上的参与权和发言权，使高校事务的决策能够充分体现民主性。

6）开放性。公立高校应该面向社会办学，吸纳社会人士参与高校治理，并通过多种途径与方式收集和吸纳校外群体或个人对于办学的意见和建议。

7）透明性。公立高校应尽可能地以最低的费用和便捷的方式，按照相关要求，真实、准确、完整、及时地披露公开学校信息，并且保证让所有的利益主体都有平等的机会获得学校信息，以确保各利益主体的知情权。

8）治理规则明示性。公立高校治理应该以完善的明示规则为依据，所有事务的决策均需依据明确、详细的制度和程序，以及详细可查的会议记录。

公立高校治理评价要实现推动高校“善治”的目标，就必须将这些准则作为设计和实施评价的价值内核，在评价过程中加以贯彻和推广。

根据上述治理准则，结合我国公立高校治理现状及改革目标，我们认为，可以初步确定我国公立高校治理评价应该考虑的几个评估维度（表1）。

表1　公立高校治理评价框架

评估维度	重点领域和主要关注点
高校自治	包括学术自治、财政自治、组织自治、人事自治等
治理机构设置	包括最高治理机构和学术治理机构的设置，党委与校长的职权界限，学生、教师与行政人员在高校不同事务上的决策权配置等
治理制度	包括高校事务决策制度和程序、治理主体沟通、参与、激励与约束机制、会议制度、治理绩效评价机制等
参与性	包括外部参与和内部参与。外部主要指社会公众、家长和其他利益相关者的参与，内部主要是指教师、学生、行政管理人员等的参与
透明性	包括信息公开的原则、内容、程序、方式、真实性、及时性、完整性等
治理氛围	最高治理机构、学术治理机构、教师、行政人员之间是否相互尊重、相互信任，以及高校成员之间的沟通和交流是否坦诚、公开等

四、结语

对我国公立高校的治理状况进行评价，是了解其在多大程度上实现了“完善治理结构”和“构建现代大学制度”等改革目标的必然选择。确认了这一选择的重要性之后，剩下就是如何评价我国公立高校的治理状况的问题。另外，要吸收公共治理评价、公司治理评价和国外高校治理评价的经验，以推动公立高校实现以“善治”为目标，构建基于公立高校治理准则的评价框架，是进行公立高校治理评价的基础性工作。在今后的研究中，我们将以此为起点，进一步完善我国公立高校治理评价的理论和工具。

参考文献

[1] 俞可平. 治理与善治[M]. 北京：社会科学文献出版社，2000：1.

[2] Commission on Global Governance. Our Global Neighbourhood [M]. Oxford：Oxford University Press，1995：23.

[3] 郭卉. 反思与建构：我国大学治理研究评析[J]. 现代大学教育，2006，(3)：29-35.

[4] 李福华. 大学治理与大学管理：概念辨析与边界确定[J]. 北京师范大学学报(社会科学版)，2008，(4).

[5] Indicators of Sound Governance. http：//www.aaup.org/issues/governance-colleges-universities/resources-governance. 2011-5-23.

[6] 2001 Survey on Higher Education Governance. http：//www.aaup.org/issues/governance-colleges-universities/resources-governance. 2014-5-23.

[7] Guide for Members of Higher Education Governing Bodies in the UK. http：//www.university chairs.ac.uk/publications. 2014-5-30.

[8] Governing Bodies of Higher Education Institutions：Roles and Responsibilities. http：//www.oecd.org/edu/imhe/otherimhepublications.htm. 2014-6-1.

[9] Benchmarking University Governance. http：//www.oecd.org/edu/imhe/otherimhepublications.htm. 2014-6-7.

[10] 周坤顺，翟华云. 高校内部治理评价体系构建研究[J]. 财会通讯，2013，(10)：19-22.

[11] 何增科. 治理评价体系的国内文献述评[J]. 经济社会体制比较，2008，(6)：10-22.

[12] 何哲. "善治"概念的核心要素分析——一种经济方法的比较观点[J]. 理论与改革，2011，(5)：20-23.

[13] Issues.http：//www.aaup.org/issues/governance-colleges-universities. 2016-10-27.

[14] 湛中乐. 大学法治与权益保护[M]. 北京：中国法制出版社，2011：8.

[15] 李海燕等. 从管治到善治：公共治理视域下的高教管理改革路径选择[J]. 高教探索，2012，(1)：8-13.

[16][17][18] 李福华. 大学治理与大学管理[M]. 北京：人民出版社，2012：31，53，68-76.

基于治理的高校内部权力结构模式[①]

韩梦洁[②]

（大连理工大学高等教育研究院　中国　大连　116024）

摘　要　高校内部权力结构研究经历了从一元论到多元论的思想演变。从制度逻辑的角度分析，我国高校内部权力系统已形成典型的三元结构模式：社会主义制度下的党委权力、科层组织模式下的行政权力、作为专业组织的学术权力。其中，党委权力要求基于民主集中制的原则；行政权力需要遵循科层官僚制的规律；学术权力必然沿袭专业自主性的传统。这3种权力类型基于不同的合法基础，沿着各自不同的权力运行逻辑，共同维系着整个高校内部的权力运行系统。

关键词　治理；权力结构；高校；大学制度

---

①　基金项目：本文系2014年教育部哲学社会科学研究重大课题攻关项目“高校内部权力运行制约和监督体系研究”（14JZD051）的研究成果。

②　作者简介：韩梦洁（1980—　），女，河南周口人，管理学博士，大连理工大学高等教育研究院讲师，主要从事高等教育国际比较、高等教育制度与政策等相关研究。

我国当前正处于高等教育体制改革的关键历史时期，“制度建设”和“治理现代化”已成为新时代发展与改革的关键词和主旋律。2013 年，中共中央发布《关于全面深化改革若干重大问题的决定》，其总目标是完善和发展中国特色社会主义制度，推进国家治理体系和治理能力现代化。在教育领域，提出了“完善学校内部治理结构”的要求。这是对 2010 年《国家中长期教育改革和发展规划纲要（2010—2020 年）》中“完善中国特色现代大学制度完善治理结构”战略目标的再次强调。从逻辑上讲，完善治理结构是完善中国特色现代大学制度的主要内容，而明晰高校内部权力结构则是完善大学治理结构的前提条件。依据权力的概念，行动者在参与高校治理中“影响他人的力量”即权力。只不过权力强调的是存在形式，而治理强调的是过程。究其实质，高校权力内部结构即体现为行动者在治理过程中发挥决策影响力的制度框架。

一、高校内部权力结构：从一元论到多元论

理论来自实践，并对实践有一定的指导意义。高等教育研究总是针对现实问题，考察高等教育发展与变革的特点，探索高等教育发展与变革的内在规律，进而有效地控制高等教育发展与变革的方向。当高校成为社会关注的焦点，高校内部权力逐渐为人们所认识时，学理上的权力论随着认识的深入而不断完善。

20 世纪中期，关于高校内部权力的认识是模糊的一元结构论。在《学术权力》一书中，高等教育系统的所有权力被统称为学术权力，并将之分解为 10 种不同的权力内涵：个人统治（教授统治）、集团统治（教授统治）、行会权力、专业权力、魅力权威、董事权力（院校权力）、官僚权力（院校权力）、官僚权力（政府权力）、政治权力、高教系统的学术寡头权力。[1] 美国学者伯顿•克拉克在其专著《高等教育系统》中把学术权力分为：①扎根于学科的权力，包括个人/教授统治、学院统治、行会权力、专业权力；②院校权力，包括董事权力、官僚权力；③系统权力，包括官僚权力/政府权力、政治权力、学术寡头权力；④权力的百搭牌，即感召力。[2] 然而，这种权力的分类方法几乎是简单的罗列，并没有依据统一的权力分类维度，而且有些不同的权力类型甚至存在交叉和重复关系。

20 世纪后半期，美国学者科森发现学院和大学在管理上呈现出“奇特的二重性”。他认为，在大学里同时存在着两种结构：一种是传统的管理科层结构；另一种是教师在其权力范围内对学校有关事务作出决策的结构。[3] 如果这仍是组织结构论，那么我国学者张德祥教授则明确提出了高校内部权力结构的二元论。他在专著《高等学校的学术权力和行政权力》中指出，学术权力是指高校学术人员所拥有和控制的权力，其主体是从事教学和科研的学术人员，包括教授、副教授、

讲师、助教及其他具有学术业务职称（头衔）的人员，其客体是学术事务、学术活动和学术关系；行政权力是指行政机构和人员为实现组织目标而依照规章制度对自身进行管理的能力，在高校中表现为校长、处长、科长等的权力。[4]权力结构的二元论在理论上符合韦伯的科层结构和专业结构，并以权力主体、权力性质、权力对象的差异性进行了清晰的分类，因而产生了较为深远的影响。

近十多年来，高校内部权力成为备受关注的问题。相关研究文献日益增多，关于高校内部权力结构的观点也变得多元化，衍生出“政治权力”“政府权力”“学生权力”“民主权力”“其他利益群体的权力”等概念。这些“新”权力形式与传统的二元权力相结合，构成了高校内部权力的“三元论”“四元论”乃至“多元论”等权力组合。然而，值得反思的是，所谓权力结构并非各种权力主体或权力形式的简单相加，也不是政策趋势或者表象特征的推测，而应该作为稳定制度的现实存在。如果说政治权力或政府权力是高校内部权力结构的一种，那么它们在高校内部的具体表现形式是什么？高校内部并无明确的政府或政治权力的主体，如果有，也是以党委为其委托代理人。如果从权力的主体来分析结构，那么高校内部岂不包含学生权力、教师权力、管理者权力、后勤职工权力等众多的权力？另外，还有的研究者把民主权力看作权力结构的一种，然而它与学术权力、行政权力等则存在概念上的不协调，因为民主是权力行使的方式，而学术和行政是权力的性质。

总体而言，虽然高校内部权力结构观不断变化，学术权力和行政权力的二元结构模式已得到普遍共识，遗憾的是，尽管对高校内部权力结构的研究较多，但在很大程度上倾向于主观臆断和概念混淆，而缺乏对权力结构及其运行逻辑的现实分析和系统思考。理顺中国高校内部权力结构，既要坚持从高校内部权力运行的实践出发，又要建立在我国高校内部权力制度安排的基础之上。另外，辨析高校内部权力结构，应该采取统一标准的分类维度，避免概念上的重复叠加。

二、中国高校内部权力结构的三元模式

从制度设置上来说，中国高校内部的三元权力结构模式是建立在一般组织理论和中国社会主义制度基础之上的。作为专业性的社会组织，高校内在地拥有行政权力和学术权力（专业权力）的二元权力结构。作为社会主义制度下的公共事业组织，高校相应地存在党委权力与行政权力的二元权力结构。正是这两种组织权力结构模式的结合，形成了当前我国高校内部的“三元权力结构模式”。

（一）社会主义制度下的党委权力

党委权力是我国高校的法定权力，因为《中华人民共和国高等教育法》明确规定了我国公办高校实行“中国共产党高等学校基层委员会领导下的校长负责制”。依据《中国共产党章程》，中国共产党代表了广大人民的利益，也即被委托为治理国家及其公共组织的权力。黄福涛教授曾在研究中将中国高校内部领导者归为两种类型：一种是政治团体或体系，包括党委书记和副书记；另一种是行政团体或体系，包括校长和副校长。[5]追根溯源，这种分类框架是由两位俄罗斯学者 Konard 和 Szelenyi 在其“精英二分理论”中提出的观点。他们在对原东方社会主义国家进行调研后发现，存在两种不同类型的精英群体控制着社会和国家：一种是拥有政治权力的政党领导者；另一种是拥有专业知识和能力的专家领导者。[6]可以说，党委领导模式是包括中国在内的东方社会主义国家所特有的一种制度安排。2014 年，《关于坚持和完善高校党委领导下的校长负责制的实施意见》（简称《实施意见》）再次强调了“高校党委是学校的领导核心”。在高校内部治理过程中，党委权力在把握高校发展方向、决定学校重大问题及监督重大决议执行等方面扮演着重要角色。

（二）科层组织模式下的行政权力

行政权力体系是高校组织运行的管理框架，调控高校内部各个行政岗位的合法权力。在我国大学中，校长为学校的法定代表人，全面负责本校的教学、科学研究及其他行政管理工作。以校长为首的行政管理人员，遵循着科层制的现代组织结构安排，构成上下级严密对接的官僚系统。在校级和院级的两个层级，都由多个不同的行政部门所组成，规定了其管理人员所执行行政活动的区分范围。以校长为首的高校内部行政体系符合韦伯所描述的科层制特点，这是高校规模扩大、职能分工和管理专业化的结果。《实施意见》强调，校长应在学校党委的领导下，贯彻党的教育方针，组织实施学校党委有关决议，行使高等教育法等规定的各项职权。尽管传统的权力结构观点常把党委权力和行政权力放在一起，但是该文件明确地指出，高校党委处于领导地位，是高校发展战略的决策层面；高校校长负责行政管理，是高校发展战略的执行层面。事实上，党委权力是一种政治权力，其权力主体就如同政府或政党的高校委托人；而行政权力则是一种组织权力，校长就如同企业组织中的 CEO，是高校内部行政运行的掌舵者。

（三）作为专业组织的学术权力

学术权力是高校专业学术性的价值体现，是基于高度专业化知识的合法性权力。学术自由是学术权力的价值取向，教授治学是学术权力的具体体现，大学自主是学术权力的体制保障。[7]《中华人民共和国高等教育法》规定，高校设立学术委员会，审议学科、专业的设置、教学等有关学术事项。其通过以教师为主体的教职工代表大会等组织形式，依法保障教职工参与民主管理和监督。《实施意见》要求，加强学术组织建设，健全以学术委员会为核心的学术管理体系与组织架构，积极探索教授治学的有效途径。另外，还提出要发挥教职工代表大会及群众的组织作用，健全师生员工参与民主管理和监督的工作机制。尽管学生权力在现代大学权力运行中也得到体现，但是更多体现在受教育权力，即受教育的公平权、评价的权力及被评价的公正性等方面。学生是学术界的低级成员，正在发展自己独立思考的方法和习惯，还未成为足够成熟的学者，因而不能享有充分的学术自由。[8]

综上所述，以党委为核心的权力体系是中国特色高校的制度要求，以校长为首领的行政权力体系是科层制管理的组织设计，以学者为主体的学术权力体系是专业性组织的基本特性。党委权力确保高校的政治方向，行政权力协调高校的组织运行，学术权力支配高校的学术活动。即使校友等其他利益相关者在公共治理理念下逐渐参与了高校治理，使高校内部权力系统趋向于多元化，但中国高校内部权力系统以党委权力、行政权力和学术权力为核心的结构模式不会改变。

三、高校内部治理中的权力结构变革

中国高校内部治理是平衡党委领导的法定权力、以校长为首的行政系统权力、学术人员所拥有的专业权力及其组织控制力及影响力的结构和运行过程。这 3 种权力依据不同的合法基础，而且沿着各自不同的运行逻辑，共同维系着高校组织内部的权力运行。这 3 种权力的运行逻辑主要体现在以下几方面。

（一）党委权力：基于民主集中制的原则

中国高校设置了完备的党委权力运行体系，在学校层面上按党的基层组织体系设置组织、宣传、统战、纪检等部门，同时针对高校思想建设的特点使思想性强的组织职能直接由党委行使，如学生思想政治教育、发展战略规划等，在学部和学院层面上设置了职能对接的二级党委部门。《实施意见》规定，党委统一领导学校工作。由于委员中除校级领导干部外，还应有院（系）、党政工作部门负责人及师生员工代表，从而党委保证了高校普遍的代表性。另外，当涉及高校改革发展稳定和师生切身利益等重大问题时，全委会必须有 2/3 以上的委员到会方能召开。表决事项时，也以超过应到会委员人数的半数同意为通过。党委权力的配置与运行是师生参与治理和决策的民主基础，党委本身就是广大人民群众利益的代表，明确了组织的政治目标和发展愿景。伯顿·克拉克提到，在不实行董事管理制度的高等教育系统，不同的公众群体利益是通过政府部门实现的。在控制整个高等教育方面，公众参与得更加普遍、更加简洁、更加全面。这种控制方式是选举立法机构的代表，用来选举和任命政府部门的官员。这些都是把民众和高校联系起来的方式，只是董事管理制度把外行人直接放在权力的位置上。[9]

（二）行政权力：遵循科层官僚制的规律

与党委集体决策不同，行政决策不是依据少数服从多数的原则。相对而言，党委是政治原则上的领导，校长是行政管理上的负责。校长在充分听取各方意见，包括分管副校长的意见后，需要自己拍板。[10] 中国高校设置两级行政权力运行体系：校级有校长办公室及不同职能分工的教务处、科研院（处）、财务处、基建处等；在学部或学院级，也有负责对应职能的综合办公室。《实施意见》规定，校长办公会或校务会是学校行政议事决策机构，由校长召集并主持，成员一般为学校行政领导班子成员。现代组织基本上都符合韦伯的科层制特征：劳动分工和专业化造就专家；非人格化取向的专家依据事实在技术上作出正确、合理的决策；一旦作出合理决策，权威等级系统就会保证对指令的规训化服从，并遵从规章制度，形成一个协调优良的执行系统，保证组织运行的统一性与稳定性；职业取向激励员工对组织忠诚，鼓励额外的努力。从纯粹的技术观点来看，真正的科层制组织能够获得最大程度的管理效率。对于规模日益扩大的高校组织，尽管相对松散，但也不可避免地在行政事务上延续权威等级的官僚制运行逻辑。

（三）学术权力：沿袭专业自主性的传统

即使高校受到国家政治上的规约和组织运行上的限制，但作为学者社团的机构必须获得所有专业团体应该拥有的自主权。学术权力扎根于高深知识，具有较高的专业自主性。从理论上来说，学术权力的发挥必须只服从真理的标准，而不应受到任何来自外界社会的压力。在我国高校中，学部和院系是开展教学、科研和服务等学术活动的主要机构，也是拥有学术权力的师生处理学术事务的主要场所。然而，高校权力行政化忽视了学术权力的自主性，因为按照简单的科层制管理是行不通的。在专业领域，教师应该拥有处理学术事务的主导权，《实施意见》强调了学术委员会在学术事务管理中的核心地位。《高等学校学术委员会规程》进一步规定，学术委员会应作为校内最高学术机构，统筹行使学术事务的决策、审议、评定和咨询等职权。高校要尊重并支持学术委员会独立行使职权，并为学术委员会正常开展工作提供必要的条件保障。学术委员会人数应不少于15人，担任学校及职能部门党政领导职务的委员，不超过委员总人数的1/4；不担任党政领导职务及院系主要负责人的专任教授不少于委员总人数的1/2。由此可见，中国高校在学术权力的运行机制上，事实上都有相关的法律法规作为立法依据。

在高校内部权力运行中，党委权力系统、行政权力系统及学术权力系统作为3个权力子系统，既是彼此独立的又是相互依存的。可以说，党委权力是高校的战略决策系统，行政权力是高校的决策执行系统，学术权力是高校的专业活动系统，共同服务于高校组织的正常运行。基于此，我们构建了高校内部权力结构的三角模型，如图1所示。其中，党委权力系统的重心在高校一级，行政权力系统的重心在高校的中部一级，而学术权力系统的重心在高校底部。从参与者的角度来看，党委权力系统和行政权力系统中有一部分人员是从学术队伍中选拔出来的，他们能够从学术发展的角度考虑问题；从事务流的角度来看，高校事务的决策、执行和实施是一系列自上而下的程序，当然也呈现出自下而上的反馈机制。

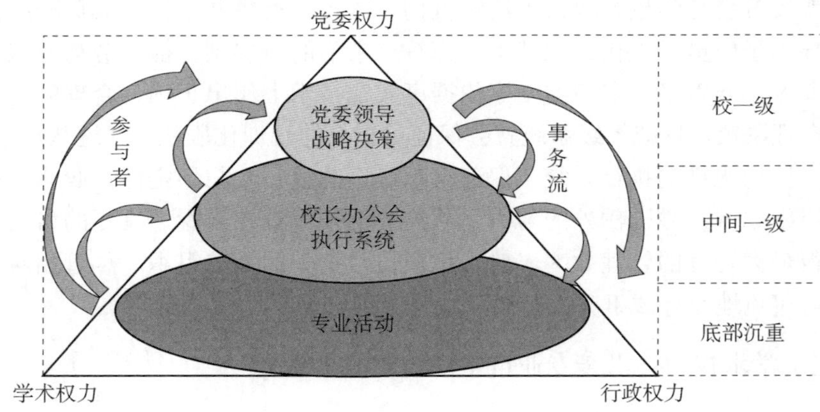

图1　高校内部三元权力结构的三角模型

四、问题反思

综上所述，中国高校的党委权力、行政权力、学术权力有其存在的合法基础，包括学理上的和制度上的，而且它们延续各自的运行逻辑，从不同方面共同维系高校的整体运作体系。然而，高校内部权力运行状况在理论与实践、理想与现实之间存在着一定的差距，如党委权力与行政权力界限模糊、高校权力行政化、学术权力缺位等问题，备受学界的批评。然而，值得反思的是，导致这些问题出现的根源是什么？其一，相关制度建设尚待完善。关于党委书记和校长的职责已有宏观界定，但缺乏可操作的实施细则。其二，行政官僚主义盛行，事实上这属于一种社会性的不良风气。其三，执行力不足，依法办学的意识淡薄。虽然学术委员会制度反复被强调，但有些高校仍无相关规章制度，导致学术权力的发挥受阻。总体而言，无论是党委权力、行政权力还是学术权力，在高校的权力运行中都可能出现当权者独断专行的情况。一旦缺乏权力制约，就会导致权力腐败与滥用。因此，只有这 3 种权力得到有效的发挥和协调，才能保证高校工作的良性运作。

参考文献

[1] 约翰·范德格拉夫. 学术权力——七国高等教育管理体制比较 [M]. 王承绪，张维平，徐辉等译. 杭州：浙江教育出版社，2001：122.

[2][9] 伯顿·克拉克. 高等教育系统——学术组织的跨国研究 [M]. 王承绪，徐辉等译. 杭州：杭州大学出版社，1994：137，130.

[3] Corson J J. Governance of College and Universities [M]. New York：McGraw-Hill，1960：43.

[4] 张德祥. 高等学校的学术权力与行政权力 [M]. 南京：南京出版社，2002：21-22.

[5] Huang F T. Who leads China's leading universities？Studies in Higher Education，2015，40（1）：1-18.

[6] Konard G，Szelenys I. The Intellectuals in the Road to the Class Power [M]. New York：Harcourt Brace Jovanovich，1979.

[7] 宋伟. 存在与本质：研究型大学中的学术权力 [J]. 教育研究，2006，（3）：60-87.

[8] Monypenny P. Toward a standard for student academic freedom. In H. W. Baade（Ed.），Academic Freedom Dobbs Ferry [C]. N. Y.：Pceama，1964.

[10] 管培俊. 党委领导下的校长负责制与现代大学制度 [J]. 中国高等育，2015，（15）：26-30.

下　篇　高等教育治理的国际比较

下　篇

日本的大学治理

——变化与挑战[①]

黄福涛[②]

（日本广岛大学高等教育研究开发中心　日本　东广岛市）

摘　要　本文主要基于对1992年和2011年两次全国问卷调查相关结果的分析，考察过去约20年间日本大学治理变化的特征。首先，介绍日本大学制度的基本特点，以及大学治理的相关政策变化。其次，在分析运用同一问卷进行的两次全国调查结果的基础上，讨论日本大学治理的具体变化，以及存在的主要问题。最后，从中日比较的角度，提出本文得出的启示和有关建议等。

关键词　大学治理；问卷调查；大学教师；日本

---

① 基金项目：本文系2014年教育部哲学社会科学研究重大课题攻关项目“高校内部权力运行制约和监督体系研究”（14JZD051）的研究成果。

② 作者简介：黄福涛，日本广岛大学高等教育研究开发中心教授，大连理工大学“海天学者”特聘教授，目前的主要研究领域包括高等教育国际化、大学课程开发的国际比较、大学学术职业及中日高等教育比较研究等。

一、引言

与欧美主要发达国家相比，日本大学治理真正发生质的变化是在21世纪初期，特别是在国立大学法人化之后。伴随着国立大学和部分公立大学法人化，不仅国公立大学与中央和地方政府之间的关系发生了根本变化，这些院校内部治理也表现出了新的特征。目前，国内从国际比较的角度对日本大学法人化的政策和过程等介绍和研究的较多，但从实证的角度而言，在全国问卷调查的基础上，分析20世纪90年代以来日本大学治理发生了哪些具体变化等，论述并不多见。本文主要基于对1992年和2011年两次全国问卷调查相关结果的分析，从被调查的专任大学教师视角，考察过去约20年间日本大学治理的变化。首先，介绍日本高等教育的基本特点，以及大学治理变化的背景。其次，在分析运用同一份问卷进行的两次全国调查结果的基础上，讨论日本大学治理的具体变化及其存在的主要问题。最后，从中日比较的角度，提出本文得出的启示和有关建议等。

“大学”或“高等教育治理”虽然近年来使用得比较广泛，但即使在学术界，也尚无公认的定义。在多数场合，英文的“governance”可能与中文的“治理”一词意义比较接近，本文在参考高等教育国际百科全书中关于“治理”(governance)的定义的基础上[1]，将“大学治理”一词简单界定为引导和经营大学的结构和过程。

此外，与国内相比，日本往往更多使用“大学教育”一词指代高等教育。目前，提供大学教育的机构主要包括传统的四年制大学（医学、齿学等专业本科标准学习年限一般为6年）、两年的短期大学，以及高等专门学校中高年级阶段实施专门教育的两年教育。当然，如果严格区分的话，高等教育的外延更广，涵盖的内容更为丰富，除了上述这3类机构之外，专修学校、广播电视大学（日语称“放送大学”）和函授大学等都属于高等教育机构。

二、日本大学制度的特点及其相关政策变化

（一）日本大学制度的特点

从中日比较的视角来看，日本大学的特点大致包括以下几个方面。[2]

首先，从高等教育规模来看，2015年日本18岁年龄人口中的高等教育毛入学率（主要指大学、短期大学、高等专门学校及部分专修学校的入学率）已接近80%，其中，大学和短期大学的升学率已接近70%。按照马丁·特罗的定义，日本高等教育发展已逐渐进入普及化阶段。在这一过程中，日本形成了多层次和多类

型的高等教育制度。例如，从办学类型来看，包括国立大学法人、地方政府设置的公立大学及学校法人设置的私立大学；在办学层次上，涵盖了既提供相当于国内中等专业教育，又涵盖大学本科层次中专业教育的高等专门学校，专修学校，短期大学，主要由政府不同部门设置的“大学校”、大学、专业研究生院和传统研究生院、放松大学等。

其次，私立院校数和本科生在校生数在整个高等教育机构中占有极大比例，这可能是日本区别于国内及欧美等西方许多国家高等教育的最大特征之一。例如，截止到 2015 年 5 月，私立大学和私立短期大学分别占大学和短期大学的 77.4%和 94.8%，私立大学在校生和私立短期大学在校生比例分别为 73.4%和 94.8%。[3] 虽然自 19 世纪后期开始日本已经出现了一些私立大学，如今天的早稻田大学和庆应大学等，但私立大学的快速扩张是在 20 世纪 60 年代，日本高等教育从精英阶段过渡到大众化阶段，继而进入普及化阶段。由于私立大学建学精神各异，管理方式不同，与国立和地方公立大学相比，其质量保障系统也具有多种多样的特点。

再次，国立、地方公立和私立大学有着较为明确的职能分工。国立大学法人机构数和本科在校生数虽然少于私立大学，但国立大学中的硕士和博士研究生在校生数却多于私立大学。此外，从本科层次的在校生学科分布来看，国立大学法人中工科学生最多，私立大学中社会科学领域的学生最多。在很大程度上，国立大学法人是培养高级专门技术人才和高水平研究人员的主要机构。地方公立大学主要为地方企业及地方经济发展培养人才，私立大学则强调市场导向，多开设一些直接面向市场需求的教育课程。

最后，日本在明治时期主要是学习模仿欧洲大学特别是德国研究型大学，并建立了近代高等教育制度。从大学治理或管理等角度来看，直到 20 世纪 90 年代，一方面是中央政府对包括私立大学在内的所有教育机构实行严格的控制和管理，如对各校、各专业招生名额、专业设置、校内财务的监督，以及对大学校长的任命等；另一方面，各大学特别是私立大学享有较大的办学自主权，主要表现在制定入学考试标准、课程内容设置、新教师的聘任和升迁、教学和研究等相关活动上。特别值得提出的是，无论是在私立大学还是国公立院校，学部（类似于国内学院一级）一级的教授会不仅在决定本身学部的教学、科研和行政等方面拥有很大的发言权，在涉及校级层面有关学术或治理等决策上也有相当大的影响力。至少在 20 世纪 90 年代，日本大学的内部治理主要依靠各学部的教授会执行。大学校长、副校长（一般为 2 名）、学校层面的行政事务部门和大学一级的各种委员会等构成了大学一级管理机构，主要是从整个大学角度，根据政府和各学部教授会制定的有关章程和规定，对各学部提交的议案进行审议并决定是否采纳。

（二）日本大学的治理改革与政策变化

第二次世界大战后，日本多次实施了对包括大学治理在内的各种改革。值得指出的是，21 世纪以来日本大学的改革和变化主要是以昭和六十二年（1987 年）的大学审议会报告书为基础展开的。尽管《大学审议会报告书》中没有具体涉及如何改革大学治理，不过该报告书明确提出，为满足社会的多种多样的期待，日本须构建一个新的体系，不同类型的大学需要建立各自明确的理念和目标（如重视综合性的通识教育的大学、着重于培养专业职业能力的大学、注重向所在地方提供终身教育机会的大学、立志于最前沿研究的大学、以本科教育为中心的大学、以研究生教育为中心的大学等）。不同类型的大学在充分发挥各自特色，实现多样化和个性化改革的同时，不断提高教育研究的质量及管理运营的水平。这个报告书实际上对 20 世纪 90 年代日本大学改革，包括大学课程和治理改革等都产生了深远的影响。

1998 年，日本大学审议会发布的《21 世纪大学像和今后的改革方案》报告书，则直截了当地提出必须改革现有的大学治理结构，需要建立面向 21 世纪完全崭新的大学治理模式。[4] 例如，该报告书提出，要在现有国立大学中建立和完善校长助理体制，增强校长的领导力，要明确学校评议会和教授会等权限，设置学校层面的运营咨询会议。在这些报告书的基础上，2004 年开始实施的国立大学法人法化，对目前日本大学治理特别是国立和公立大学的治理改革产生了革命性的影响。[5] 例如，在当时文部省提出的大学（国立大学）机构改革的方针中，明确要求尽快改变现有国立大学的性质，将所有国立大学改为国立大学法人。在国立大学法人中引进民间的经营手法，确保实现机动、自律的运营。根据文部省相关改革方针，今后日本需要建立具有世界水平的教育研究水准并富有个性的大学。这些大学必须重视对国民和社会所承担的责任，在治理方面引进竞争机制。各大学通过明确经营责任，力图实现机动并富有战略性的大学运营，最终建立富有活力和国际竞争力的大学。

根据目前的有关研究，2004 年 4 月实施的国立大学法人化，以及其后开始的部分公立大学法人化，对日本国立大学治理产生了以下几方面的影响。[6][7]

第一，办学机制的变化。大学将按照文部省制定的 6 年中期目标，制订为期 6 年的中期计划和年度计划。6 年之后，根据各大学的中期计划，总务省和文部省等机构对大学实施评估；改变以往文部省主要根据大学教职员和学生人数及上一年度的预算数额对大学进行拨款的做法。法人化以后，政府主要根据评估结果，对大学进行预算分配。

第二，办学主体和大学管理权限的相对增加。如前所述，2004 年 4 月 1 日之前，文部省是国立大学的办学主体。法人化之后，国立大学独立法人成为大学的办学主体，大学校长是国立大学独立法人的代表。文部省依然对国立大学法人拥有极大的管理和监督权，但已不是直接的办学者。由于文部省对大学内部教学研究机构设置审查的简化与放宽，特别是大学有权决定校内学科、专业和校内各部门的设置与改废，各大学将不再按照以往文部省统一规定的设置标准，而是依据各自的实际情况，新设或废除校内教学科研机构，大学的内部组织机构将呈现出多样化。

第三，财务管理和预算编制与运作的变化。大学财务管理将依照企业会计原则进行，更加强调财务运转的透明性。在经费使用、开拓财源、制定学费标准、教职员工资和其他费用标准等方面，大学具有更大的自主权；当然，在财务运作，如预算分配、经费使用等方面，大学本身也担负着更大的责任。与此同时，大学的预算编制和运作也有较大的变化。例如，在法人化之前，各大学的人员费和管理费（水电、设备管理等）基本上都是由各学部、研究所等管理，今后，许多大学将改由全校统一管理，设定目标，减少经费支出。从国立大学法人的财源来看，大学教育方面的经费基本上还是和以前一样，来自政府的预算拨款和学费等收入，但是分配给校内教师的研究经费部分改由通过竞争获得。

第四，就各大学法人内部管理结构和组织变化来看，法人化之后，各大学基本上都成立了评议会，选考各大学法人代表，即校长，形成由评议会和教授会等合议机构组成的政策决定机构，以及由校长、副校长（最多可达 8 名）和各学部长组成的政策执行机构。从管理组织构成来看，大学成立由“运营协议会”“役员会”（类似于私立大学的理事会）和“评议会”构成的校一级管理机构。“运营协议会”由校外有识之士的校内管理人员组成，主要负责大学经营；“役员会”由校长和副校长，其中包括非常勤和校外人士组成，讨论和决定重要事项；“评议会”则由校内教师等学术人员代表组成，主要审议教学事务。因此，从组织结构变化来看，各大学的改革措施并不是完全相同，无疑校级管理权限大大加强，各学部教授会的权限受到了较大的限制或削弱。由此可见，在院校内部，由于强调大学的经营，校级领导权特别是校长的权力明显加强。相比之下，学部教授会的权力被削弱，即大学的学术权力逐渐被削弱，行政权力逐渐增大。

值得强调的是，政府对国立大学下放部分权力（经营权等），并鼓励大学引入市场竞争机制，并不意味着放弃了对国立大学的管理。就目前而言，包括国立大学法人在内的日本大学受到多种外部和第三方机构的评估和监督。例如，由大学监事负责的对大学业务的监察，由会计监察人实施的会计监察，由大学改革和评价学位授予机构或国立大学协会实施的认证评估，由国立大学法人评价委员会实施的对国立大学法人的外部评估和由国家会计院实施的会计检查等。

因此，政府对国立大学的治理只是变换了形式，将以往的直接行政命令改为评估。通过接受评估和检查等，各大学不仅受到主管部门（文科省）的管制，而且还受到其他政府各部门的监督和控制。在某种意义上，国立大学受到更多外界的制约和监督。

如图 1 所示，根据文科省的概括，目前日本大学治理的基本内容包括教育方面的治理和经营方面的治理两大部分。根据学校教育法及针对不同类型大学制定的法律，各大学内部治理虽然存在不同之处，但从总体来看，无论是国立大学法人、公立大学法人还是私立大学，其内部治理组织和结构都呈现出许多共同的特征。例如，决定学生的入学、退学和毕业等，都是基本通过各学部教授会的讨论。在校级层面，国立大学法人和公立大学法人都建立了与私立大学几乎完全相同的大学治理组织，如国立大学法人中类似于私立大学理事会的役员会和理事会等，统筹学校的规划与发展，决定大学内部教师人事等重大决策。

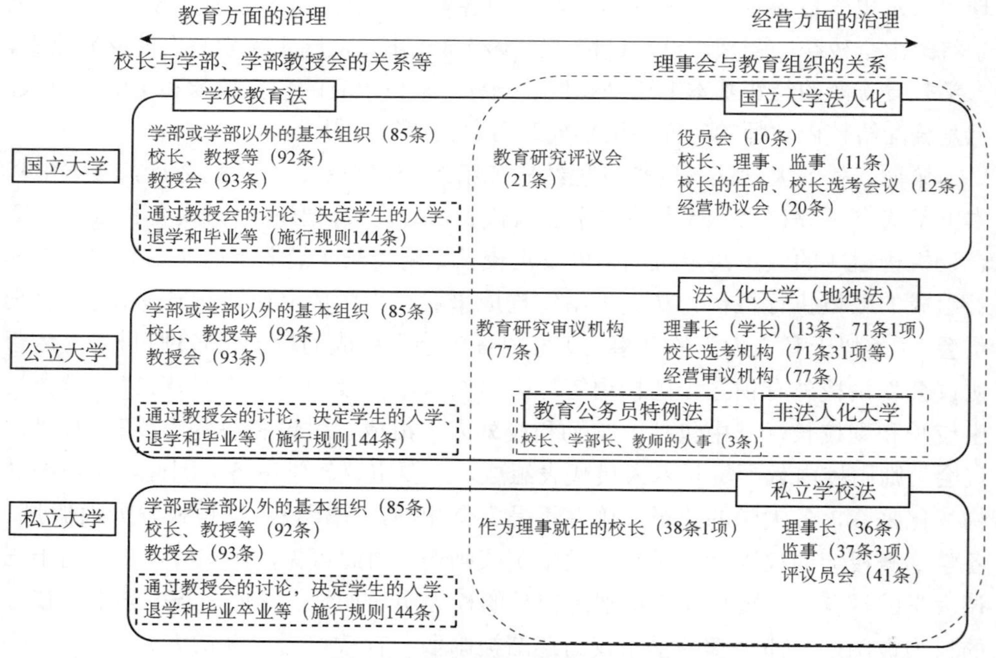

图 1　有关大学治理的现行制度

资料来源：日本文部科学省. 大学ガバナンスに関する現行制度（全体像）. http：//www.mext.go.jp/componet/b-menu/shingi/toushin/--icsFiles/afieldfile/2014/01/20/1343469-3-1. pdf#search='大学ガバナンス現行制度（日文版），2013

1992 年，日本广岛大学大学教育研究开发中心研究课题组参与了卡内基基金会资助的有关大学教师的国际问卷调查，为考察过去近 20 年日本大学教师和有关大学教学、科研和治理等方面的变化，广岛大学高等教育研究开发中心课题组使用 1992 年调查问卷中部分同样的问题，2011 年再次对日本大学教师进行了全国调查。两次全国问卷调查都是按照大学规模、类型、地区分布和办学形态等进行分层抽样。被调查对象是在至少能够颁发学士学位的本科院校工作的教师。课题组于 1992 年针对 19 所本科院校发放 4000 份调查问卷，回收有效问卷 1889 份，回收率为 47%。2011 年的调查针对 23 所本科院校发放 6283 份问卷，回收有效问卷 1045 份，回收率为 16.6%。

表 1 列举了被调查的大学教师回答“在你的大学下列活动或领域中，谁发挥主要影响”的相关结果。

从统计学意义上来看，7 项回答均表现出显著性差异。尽管针对不同领域的回答数值不尽相同，但整体而言，从日本大学教师的视角来看，与 1992 年第一次实施问卷调查相比，截止到 2011 年同样的问卷调查，大学教师回答“非常同意”和“同意”校级管理者在所有活动或相关领域中发挥主要影响的比例都明显增加，相反，“非常同意”和“同意”教师在这些领域或活动中发挥主要影响的比例在减少。

表 1 在你的大学谁发挥主要影响 单位：%

相关领域	校级管理者		教师	
	1992 年	2011 年	1992 年	2011 年
选拔主要管理人员	50	81	50	19
聘任新教师	30	60	60	40
决定教师升迁和终身雇佣	40	90	60	10
决定预算使用	74	97	26	3
决定教师所有教学工作量	31	46	69	54
录取本科生标准	40	90	60	10
设置新的课程	40	90	60	10

注：表格中的数字为被调查者回答“非常同意”和“同意”合计的比例；$p<0.001$

具体而言，在“选拔主要管理人员”方面，回答“非常同意”和“同意”校级管理者发挥主要影响的比例从 1992 年的 50%增至 2011 年的 81%，教师则从 50%减少到 19%。在“聘任新教师”方面，回答“非常同意”和“同意”校级管理者发挥主要影响的比例从 1992 年的 30%增至 2011 年的 60%，教师则从 60%减少到 40%。在“决定教师升迁和终身雇佣”方面，回答“非常同意”和“同意”校级管理者发挥主要影响的比例从 1992 年的 40%增至 2011 年的 90%，教师则从 60%减少到 10%。在“决定预算使用”方面，回答“非常同意”和“同意”校级管理者发挥主要影响的比例从 1992 年的 74%增至 2011 年的 97%，教师则从 26%减少到 3%。在“决定教师所有教学工作量”方面，回答“非常同意”和“同意”校级管理者发挥主要影响的比例从 1992 年的 31%增至 2011 年的 46%，教师则从 69%减少到 54%。在“录取本科生标准”方面，回答“非常同意”和“同意”校级管理者发挥主要影响的比例从 1992 年的 40%增至 2011 年的 90%，教师则从 60%减少到 10%。在“设置新的课程”方面，回答“非常同意”和“同意”校级管理者发挥主要影响的比例从 1992 年的 40%增至 2011 年的 90%，教师则从 60%减少到 10%。

显然，在过去近 20 年中，从调查结果来看，无论是有关大学行政方面的活动，如选拔“主要管理人员”或“决定预算使用”等，还是涉及学术活动的领域，如“决定教师所有教学工作量”“录取本科生标准”或“设置新的课程”等，校级管理者的影响都在扩大，相比之下，教师发挥主要影响的比例都在降低。

图 2 是被调查者在回答“自己所属的院校中校级领导者是否具有领导能力”的结果。如图 2 所示，在 1992 年回答“非常同意”校级领导者有领导能力的比例超过了 30%，但到 2011 年该比例还不到 15%。尽管回答“同意”的比例从 1992 年的不到 30%增加到 2011 年的超过 35%，但从统计学意义上来说，两次调查在一定程度上也说明，不少被调查者还是对所属院校的校级领导者是否有领导力持怀疑态度。

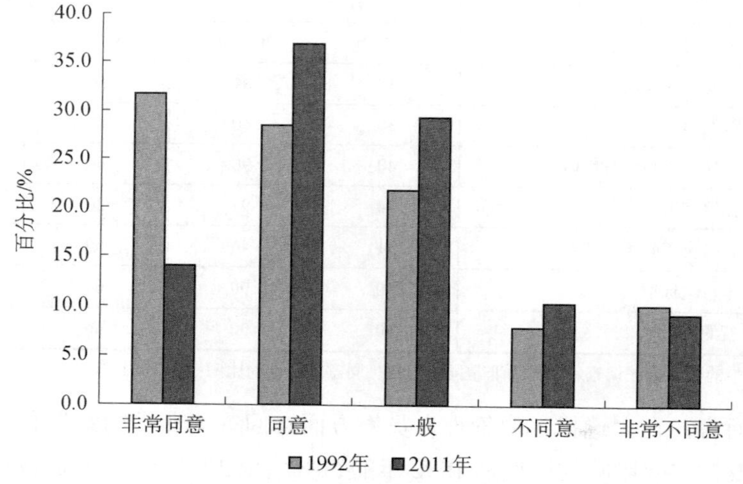

图 2　请告知你所在的大学校级领导者是否具有领导力

$p<0.001$

图 3 是被调查者回答“自己所在院校中行政人员在多大程度上支持学术自由”的结果。该图显示，在 1992 年的全国问卷调查中，回答“非常同意”自己所在院校中“行政人员支持学术自由”的比例接近 40%，但是到了 2011 年，该比例减少到 15%以下。调查结果说明，在过去近 20 年间，只有不到 20%的被调查者，即大学教师非常同意自己所在院校的行政人员支持学术自由。

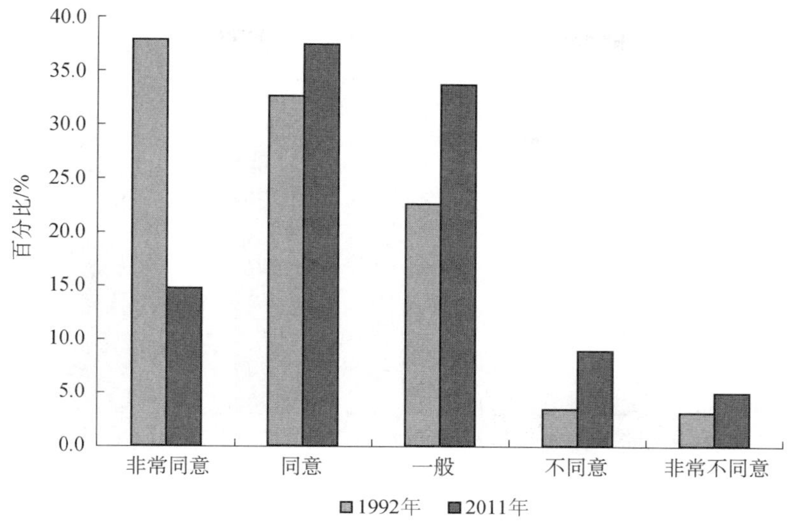

图 3 我所在的大学中行政人员支持学术自由的情况

$p<0.001$

图 4 和图 5 是有关被调查者在制定所在院校有关重要学术政策过程中个人发挥多大影响力的结果。根据图 4，在所属的学院层面，1992～2011 年，回答在制定有关重要学术政策过程中个人“非常有影响”和“有影响”的比例都在减少。如回答“非常有影响”的比例从超过 10%减少至 10%以下，回答“有影响”的比例从接近 45%减少到约 35%。

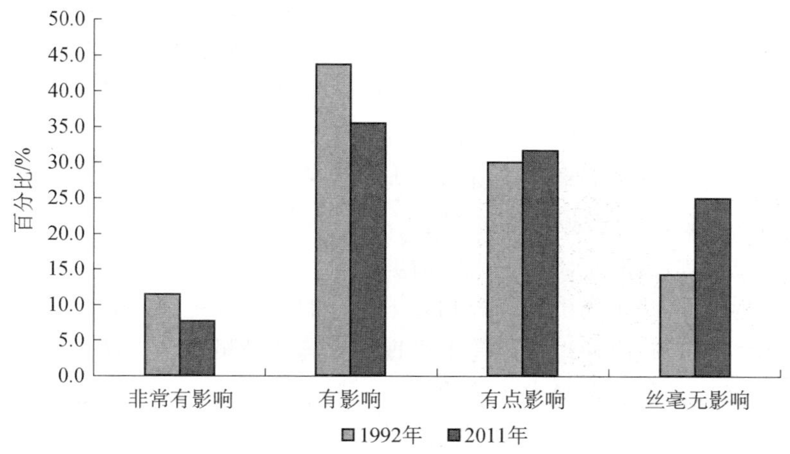

图 4 受访者在制定所在院校有关重要学术政策过程中发挥多大影响力

$p<0.001$

在学校层面，图 5 显示出同样的趋势，即回答个人在制定有关学术政策过程中“非常有影响”和“有影响”的比例都在减少。与图 4 相比，值得关注的是回答“丝毫无影响”的比例在 2011 年高达 40%以上。

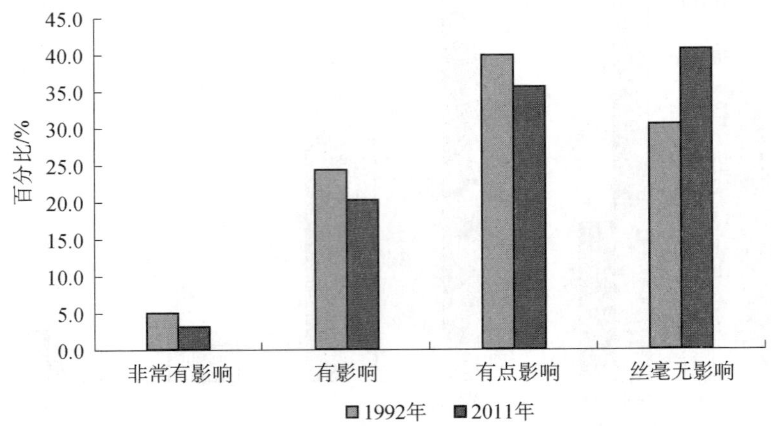

图 5 受访者在制定所在院校有关重要学术政策过程中发挥多大影响力

$p<0.001$

三、结语

通过以上对近年来政策变化和两次全国问卷调查结果的分析，本次研究显示，与 20 世纪 90 年代初期第一次全国问卷调查时期相比，日本大学治理模式已发生明显和本质变化。如大学成为独立法人，大学治理从以学者或学者人员为主转变为基于市场原理强调经营。伴随着校级管理人员权力的不断加强，外部各种利益相关者逐步参与大学治理过程，大学内部学术人员特别是学部教授会在大学治理过程中的影响被明显削弱。这与 20 世纪 80 年代以来以美国、英国和澳大利亚等为代表的经济发展与合作组织（OECD）中主要国家和地区的大学治理变化趋势基本一致。[8] 从这个意义上来说，日本在大学治理方面基本摆脱了传统的、以德国研究型大学为模式建立教授会治理大学的方式。

不过，值得指出的是，有关大学治理的变化和改革等始终是在以文科省为代表的中央政府直接政策的引导和控制之下进行的，特别是国立大学法人化和公立大学法人化完全是政府通过行政等手段直接实施的结果。各大学的治理虽然越来越受到市场及大学外部非学术人员的影响，但这并不意味着政府已完全失去对日本大学治理的影响和控制，同时，虽然学部层面的学术人员特别是教授会的影响力在削弱，但他们仍然在某些方面参与和影响着各自大学的治理活动。

从研究的角度而言，本文的启示在于，与西方不同，鉴于东亚近代大学都是政府有目的和有计划创办的国家大学，主要目的是培养富国强兵、实现近代化的高等教育机构，那么大学治理在日益受到西方新自由主义思潮影响和市场驱动之下，如何形成东亚应有的大学治理模式？从大学改革实践的角度而言，本文的启示在于，根据调查结果，首先，伴随着校级层面管理人员特别是校长权力的加强，日本大学应该培养具有能力的大学校长胜任大学治理的变化，即校级管理者应该更加有能力；其次，校级行政人员应该更加支持学术自由；最后，特别是学术人员在制定重要学术政策过程中应更有影响力。这些问题都是目前日本大学治理改革过程中需要面临的挑战。

参考文献

[1] Sporn B. Governance and administration：organizational and structural Trends. In J. J. F. Forest，P. G. Altbach（Eds.）. International Handbook of Higher Education. Dordrecht：Springer，2007：141-157.

[2] 黄福涛. 日本大学质量保障体系的建立与特征 [J]. 深圳大学学报，2016，33（4）：163-168.

[3] 文部科学省. 文部科学统计要览 [EB\OL]. http：//www.mext.go.jp/b-menu/toukei/002/002b/1368900.htm. 2016-8-20.

[4] 大学审议会. 关于 21 世纪的大学与其季候的改革方案——在竞争环境中彰显大学个性（答复）[Z]. 1998.

[5] 文部科学省. 国立大学法人法 [EB\OL]. http：//www.mext.go.jp/b-menu/houan/an/166/07030117/006/001.htm. 2003-12-20.

[6] 黄福涛. 日本国立大学结构改革的现状与趋势 [J]. 比较教育研究，2002（10）：31-34.

[7] 黄福涛. 日本国立大学法人化的变化与影响——基于院校调查结果的分析 [J]. 比较教育研究，2012（7）：21-24.

[8] OECD. Education Policy Analysis [Z]. Paris，2003.

中美大学治理对谈[①]

别敦荣[②] 菲利普·阿特巴赫[③]

（1. 厦门大学高等教育发展研究中心 中国 厦门 361005；

2. 波士顿学院国际高等教育研究中心 美国 马萨诸塞州 02467）

摘 要 大学治理是世界高等教育变革的共同趋势，也是中国、美国两国大学发展关注的话题。由于不同的文化、传统和环境，中国、美国两国大学在治理上表现出明显的差异。从治理结构来看，中国大学实行党政统一领导管理，党政机构是治理结构的核心，学术委员会等发挥补充作用，重心在学校，院系缺乏办学自主权；美国大学享有法定的自治权，教师、行政和董事会形成了较为均衡的分享治理结构，重心在院系。从利益相关者的作用来看，两国大学都注重多元利益相关者参与治理，但中国大学党政领导权力发挥主导作用，教师和学生等其他利益相关者的影响微弱；美国大学行政领导也具有很大的权力，但行政与教师是协商合作关系，教师发挥着重要作用，学生和其他群体的作用有限。从治理变革趋势来看，中国大学治理日益受到国际化、市场化和社会专业组织的影响，但经费的影响不是主要的；美国大学治理则受国际化和社会组织的影响较小，而更多地受到经费紧张的影响。

关键词 大学治理；治理结构；利益相关者；治理；比较高等教育

---

① 基金项目：本文是2014年度教育部哲学社会科学研究重大课题攻关项目“高校内部权力运行制约和监督体系研究”（14JZD051）和国家社会科学基金教育学一般课题“现代大学制度研究——历史与现实的反思”（BIA130082）研究的成果。

② 作者简介：别敦荣（1963— ），湖北洪湖人，男，厦门大学高等教育发展研究中心主任，教授，博士生导师，主要研究高等教育原理、高等教育管理、大学战略与规划、大学教学与评估等。

③ 作者简介：菲利普·阿特巴赫，男，美国波士顿学院研究教授，波士顿学院国际高等教育研究中心首任主任，著名的国际与比较高等教育家，主要研究比较高等教育、国际高等教育等。

大学治理是我国高等教育体制改革的重要主题，也是国际高等教育变革的热门话题。完善中国特色现代大学制度的主要任务之一，是推进大学治理体系和治理能力的现代化。2013 年，笔者承担了国家社会科学基金课题“现代大学制度——历史与现实的反思”的研究任务，按照计划，2015 年 7 月 26 日—9 月 10 日，应波士顿学院教务长大卫·奎吉利（David Quigley）先生的邀请，笔者赴波士顿学院访学，开展课题的国际比较研究。2002 年，笔者曾在该学院访学半年，那次访学的题目是“美国大学本科教学研究”。两次访学的合作教授都是菲利普·阿特巴赫先生。阿特巴赫教授曾经任职于哈佛大学、威斯康星大学麦迪逊分校、纽约州立大学布法罗分校、波士顿学院等知名大学，是国际著名高等教育研究学者，对发达国家和发展中国家高等教育的研究很多、成果丰硕，对欧美大学、亚洲大学和拉丁美洲大学的发展知之甚深，有很多独到的见解。这是笔者选择他作为访学合作教授的主要原因。访学期间，笔者与阿特巴赫教授就现代大学制度问题进行了多次交流。回国前夕，笔者与他相约，就中美大学治理问题进行一次深入的专题讨论和交流。2002 年 9 月 8 日，专题讨论在波士顿学院林奇教育学院国际高等教育研究中心的一间办公室举行，正在哈佛大学和波士顿学院两校做富布莱特学者的北京大学教育学院蒋凯副教授和在波士顿学院访学的北京理工大学教育学院刘进博士应邀参加了讨论。讨论涉及中美大学治理体系、利益相关者的作用及大学治理的变革等多方面内容，令人受益良多。这里将以笔者（以下简称“别”）和阿特巴赫教授（以下简称“阿”）对谈的方式呈现这次专题讨论的主要内容。

一、大学治理结构

大学治理功能主要是通过一定的结构实现的。可以说，有什么样的结构，就有什么样的治理功能。治理结构主要表现为治理主体之间的关系，主要是职责权限的关联关系，核心是权力关系。弄清楚了治理主体的权力及相互之间的关联关系，就能把握治理结构。大学治理结构受到很多因素的影响，有外部的也有内部的。毫无疑问，国家政治体制对大学治理结构有重要的规制作用，但治理理念和传统的影响也不可忽视。中国、美国由于政治体制、文化传统和环境的差异，两国的大学治理理念有着不同的内涵，治理结构呈现出不同的特点。

别：大学治理在中国是一个新事物，治理理念为中国大学所接受的时间不长，但无疑已经得到政府和大学的认同。中国大学实行的是党和政府统一领导的管理体制，大学享有法律意义上的独立地位，实际上仍属于党和政府的下属机构。在我看来，中国大学治理是一种授权治理，也就是说，党和政府赋予大学什么样的治理权限，大学就享有多大的权力。

治理改革推行后，大学办学自主权逐步扩大，但学术委员会或教授会的权力还很有限，院系缺少办学自主权，主要根据学校领导和行政部门的要求办学。可以说，大学治理在政策上已经得到明确，但治理改革仍处于起步阶段。

阿：关于美国大学治理，我的观点是：第一，美国大学的理念很好，这就是分享治理理念。我不赞成欧洲大学的民主选举。我认为大学需要专业化的行政，尤其是在大规模大学和庞大的高等教育系统中。教授缺乏时间、精力、兴趣及经验，难以成为优秀的管理者。所以，我认为，美国大学的分享治理传统很好。第二，美国大学治理的传统正在以危险的方式丧失。因为教授会的权力正在慢慢地转移给行政和董事会，比如，一些决策权力。我对此感到非常遗憾。

你们知道，美国大学是自治的。在研究型大学和其他各种类型的大学，治理所发挥的作用是各不相同的，很难一概而论。另外，每一所大学都有自身的自治传统，它们的自治就建立在这些传统的基础之上。美国大学的管理理念是教授治校，教授会的职责范围包括：教师聘任、招生（主要是招生的基本标准）、课程。这是教授治校的 3 个基本的核心价值所在。

别：中国大学治理是以现行的党政领导管理体制为基础的。从改革的要求看，中国大学治理主要在两个层次展开：一个是校级层次，通过完善学术委员会制度，建立党、政、学三位一体的治理架构。加强学术委员会的权力是其主要任务。另一个是院（系）层次，主要通过扩大院（系）办学自主权，建立院（系）教授会，完善院（系）自主办学体系。中国大学通常实行校院（系）两级管理，以学校为主，院（系）为辅。

阿：美国大学的基本行政建制由 3 个层次组成：校长及行政职员；学院院长及行政职员，包括副院长等；学系及系主任。从形式上讲，所有这些人员都是由董事会正式任命的。实际上，在多数大学，在学系层次，系主任由系的全体教师选举产生，学生在系主任的产生上不发挥作用；在学院层次，院长不是选举产生的，教授会对院长的聘任有重要影响。院长由校长任命，校长批准后往往自动地为董事会所认可。系是美国大学的核心部分，通常要对所开设课程教师的聘任、晋升、系主任选拔、学系工作领导等进行有效的控制。

别：显然，中美大学的治理体系是存在差异的。就治理体系各层次的权力配置而言，在中国大学，在学校层次和院（系）层次都有党政两套体系，权力主要集中在大学党政领导、各党政职能部门主管和学院（系）院长（主任）、书记手上。大学党委会（常委会）、校长办公会（行政办公会）和院（系）党政联席会议是议事和决策机构，但成员还是各层次的党政领导，所以，党政领导掌握了大学的主要治理权力。校院（系）的学术委员会和教授会不具有否决党政会议决策的权力，也不能影响各层次党政领导的任职。因此，中国大学治理具有补充性，是党政领导管理体制的补充机制。

阿：在美国大学，校、院、系 3 个层次的权力配置差别很大。美国大学对校院领导采取的是任命制度，在这一点上，与欧洲大学是大不一样的，在欧洲大学，各层次的行政领导都是通过选举产生的。在任命制度下，大学的行政具有统一性。再则，美国大学的行政领导往往没有特定的任期，他们的任职年限取决于他们自己的意愿、董事会和校长的意愿。实际上，他们的任职常常是非常稳定的，极少出现校长对某人不满意，马上将他解聘的现象，即使有，也非常少见。就波士顿学院的情况看，好像只有前任教务长，她人很好，担任教务长时间很长，很突然地她就离开了学校，大家觉得不可理解，有很多不同意见。但校长对她很不满意，于是，董事会就通知她你最好马上离职，不然就解聘，所以她就辞职了。

美国大学学院的多数决策都是集体决策，学院都有理事会（院务会）。在波士顿学院的林奇教育学院，理事会的组成人员包括院长、3 名副院长和系主任。学院现有 4 个系，4 个系的系主任都是学院理事会成员。他们要定期开会，可能一周一次或两周一次，比较频繁。学院的各研究中心主任不参与学院理事会，过去作为国际高等教育研究中心主任，我直接向院长报告工作，但我不是学院管理团队的成员。

别：在中国大学治理改革中，学术委员会和教授会是一种重要的治理机制。中国各大学正在陆续制定章程，对学术委员会和教授会的职能和议事程序进行规范，以落实教授治学。有的大学做得比较简单，就是在学校层次设立学术委员会或改组原有的学术委员会；有的大学做得比较复杂，比如，厦门大学不仅在学校层次设立学术委员会、学位评定委员会，而且在学部层次设立学部委员会，还在学院层次设立学术分委员会、教授会、学位评定分委员会等。

尽管各层次的委员会都有自身的职责权限，但总的来讲，下级服从上级是一个基本原则，较低层次的决定都不是最终决定。另外即使是校级委员会的决定，也往往需要得到党政机构和领导的批准。不论哪个层次的学术委员会，对党政领导的任职都没有影响，在他们的职责中都不涉及党政领导的任免，哪怕是考核、审议也没有。相反，各级学术委员会从职责范围、组成人员、工作程序到实际发挥作用，无不需要接受各级党政领导的管理。各大学在改组学术委员会的时候，减少了组成人员中党政领导的数量，以保证学术委员会工作的相对独立性，但如何协调学术委员会与党政领导管理的关系，仍是值得重视的关键问题。

阿：美国大学实行教授治校，而且主要是在学系。当然，各大学的差别也很大，比如，波士顿学院在学校层次曾经有一个教授会，现在没有了，部分教授试图在学校恢复教授会，向校长和董事会提出：我们要把教授会建立起来，我们认为学校需要教授参与治理。但校长说："不，我们不需要。"教授们只好说："那就这样吧！"哈佛大学有一个全校统一的教授会，但各学院没有教授会，教授会成员由教师选举产生。有些大学教授会的权力很大，比如，加利福尼亚大学伯克利分校的教授会就非常有名，它的权力非常大；哈佛大学教授会的权力也很大，其他大学的教授会则没有那么大的权力。

但就治理结构而言，这却不是重要的。在很多大学，教授会会赞同大学行政的基本原则，很少与学校行政的决定唱反调。通常的情况是，它们之间会先进行非正式的沟通。教授会成员也不会主动找事，他们要做自己的事情。他们要做研究，要教学。行政就是要负责大学运行的，教授会成员对行政的要求是："不要打扰我""不要浪费我的时间""你办你的大学，我做我的学术"。有时可能会出现侵犯学术自由的问题；有时可能会出现教师任免问题；有时校长或院长做了一些愚蠢的事情，会让教授不高兴；有时在一些大学还会出现教授会与行政之间传统上关系就不和谐的问题。当然，这些都是很少见的。

美国大学行政领导的去与留主要不是由底层决定的，而是由顶层决定的。教授会可能对系主任、院长甚至校长有很多意见，但在多数情况下，校长和董事会会说，我们对他有信心，尽管你们有意见，我们不在乎。有时，院长觉得教授会对自己没有信心了，就会辞职。但有时院长也会说，这只是部分教师的意见，我不在乎，只要校长对我有信心，我就继续干，后一种情况可能还更常见。

二、利益相关者在大学治理中的作用

大学治理的基本逻辑在于大学是一个利益相关者构成的组织，不同的利益相关者群体的利益都应当受到尊重和保护，利益相关者的权利应当有合法的治理机制得到维护。不论在中国还是在美国，大学都已经成为多元利益相关者参与其中的复杂组织。传统的单一、集中、简单的管理结构已经无法满足大学的功能需求和使命的实现，需要多方治理主体的合作共治。但是，这并不意味着各利益相关者在治理结构中具有同等的地位和权力，发挥同样的作用，更不是说大学决策要通过各利益相关者采用民主投票的方式实现。中国、美国两国的大学治理结构不同，治理主体发挥的作用表现出了明显的差别。

别：大学治理的基本逻辑是尊重利益相关者的权力，在大学运行中通过适当的组织机制发挥他们的作用。在中国大学治理改革中，涉及的主要利益相关者除了传统的党政行政管理团队外，主要还有教师群体和有关社会企事业单位。中国大学完善学术委员会或教授会组织的努力就是要发挥教师群体的作用；建立董事会或理事会是为了发挥有关社会企事业单位的作用；部分大学在各种委员会中包括了学生委员，试图发挥学生的作用。

阿：在美国大学，分享治理的主体只包括教师和行政领导，有时候也包括董事，但不包括学生和校友。

别：尽管中国大学治理要强化教师在办学中的作用，但实际上要做到这一点，难度是很大的。党政领导及其职能部门的权力很大，他们的影响在大学无处不在，从校园建设与维护到课程教学，都是由党政领导和行政职能部门负责的。教师个人和群体在大学管理中没有地位，也无从发挥作用。旧的学术委员会的组成人员基本上是各级党政领导，普通教师进不去。大学推行治理改革，首先要加强教师的作用。所以，很多大学党政领导主动退出了学术委员会，有的大学要求学术委员会主任委员由不担任党政职务的教授担任。虽然学术委员会的制度更加规范了，但其如何发挥作用的问题还没有得到解决。有的大学将学术委员会办公室放在教务处，有的放在科研处或研究生院，由处长或院长兼任学术委员会秘书长。

阿：在美国大学，政策出自行政，而非教授会。从法律角度讲，大学行政部门可以做它想做的任何事情，但传统上教师的权力也是很大的。在政策出台前，大学行政部门通常会征询教授会或类似的委员会的意见："你们有反对意见吗？"只有在少数情况下教授会才会说："是的，我们不赞成。"尽管如此，大学行政还是可以执意而行的。但一般情况下，如果教授会提出了不赞成的意见，大学行政是会妥协的，他们会说明要这么做的理由，同时与教授会协商达成一致，对原先的主张进行一些修改。这样一来，最终付诸实施的政策与先前的就是不同的。大学行政与教授会就是通过这种方式进行合作的。这种情况是普遍的。在美国，大学的声望越低，教师的权力越小。在社区学院，教授不拥有权力，他们主要通过教师工会施加影响。在少数情况下，教师会游行示威，但大多是为了薪酬，而不是为了学术问题。

别：教师聘任和晋升对大学学术水平和质量有重要影响，在中国大学，这方面的事务曾经完全由学校党政领导和人事部门负责，教师基本不参与其中。教师职称评审委员会成立后，部分教师参与其中，但作用非常有限。现在，教师聘任工作越来越复杂化，这也说明大学治理产生了影响，但相关的运行机制还不成熟，部属大学和省属大学的差别也很大。其典型地表现在，省属大学的教师招聘不完全是学校的事情，省市政府人事部门还掌握着相当的权力。在大学内部，也还存在校院（系）的职权分配欠合理、行政部门和学术委员会的权力界限不清晰等问题。比如，院（系）考核通过的人选，如果通不过学校人事部门的审查，是不可能被聘任的。院（系）学术委员会考核通过的人选，如果院（系）领导不认可，也是不行的。

阿：在美国大学，学校行政在教师聘任和晋升方面有一定的权力。例如，要聘任新教师，首先要得到校长的批准。如果教师退休或离职出现职位空缺，有时校长也会说“不”，即不批准出现职位空缺的院系招聘新教师。比如，如果我退休了，他们会把我的职位拿回去，交给校长去决定。就是这样，他们可以想做什么就做什么。通常情况下，是行政部门告诉你可以聘用新教师。另外，学院院长将会同副教务长任命一个招聘委员会负责。招聘委员会一般由几位学系教授会成员、一两位其他学系教授会成员和几位行政人员组成。通常情况下，作为学院高级行政人员的院长是不参加这个委员会的。

院长会任命一位教授任主席，其通常来自招聘教师岗位所在的学系。

招聘委员会负责在全国范围招聘。它会发招聘广告，在全国范围招聘，对应聘者进行考察，找出合适的应聘者。在招聘中，其会建议两三位或 4 位应聘者到校面试，应聘者要跟系里的教授谈话，了解教授的研究成果，并与学生见面。在这些考察的基础上，招聘委员会就给院长提出一个建议名单，一般建议两位或 3 位候选人。通常情况下，院长会与所有候选人面谈，再向教务长提出建议人选，最后由教务长作出正式的聘任决定。所以，从形式上讲，教师是由校长聘任的，但实际上是由教授会聘任的。越是高水平大学，教授会的权力越大。例如，在哈佛大学，基本上是由教授会决定的。院长对教授会的决定几乎不会说“不”。越是水平一般的大学，行政领导的权力越大。

别：中国大学院（系）领导不仅拥有行政人员的身份，而且都确定了行政级别，如正处级、副处级等。院（系）领导的任免与学校党政部门领导任免相似，所不同的是，院长（系主任）的任用可能会征求教师的意见，但教师的意见究竟发挥了多大作用，却是不公开的，没有人知道。令人不解的是，治理改革非常重视学术委员会的作用，但却没有大学在院（系）领导的任用中发挥学术委员会的作用。当然，不同大学的做法也有很大的不同。尽管如此，各大学的党政领导发挥了主要作用是确定无疑的。近年来，有的大学采取了竞聘上岗、国际招聘等方式，以增加透明度，扩大选人、用人的范围。但由于大学行政文化、院（系）行政级别、工资待遇等的影响，学校党政领导依然主导着院（系）领导的聘任。

阿：美国大学校长在行政领导聘任和晋职方面的权力很大，可以否决招聘委员会建议的候选人。波士顿学院就有过这样的案例。教育学院要聘用院长，因为院长工作的难度非常大，所以，选聘工作并不简单。招聘委员会选聘到一位他们喜欢的候选人，而且已经得到了现任院长的认可，名单呈报给了校长，但校长说：“我不喜欢这个人。”结果这位候选人就落聘了。之后，校长组织了一个新的招聘委员会，启动了另一场聘任工作，每一个人都为此感到很失望。虽然这种情况不常见，但它确实发生了。校长利用他的权力做到了这一点。我们不了解背后的原因究竟是什么，也许是应聘者对薪水要求过高。总之，为什么没有聘用招聘委员会推荐的候选人，校长没有解释。他没有说“因为她要求的薪水太高了”，或者“她关于学院的发展愿景我完全不能接受”。在这个案例中，我们的校长就是这样一个人。在哈佛大学，这种情况是不可能发生的，因为教授会的权力非常大。教授对校长会有很多抱怨，所以，这样的事情校长是不能做的。哈佛大学校长如果要做类似的事情，必须非常谨慎地就为什么要这么做向教授会作出解释。

别：在中国大学，教师对校长和其他领导有意见的情况很常见。但抱怨归抱怨，教师并不能影响校长和其他领导的任用。大学领导拥有无可争议的权威，办学的重大决策无需经过学术委员会或教授会审议，只需校长办公会或党委会（常委会）讨论决定，所以，校长和其他领导也不重视教师的意见。校长和其他领导的任免是由校外党委组织部（党组）负责的，任用考核可能会征求少数知名教授的意见，也可能完全不征求意见。大学领导与教师的关系，在很大程度上是一种上下级关系，传统上，教师如果不担任行政职务，只担负教学和研究等工作的话，他是没有机会参与大学治理的，也就无从影响大学行政，更不可能对校长或其他领导的去或留产生影响。

阿：校长与教师的关系在美国大学是很复杂的。令人吃惊的是，在多数大学，校长与教师相处得都很好。有时，大学校长做一些教师不赞同的事情，在多数情况下，教师都采取了闭嘴的方式，不说什么。在有些情况下，教师可能会通过他们的代表发表不同意见。只有在极罕见的情况下，他们才会对校长进行信任表决。我们将这种情况称为“核威慑”，如果教师真的提出了“我们要求校长辞职”的强烈要求，校长只好辞职，就像哈佛大学前校长萨默斯那样。但在哈佛大学，尽管教师认为是他们控制着大学，对大学施加了很大的影响，但实际上，他们需要很长时间才能获得足够的支持，然后，才能采取投票表决的方式来表达反对意见。不过，在多数大学，主要还是研究型大学，虽然教师对校长投了不信任票，但校长依然不为所动。因为教师并不掌控他的职位，只有董事会才能掌控他的职位。实际上，如果教师投票表决对校长不信任的话，董事会和校长自己都会认真对待，因为这是一件大事，但校长不必就简单地回应：“好，我辞职。”

别：中国大学的人才培养工作自招生开始，就建立了非常有效的高考制度。无论是在招生计划的确定还是招生考试与录取方面，大学都必须遵循政府部门的计划要求，大学在招生方面的自主权是有限的。在大学内部，招生录取工作主要由招生部门和学校领导负责，教师很少有参与权，学术委员会的职权一般也不涉及。有的大学可能会组织教授参与招生宣传，尤其是在高水平大学，受学校邀请一些知名教授到中学去举办讲座，以吸引优秀生源。在一些有自主招生权的大学，有的教授被邀请参加自主招生命题和考试。总的来讲，中国大学教师在招生工作中的参与权是非常有限的，学校领导和招生人员的权力非常大。

阿：美国大学的招生情况要更复杂一点。教授会有一个招生委员会，它负责向校长和招生办公室就招生的一般政策、招生程序、招生标准及重点等提出建议。所以，教授会对招生是会产生影响的。但实际上，与中国的情况一样，在招生办公室，招生主任的权力非常大，而且美国大学招生体系也是很专业的。在波士顿学院，招生的选择性很大，每年都有约 25 000 人竞争约 2000 个招生名额，这是指本科生招生。在实际招生过程中，美国大学教授会对本科生招生产生的作用为零。研究生招生与本科生完全不同，研究生招生中各方都有职权，都发挥影响。在研究生招生中，教授会的作用达 90%。当然，这里所说的是美国精英性大学的招生情况。

美国没有与类似于中国的高考。在中国，大学可以依赖传统的考试，你的考试分数如何，你就上什么学校，其他的都不重要。在美国精英性大学，有学术能力倾向测试（SAT），还有很多其他要求，还要有中学的推荐，如中学成绩、个人陈述等。有些大学，如哈佛大学和芝加哥大学还要与学生面谈。面谈不是老师与学生谈，而是由一位校友去谈。具体做法是：如果我住在芝加哥，我要申请哈佛大学，哈佛大学招生办公室将在芝加哥找一位校友跟我谈话，然后他会向哈佛大学招生办公室提交一份简略的面谈报告，说明与我面谈后的印象，反映我的一些基本情况，另外，还要作出评价。

别：民主是中国大学重视的价值，民主参与被看作大学治理的基本原则。民主参与的主要组织是教师工会，中国大学都成立了教师工会。通过教职工代表大会，教师工会审议校长报告，对学校工作提出意见和建议。有的大学教职工代表大会比较规范，每年召开一次；有的大学不常开，基本不发挥什么作用。当然，教师工会非常关心教职工的福利待遇。不能忽视的是，无论是教师工会还是教职工代表大会，都受学校党委的领导。

阿：民主参与在美国大学好像没有对应的要求。如果一定说有的话，部分大学成立的工会可能算一个。研究型大学根本就没有教师组织工会，所以，压根儿就不存在教师工会。但在我曾经工作的纽约州立大学，就有一个工会组织。它是一个州工会系统的组成部分，尽管纽约州立大学教师每次表决的时候都会说“我们不需要工会”，但因为它是规定必须有的，所以就存在了。在四年制大学，是否建立工会由教师表决决定。只有非常少的四年制大学成立了教师工会，许多社区学院成立了教师工会，可能占到 50%左右。在美国，教师工会对课程、教学、治理等没有任何影响力。教师工会可以通过集体谈判发挥影响，在不同的大学，其作用大不一样。它们的影响力在各州的差别也很大，它们在教师薪酬方面有一定的影响，有时对教师的工作环境也有一定的影响。大学还有一些职员工会组织。

无论教师工会还是职员工会，在大学治理中发挥的作用并不大。

别：大学生是大学的主要利益相关者，但如何发挥大学生在大学治理中的作用，却还缺少有效的机制。以往大学生主要通过学生会在自我管理方面发挥一些作用，对大学事务，包括课程、教学在内，都不发挥什么作用。在大学治理改革中，部分大学在一些相关的委员会中规定了学生代表。比如，北京大学在校务委员会、监察委员会中要求有学生代表参加，尽管有这样的规定，但对学生实际发挥的作用却并不能期望过高，因为这些组织本身就很不健全。有的大学建立了校长早餐会、下午茶等机制，保证校领导与学生之间能够进行有效的沟通。还有的大学在学生中建立信息员制度，为学校掌握与学生相关的各种情况和信息提供了便利。尽管如此，大学生在大学治理中的作用还是非常有限的。

阿：大学生在美国大学治理中几乎没有发挥作用，这是确定无疑的。在一些大学委员会中确实都有学生代表，比如，在教师招聘委员会中会有 1 名学生代表；在少数公立大学的董事会中会有学生代表。比如，纽约州立大学董事会有两名学生代表，而董事会组成人员达 25 人之多，所以，学生只占很小的比例。在少数大学的理事会中也有学生代表。尽管在一些委员会中都有学生代表，但与欧洲大学的情况不同的是，大学生在美国大学治理中的作用是微弱的。出现这种差异的原因在于，美国大学传统上没有赋予学生权力。

尽管美国社会是民主的，但大学的民主是非常有限的。我的观点是：大学不是民主化的。我对学生权力不看好。学生缺乏经验，难以在大学决策中扮演重要角色。很多人不赞成我对学生参与的看法，但问题的焦点是美国大学没有学生参与治理的传统。

别：校友是大学的利益相关者，中国大学在这方面的认识进步很大。很多大学都建立了校友会组织，学校领导也加强了与校友的联系。但这种联系更多地表现为增进感情，发挥校友的筹资能力，发动校友为学校捐赠，以筹集更多的办学资源。校友会几乎不参与校政，在大学治理中不发挥什么作用。但在一些大学成立的校务委员会、董事会、理事会等组织中，一些事业成功的校友往往名列其中，在学校治理中发挥个人的作用。由于多数大学没有成立校务委员会、董事会、理事会等组织，所以，即便是校友个人所发挥的作用也是非常有限的。

阿：美国大学都有校友组织。校友会还会选举一位理事长，他们很多人都会给大学捐款。他们可以与大学高级行政人员见面交流，可以对大学的高级行政人员产生一定的影响。但是，他们没有任何法定的责任。在我看来，校友在大学治理中的作用不大。前面谈到校友参与招生工作，但这却不是直接的治理。尽管校友在捐赠、招生等方面的作用是很大的，但在治理中不发挥直接的作用，对大学运行没有什么影响。

三、大学治理的变革与趋势

大学治理不是一种时尚，不是某个时期的偶然产物，而是高等教育体制变革的要求。一旦高等教育发展的内外环境发生改变，大学治理结构也会发生相应的变化。尤其是在大学治理制度欠完善的国家，治理变革更是不可避免的。就国际趋势而言，21 世纪以来，全球化、国际化和市场化的浪潮席卷全球，作为学术组织的大学在国际变革趋势中既扮演着动力源的角色，同时也受到这些变革的深刻影响。中国、美国两国高等教育发展阶段存在差异，大学治理理念和治理结构不同，在应对国内外环境变革的进程中，所采取的方式方法具有鲜明的国家特色。

别：大学治理变革是一种国际趋势，很多国家在大学治理中谋求国际影响。比如，有的国家的大学建立了国际性的发展战略咨询委员会，邀请其他国家或国际组织专家参与大学治理。中国大学治理也在走向国际化，主要是一些高水平大学。比如，清华大学、北京大学等在学科专业评估中尝试国际评估，教育部高等教育教学评估中心在部分“985 工程”大学教学审核评估中邀请国际专家参与专家考察组。部分中国大学派出和组织管理干部到国外大学接受培训或考察学习，以借鉴其他国家大学治理的经验。可以说，国际化对中国大学治理的影响呈现出增强趋势。

阿：在美国，国际化、国际组织对大学治理没有影响。这里说的主要是美国的研究型大学，在这些大学，没有建立什么国际性的治理机构。所以，在美国大学你看不到类似于国际性的委员会，原因可能是美国人觉得似乎无所不知，他们没有什么需要向外国学习的。尽管这是很愚蠢的，但人们就是这么认为的。但有些大学会在世界各地建立自己的校友会组织。波士顿学院就在一些国家建立了校友会，在中国就有一个。我曾经受到过上海的波士顿学院校友会的邀请。哈佛大学也有类似的组织。这些大学都有非常庞大的国际学生群体，建立了广泛的国际联系网络，这些校友对学校的捐赠也很多。不久前，哈佛大学公共卫生学院获得了建校近 400 年以来最大的一笔捐款，捐赠者是一位香港校友，公共卫生学院因此以他的名字命名。我非常赞同这种方式。当然，在波士顿学院，也有这种情况，林奇教育学院就是这样来的。皮特·林奇在波士顿建立了金融公司，成了亿万富翁，几年前向教育学院捐赠了一笔资金，虽然资金不是特别多，但教育学院仍以他的名字命名。我退休前的职位是莫兰讲座教授，这个职位是由一位捐赠者支持的，但莫兰并不是捐赠者的名字，捐赠者要求用另外一个人的名字命名。所以，校友可以有很多方式对研究型大学产生影响，但却不是通过参与治理产生影响的。当我担任莫兰讲座教授的时候，我被要求每年必须向莫兰先生和捐赠者提交一份工作报告。他们要了解所捐赠的资金都用到哪儿去了。但就国际化而言，其对美国大学完全没有影响。

别：国际校友是一所大学国际影响力的重要表现。中国大学非常重视国际学生的招生，当然主要是高水平大学。很多大学将招收多少国际学生列入工作目标，主要目的并不是为了增加收入，而是为了提高国际化程度。过去中国大学招收的国际学生主要来自发展中国家，以学习中国语言和传统医学为主，现在生源国越来越广，国际学生就读的学科专业面也越来越宽，涉及众多人文社会科学领域和科学工程领域。但国际学生还是以学习为主，在这一点上与中国学生类似，基本不参与大学治理。一些国际校友较多的大学都在国外成立了校友会，它们对母校的支持很大。厦门大学在东南亚很多国家都成立了校友会，校友对厦门大学的捐赠源源不断，对办学产生了重要作用，但国际学生和校友对大学治理似乎没有产生明显的作用。

阿：美国大学吸引的国际学生很多，但我认为国际学生的增加对大学治理的影响是很小的。尽管与国际学生增加有关的变化是少数族裔教师人数有所增加，但他们尤其是亚裔，在教授会中不是主要角色，他们在大学治理中不太活跃。除了很少的一些人外，在大学治理中，他们大多不习惯发声，不习惯发表不同意见。美国的新移民还很难影响大学制度，一般来讲，他们只是供职于大学，他们得到了聘用，尽职尽责而已。他们很难成为这个制度的一部分，除非他们出生于美国，在美国接受了完整的教育。我认为这种情况也会发生变化，很多美籍亚裔在文化上完全美国化了，他们会以美国人的方式行事。他们的人数在增加，他们个性鲜明，参与意识强。波士顿学院为此也制定了国际化战略，组成了一个委员会负责国际学生事务。

别：市场对大学的影响越来越大，市场化对很多国家大学治理也有一定的冲击。在计划经济向市场经济转型的过程中，中国大学受市场的影响日益显著。从大学角度看，有的影响是被动的，有的却是主动的，也就是说，是大学的主动选择。比如，教师招聘与人才引进受市场的影响就很大，与之相适应的教职工薪酬待遇也会受到市场的影响；部分大学创办了自己的科技产业公司，还有更多的大学加强了与企业的合作，政府对此也是鼓励的，并给予一些优惠政策。在大学治理中，企业发挥的作用主要表现为筹资和支持办学，对学校发展提出咨询建议等。比如，中南大学董事会包括了大量来自企业的代表，其副董事长候选条件是：大型集团公司主要负责人；捐赠总额较大的单位和个人；毕业生就业人数高度集中的单位等。教育部还规定大学理事会应当有企事业单位代表，以发挥社会合作方对大学办学的咨询、协商、议事与监督作用。

阿：市场对美国大学的确有一定的影响。例如，若干年以前，加利福尼亚大学伯克利分校就曾被要求与一些生物科技公司建立合作关系。实际上，这也产生了一些产权问题。麻省理工学院是最著名的一个案例，其一贯重视与所在城市剑桥市的科技公司或生物科技公司建立非常紧密的关系，斯坦福大学也是这样，但在波士顿学院，则完全没有。这也许是因为波士顿学院在技术领域做得不是很好，也许是因为波士顿学院传统上就不重视公众关注的这些领域，也许是因为波士顿学院就不需要这些资金，所以，美国各大学之间的差别是很大的。

别：社会专业学术组织与大学的关系是密切的，中国的社会专业学术组织正在成长中，对大学办学有一定影响。这些专业组织的成员主要来自大学，他们对大学的影响有的是直接的，有的是间接的。比如，各种教学指导委员会受政府委托，对大学专业教学发挥着重要的规范、指导和评估作用。有些社会评估组织定期发布评估报告或大学排名，引导社会公众舆论，进而影响大学办学。总体来看，除了教学指导委员会外，社会专业组织对大学治理的影响表现为非组织性和随机性。

阿：这是一个有趣的问题。在美国最典型的是美国大学教授协会，它曾经是一个代表教师的专业组织，在学术自由问题上产生着重要影响。在过去的 20 多年里，美国大学教授协会对学术自由的影响变得越来越令人难以理解。在有些情况下，教师工会和美国大学教授协会交织在一起，很容易让人将二者混为一谈。传统上，是美国大学教授协会在保护学术自由。如果我是大学终身教授，我被解聘了，认为受到了不公正待遇，学校解聘我的理由是不正当的，那么我可以去找美国大学教授协会，告诉他们："我被解聘了，受到了不公正对待，请你们去调查我的案子。"美国大学教授协会就会说"好。"于是展开调查，发表调查报告。通常情况下，大学的态度是"少管闲事，离我们远一点"。果如是，美国大学教授协会就会将该大学列入侵犯学术自由大学的名单。现在这份名单上已有约 30 所大学的名字。但这不能改变什么，人们也不会将列入黑名单当回事儿。结果是美国大学教授协会没有什么权力，也可以说没有任何正式的权力。现在它的权力似乎有所增强，但也只有一点点。在教授会看来，美国大学教授协会是一个大麻烦，它使教授会流失了很大一部分成员，它不清楚自身是教师工会组织还是专业组织，也不知道如何发挥领导作用，这个组织的处境现在非常困难。

别：现在几乎全球大学都面临财政困难，中国大学也不例外。与其他国家不同的是，中国大学的办学经费增长很快，需求也增长很快，但供给显然赶不上需求的增长。所以，政府鼓励大学与企业合作办学，更多地利用企业的资源，获取企业投资。在大学内部，只能首先保障基本办学需要，再进行重点投资，扶持优势、特色学科专业发展。中国大学仍属于成长型的大学，学科专业数量、在校生数量、教职工人数、校园建设面积等都在增加，办学经费也在增加，还没有出现因经费短缺而关闭的，因经费不足而裁减教职工人数的也极少见。从这个意义上讲，经费不足对中国大学治理的影响主要表现在发展战略的选择上，也就是对新项目的支持上。

阿：经费不足对美国大学办学的影响很大，对美国大学治理也有重要影响，首当其冲的是教授终身制面临着挑战。统计表明，全美国大学只有50%的新聘教师获得了终身职位，其他人都是兼职合同制。这样一来，因为只有终身职位教师拥有合法地参与各种委员会的权利，而其他教师不拥有这方面的权利，大学就有了很大一批人虽然身处其中，却不是这个系统的组成成员。在我看来，这种状况糟糕透顶。因为大学需要每一个人的忠诚投入。全国统计数据可能会让人产生疑惑，各大学之间情况的差别也很大。在波士顿学院，终身职位的新聘教师占到80%或更多，我们没有多少兼职教师。兼职教师的职责主要是教学，不是科研。我相信哈佛大学的情况也一样，其终身职位教师的比例可能更高。但在那些声望较低的大学、大众化入学的学院，特别是社区学院，其全职教师的数量相对就很少，这是非常危险的。

从法人视角透视美国大学治理之特征

——《学术法人》阅读启示[1]

阎凤桥　闵维方[2]

（北京大学教育学院教育经济研究所　中国　北京　100871）

摘　要　美国的大学法人制度，是在借鉴欧洲和英国大学法人制度的基础上，结合本国国情建立起来的。欧洲大学法人制度以中世纪建立的巴黎大学为原型，先由教皇颁发特许状，经历了皇帝替代教皇颁发特许状的世俗化过程。大学法人制度传到英国后，政府与大学之间建立起了较为信任的关系，大学成为自主型法人，牛津大学和剑桥大学就是典型的实例。美国借鉴欧洲大陆和英国的大学法人制度，形成了由议会颁发特许状和由院外人士组成的董事会这种法人形式。美国大学法人制度对其治理形式产生了一定的影响。从大学系统外部来看，它具有"自下而上"的市场机制的特征；从大学内部看，它具有"自上而下"、权力和责任关系明晰的组织特征；从外部与内部的关系看，它具有"两头小、中间大"（联邦政府和教师权力小，校长权力大）的特征。

关键词　大学治理；法人制度；董事会；特许状；美国

---

① 基金项目：世界一流大学制度的国际比较研究。

② 作者简介：阎凤桥，男，北京大学教育学院教育经济研究所教授，博士生导师，主要从事教育经济与管理研究；闵维方，男，北京大学教育学院教育经济研究所所长，教授，博士生导师，主要从事教育经济与管理研究。

一、引言

19 世纪末至 20 世纪初，中国废除了延续千余年的科举制，摒弃与经、史、子、集所谓中学相关联的书院，先后借鉴一些西方国家（从欧洲到日本再到美国）的大学教育体系，建立起了现代意义上的中国大学体系。因此，梅贻琦先生在《大学一解》中写道："今日中国之大学教育，溯其源流，实自西洋移植而来。"[1]在从西方留学归来、创立现代中国大学体系先贤们的眼里，西洋大学制度不仅是同源的，而且具有通例。蔡元培校长在北京大学时，制定的办学方针是："仿世界各大学通例，循思想自由原则，取兼容并包主义。"但是，西方国家的大学有哪些通例？有哪些差异？这倒是一个值得探讨的问题。从今日西方国家大学的做法看，差异之处似乎比相同的地方更多。学术自由和大学自治，被认为是大学自建立以来自始至终恪守的圭臬。但是，即使这两项基本学术制度，在不同的西方国家，其内涵也不尽相同。可以说，起源于中世纪欧洲的大学制度，在后来的发展过程中，受到各自国家社会形态的影响，表现出不同的治理特征。美国学者马丁•特罗（Martin Trow）在一篇论文中指出，美国大学董事会与欧洲大学行会制度之间是不同的，这是美国大学有别于欧洲大学的特征之一。[2]伯顿•克拉克（Burton Clark）在《高等教育系统》一书中，对于西方国家的高等教育系统做了一个一般性的分类，这就是他提出的由国家、市场、学术寡头三股协调力量组成的"三角形模型"，即美国以市场为特征，英国和意大利以学者寡头为特征，欧洲大陆一些国家以科层制为特征。[3]

同源的西方大学制度为什么后来会出现不同的走向呢？对于这个问题，学术法人制度是一个有效的分析视角，从这个视角出发探究，有助于揭示其不同走向的原因所在。但是，在现有高等教育研究文献中，专门从法人视角审视大学治理问题的文献并不多见。美国学者爱德温•杜里埃（Edwin D. Duryea）是为数不多的对于西方大学法人制度进行专门研究的历史学者之一。他的一篇名为《大学组织的演化》的论文，首先刊登在《作为组织的大学》[4]一书中，后来该文被收录到文集《高等教育中的组织与治理》[5]中。但是，在这篇专题论文中，由于篇幅所限，作者对于一些重要问题没有来得及做充分的阐述。后来，爱德温•杜里埃专门撰写了《学术法人》[6]一书，对未竟阐述的问题进行了更为全面的介绍和分析。

下面，先让我们根据书中的内容，对美国大学法人治理的起源及演化过程，做一个简要的回顾，为后面讨论美国大学治理特点奠定必要的史实基础。

二、西方国家大学法人制度的演变与分化

在《学术法人》一书中，作者将美国大学治理界定为大学法人制度和董事会两个相互联系的方面，其中法人制度是核心，董事会是法人代表，享有对大学管理的最高决策权。特许状（charter）及章程（statute）是议会立法机构或政府与大学法人之间签订的合同，其中特许状适用于私立院校，章程适用于公立院校。作者结合法律研究和高等教育研究两方面的内容，对西方国家大学法人制度的演化和美国大学法人治理的历史形成过程进行了系统的阐述。

一般法人制度的建立是大学法人制度建立的基础，两者都源于中世纪的欧洲。11 世纪时，教皇为了在其所辖地区行使权威，借用了罗马帝国提出的“法人”概念，通过特许状的形式授予某些团体以法人资格。法人概念是一个不可见的东西，是人为制造的存在，仅存在于法律关系中。各种行会或称基尔特（guild），就是中世纪具有法人资格的团体。

大学就是在中世纪这种社会历史背景之下建立起来的。最初的博洛尼亚大学和巴黎大学是教师和学生自发组成的“团体”（community），根本不像今天大学的建立需要一个正式的法律程序，甚至连学校成立日也无法辨析。后来，这些最早形成的大学得到了教皇的特许，变成了法人。因此，我们可以说，学术法人制度起源于中世纪的欧洲，与大学几乎具有同样长的发展历史。法人制度使得大学组织超越了自然人属性的机构在生命周期上受到的限制，成为一种“永续性”（perpetual）的机构。从此，大学组织开始了绵延至今、连续不断的发展历史。这使得大学与之前的其他形式的教育机构之间被画上了一道分隔符。

在中世纪以及后来，欧洲经历了一个世俗化的过程，在这个过程中，法人制度与世俗化进行了对接。具体而言，1378—1417 年，出现了宗教大分裂，教皇地位式微，与此同时，世俗皇帝的权力增大。教权与世俗权力的更替，使得由教皇颁发特许状变为由皇帝颁发特许状。

在欧洲大陆诞生的法人制度，在英国得到了传承和发扬。英国在继承欧洲法人制度遗产的基础上，进一步提升了法人的精细化程度。1066 年，威廉（William）国王将教会法与其他法律分离开来，从而建立了教会法与普通法并行的二元法律体系；14—15 世纪，普通法吸收了法人的概念；15—16 世纪，都铎王朝利用特许状这种形式，将世俗统治范围扩大到商业、慈善、大学等各个领域；1530 年，亨利（Henry）八世摆脱了教皇的统治，建立了英国的国教，并自任教主，脱离了欧洲宗教的影响。

在社会世俗化的过程中，大学特许状的颁发主体也相应地从教皇转变为皇帝或国王，或者由教皇与皇帝共同颁发。1446 年，法国国王查尔斯（Charles）七世

将巴黎大学控制在自己手中。与法国情况类似，英国国王亨利八世将牛津大学和剑桥大学揽入自己的股掌之中。与欧洲大陆国家的大学相比，英国大学法人制度出现了两个不同之处：一是大学从受教皇和国王双重统治转变为只受国王一方统治，而国王的权力受到议会的牵制；二是大学从统一的法人主体转变为具有自主和特许特征的多个学院的联合体。具体而言，不仅牛津大学和剑桥大学本身是法人，而且两所大学内的各个学院也是法人。由于英国大学与世俗力量之间的关系处理得好，所以大学赢得了国王的信任，大学也因此获得了必要和有益的自主权。英国大学法人制度的演化过程，反映在了大学自主权的获得与大学履行社会责任这对矛盾关系的处理上。英国大学校长的产生，先是由国王任命，后来转为由大学内部选举产生，这就是大学赢得自主权的一个具体反映。在大学获得自主权的对立面，则是国王对大学“考察制度”（visitation）的建立。英国大学治理的特殊性表现在内部人员治理上，这个特点形成于都铎王朝时期，随着高级学术人员地位的提升，他们逐渐变成了学院真正的法人代表。英国大学的自治特征由此而形成。

17 世纪之前，在欧洲和英国建立起来的法人制度随着北美殖民化过程传到了美国。洛克的民主概念是美国政体建立的基础，包括法人有权拥有财产，免于他人的侵害；政府的合法性在于保护个人不可分离的权利；政府统治的合法性要得到被统治者的认可。个人主义与契约精神的结合，是美国社会制度建立的基础，在这种结合基础上发展出来的各种经济、政治和社会制度，对于防止政府权力的无限扩张，发挥了积极的平衡与抵制作用。美国独立后，洛克有关自由、限制政府权力的思想得到了普遍的认可，并渗透于其法律体系中。这种情形在教育领域中也有充分的体现，例如，联邦议会将由各州负责教育事务的内容写入宪法，以及议会对总统建立国立大学的提议做出否决，这些做法奠定了美国教育分权管理体制的基础。

简言之，美国大学法人制度是在借鉴欧洲特别是英国大学法人制度的基础上，并结合美国具体情况作出调整后的结果。殖民地时期形成的美国高等教育体系，有以下两个特点：一是学院的教育活动既独立于政府，也对政府负责，在自主性与公共问责之间形成了一种特殊的平衡关系；二是由校外人士组成的董事会履行法人职责，校外人士既不完全代表宗教机构，也不完全代表政府，而是市民性质的。美国学术法人制度的建立，与来自欧洲的加尔文教的影响有一定的关系。加尔文教是在 16 世纪宗教改革过程中形成的新教。殖民地时期，在欧洲向北美大陆的移民中，就有不少人信奉加尔文教，他们参与并影响了美国早期学院体制的构建。加尔文教对于美国学术机构的影响主要表现在以下两个方面：一是重视教育；二是依靠由外部人士组成的委员会来管理大学，委员会的职责体现在筹集办学经费和决定学校领导人两个方面。

1819 年，美国联邦最高法院对于美国“达特茅斯学院案”（Dartmouth College Case）的判决，具有划时代的意义。通过法院判决，确立了以下法人制度内容：特许状本质上就是一种合同，合同不允许随意变更；州议会没有经过学院董事会的同意，擅自修改特许状内容是违法行为；学院是私法人，政府无权随意改变其属性。该法案的判决结果，对于私法人制度的确立具有决定性的意义。它从法律上开启了一个新时代，确立了最小程度干预法人自主权的精神，标志着美国法律体系的转变，即由英式对国王的效忠向平等价值观和平等政治体系的转变。有很多文献都谈及到美国“达特茅斯学院案”，但是它们对于这个案例的来龙去脉介绍不详。[7][8]《学术法人》一书对此过程做了十分详尽的介绍。其实，政府之所以要改变达特茅斯学院的属性，是希望能够尽快地扩大新罕布什尔州高等教育规模，提高升学率，满足社会对于接受高等教育的需求，在当时代表着一种进步主义的思潮，因此最高法院对此案的宣判结果并没有得到大多数公众的赞许，公众反而更同情败诉的政府。但是，正是这个当时人们并不太赞同的判决，保留了美国私立高等教育体系，成为塑造今天美国高等教育体系多样化格局的一个关键举措。因此，对于一项制度的效果，往往不宜做短期的评价，只有放在历史视角下，我们才会理解其深远意义。

在法院限制政府（包括议会和行政）权力的同时，政府也在积极地保护甚至扩大自己的权力。政府的反向作用，一方面反映在创建可以控制的公立高等教育系统，另一方面也反映在美国法人制度内涵中，从而使大学法人制度产生了两个明显的变化：一是议会在院校特许状中增加了修改和废止的保留条款；二是 1868 年宪法第四修正案的通过，使后一届议会有权修改前一届议会制定的法律。如果一项合同有碍于州政府执法的话，可以被废止。

美国今天的高等教育形态于 19 世纪与 20 世纪之交已经基本形成，后来的实践对于大学法人制度的一些方面进行了微调。与过去相比，大学的特许状、章程及其法律解释没有什么明显的变化，但是董事会的构成、作用却与以往有所不同，以适应学校功能与规模的变化。从法律关系上看，对于私立大学而言，教师是董事会的雇员，接受董事会的领导。但是，随着学术专门化程度的提高，教师的声望和地位也得到了提高，作为专业人员，他们在学术决策上的影响力也得到了增强，迫使董事会在有关学术事务决策上作出让步，将其交给由教授组成的教授会或者由教师组成的学术委员会办理。法院在判决有关学术诉讼案时，依然依据特许状等法律文件，但尽量不介入学校内部的事务，尽可能让学校自行解决。即使如此，大学内部治理仍然留下了外部力量介入的印记，教师晋升过程中必须保持记录档案的所谓“正当过程”（due process）就是一例。

1860 年至 20 世纪中期，法院在处理学生问题时经历了一个变化过程。前期，法院在处理学生与学校纠纷时，仅以合同意义上的特许状和章程为依据。后来，特别是宪法第四修正案通过之后，法院开始就大学章程本身的公正性和合法性进行审查，也关注章程中所规定的内容是否与共同权利精神相抵触，共同权利集中地表现在学生的宗教信仰、性别与入学机会上。在学校开除学生的法律案件中，虽然法院仍然承认董事会处理的权威性，但是要求董事会就开除学生的决定给出理由，学校不能再以学习不好作为开除学生的正当理由。从上述历史变化过程中，我们看到了大学外部社会制度力量（这里有两层含义：既包括社会观念，也包括法院对于学校提出的要求）作用的增强，使学校从相对独立、依据特许状办学变为不得不接受外部的必要监督、不再那么自主的状态。尽管私立学校在内部管理事务上有独立于国家的自主性，但是它仍然要承担公共责任，如只能将学校资产用于教育活动上，只能将公共研究经费用于相关活动内容上。私立院校可以免于政府的税收，这同时也意味着要承担一定的责任，其公共信托属性要求私立院校履行公共责任。另外，在特许状中使用保留条款、章程规定议会，有权就私立学院违背信托原则（如经费使用不当，没有执行特许状中的条款，忽视了自身的使命）进行调解，都是国家对大学进行干预的具体表现形式。

综上所述，罗马留给人类的宝贵遗产——法人制度——在西方国家的演化过程中，出现过两次重大的改进：第一次发生在 16 世纪，在宗教改革中，英国都铎王朝建立了以普通法为核心的英国法律体系，其中法人法是普通法的一个组成部分；第二次发生在 1819 年，美国联邦最高法院对“达特茅斯学院案”的判决，确立了学院与州政府之间平等的法人关系，以及特许状是处理学院与政府两者权益关系的依据，不允许随意改变。从学术法人的角度看，以法国巴黎大学为大学的法人原型，经过英国牛津大学和剑桥大学对于大学法人制度增强自主性的改进，进入美国后，学术法人制度又以新的公、私法人制度面目呈现，董事会是公、私法人的具体代表。在美国 300 多年的高等教育史上，董事会是一个既恒定又有变化的学术法人形式。

三、美国大学治理的特征

在以往的研究文献中，鲜有从学术法人视角讨论美国大学治理特征的，这种缺失导致对有些问题的看法不够全面和不够清晰。所谓大学治理特征，在这里主要是指美国大学治理不同于欧洲和英国的地方。20 世纪 70 年代，在卡内基基金会的资助下，一些研究人员将美国的大学与欧洲大陆国家的大学进行了比较研究，出版了一系列的文献。这些文献仍然是我们今天研究美国大学制度与欧洲大陆国家大学制度之异同的宝贵资料。[9][10]下面，我们结合各种资料来源及我们的认识，谈一谈与美国学术法人制度相关的5个大学治理特征。

第一，关于大学的自主与责任关系的问题。我们知道，包括美国在内的西方国家在处理大学与社会的关系时，既要保证大学的自主性，又要保证大学履行一定的社会使命，这就是所谓的大学自主与社会问责之间的关系。上面的说法不只是一个抽象理念，而是要落在实处。在处理具体问题时，如何兼顾两者呢？从美国大学的发展历史来看，法人制度是美国大学的核心制度，它决定了政府与大学之间的关系是平等的法人关系，政府不能随意介入大学内部的事务，更不能改变大学的法人属性。特许状或章程相当于是大学与政府之间签订的合同，特许状或章程对大学和政府双方的权利和责任都作出了规定，所谓依法办学就是以特许状或章程内容作为处理各种内外关系的依据。在特许状或章程规定的范围内，大学可以免于外界的干预，享有充分的办学自主权。大学不仅以独立法人的身份与政府发生关系，而且还就其成员——教师与学生，他们同时也是社会成员——与政府发生关系。因此，政府可以从保护社会成员权益角度出发，有限度地介入大学内部的管理，无论是性骚扰、平权行动（affirmative action）还是正当程序，都是政府从处理大学与社会成员关系角度作出的法律规定，大学必须执行之。[11]如前所述，法院早期在处理学生与学校的纠纷时，仅以特许状或章程为依据，宪法第四修正案通过之后，法院开始就特许状和章程本身的公正性和合理性进行审查，关注其规定的内容是否与学生的宗教信仰、性别与入学机会等平等权利精神相抵触。发生在斯坦福大学的一个事例，也许可以说明上述情况。1994年5月2日，9名斯坦福大学学生将学校告上法庭，缘由是学校“学生行为立法委员会”对涉及学生行为的“基本标准”作出了新的解释，并于1990年开始执行。新解释的内容是：如果学生对其他学生当面称呼其种族绰号，那么他的行为就被认为违反了“基本标准”，应该受到处罚。这条规定制定时依据的是宪法第一修正案中有关“攻击性语言”的条款。1995年2月27日，斯坦福大学所在的Santa Clara县高级法院对于学生的起诉作出了裁决，学生原告胜诉，依据是学校的规定违反了州教育法关于学生言论自由的内容。[12]另外，政府从保护纳税人的角度，还要求大学对公共经费的使用进行社会问责。例如，斯坦福大学第八任校长唐纳德·肯尼迪（Donald Kennedy）在《学术责任》一书中，对海军驻斯坦福的官员状告斯坦福大学滥用联邦研究拨款间接成本及联邦政府对此事进行调查的前后情形，做了详细的介绍。斯坦福大学因此向美国合同审计署和司法部提交了数10万字的文件，付出了2500万元的经济代价和125人/年的人力代价。虽然最后以起诉内容与事实不符而告终，但是从中也反映出了政府对于大学使用公共经费正当行为的高度关注。[13]

第二，大学的集权或分权管理。一些文献认为，与其他国家的大学相比，美国大学治理形式最接近于企业，所有权与管理权相分离，校长具有强有力的管理执行权，即所谓的“强有力的中层管理”（strong middle management）特征。[14]但是，也有文献认为，美国大学采取教师参与的“共同治理”（shared governance）模式。[15]这引出了美国大学到底是分权还是集权管理的问题。从美国大学法人制度的内涵看，董事会是大学的法人代表，也是大学组织的最高权力机构。校长是由董事会任命的，而不是通过选举产生的，他是大学的最高行政长官，由他来组阁，对大学进行领导和管理。从这个意义上讲，美国大学内部是一种“自上而下”的组织形式（与外部的“自下而上”的治理形式有所不同），具有集中统一领导的特点，与英国大学学者团体管理模式形成了鲜明的对比。但是，美国大学这种集中治理格局随着内外部情形的变化出现了一些调整，向吸收教师和学生参与决策的方向发展，即共同治理。随着学术活动复杂程度和专业化水平的提高，教师的声望和地位得到了提高，他们在学术决策上的影响力也得到了增强，迫使董事会在有关学术事务决策上对教师作出让步。20 世纪 60 年代兴起的民权运动，使学生在学校事务中有了一定的发言权，甚至可以进入学校董事会，参与最高决策活动。因此，我们可以将美国治理结构及其变化结合起来说，美国大学内部管理是集中体制下的共同治理形式。至于美国大学为什么不能像英国大学那样采取自主管理模式，我们可以看一下斯坦福大学第九任校长格哈德·卡斯珀（Gerhard Casper）在一份提交给学校董事会和学术委员会的报告中作出的陈述，他指出：“大学管理者只按照教师指定的形式行为的看法，无法成为大学有效对待变革的一个良方。”[16]

第三，关于美国大学董事会与欧洲大学行会之间的比较。从前面介绍的内容可以看出，无论是行会还是董事会，都是一种法人制度，只是法人制度的不同表现形式而已。在教皇或皇帝的特许之下，欧洲行会在管理内部事务上享有一定的自主权。从现实情况看，欧洲大学的行会形式先是受教会的影响较大，后来受世俗力量（尤其是政府）的影响较大。这是欧洲大学制度形成过程中的历史特点。美国的大学董事会治理形式，可以被看作是欧洲大学行会治理形式演化的结果。殖民者政府按照英国和欧洲大陆模式，将美国殖民地时期的学院建成市民法人（civil corporation），满足了远离英国本土的殖民者与英国王室彼此保持一定距离的需要。由选举出的代表（议会）颁发特许状，比由英国国王颁发特许状更能满足当时殖民地时期美国社会发展的需要。大学董事会由学校外部人士组成，是美国大学避免受教会和政府控制的特殊组织形式。董事会既是避免外部社会对大学产生冲击的“缓冲器”（buffer），也是大学与社会联系的“桥梁”（bridge）。

第四，世界高等教育系统的 3 种不同形态。伯顿·克拉克指出，在世界上存在着 3 种典型的高等教育协调模式，分别是欧洲大陆的政府控制模式、英国的学者自主管理模式和美国的市场模式。这 3 种协调模式不是凭空产生的，而是形成于历史演变过程中。行会是中世纪欧洲大学的初始法人形态，在这个共同原型的基础上，在后来的发展过程中，结合了各自的社会特征，分别发展出 3 种不同的大学法人形态，即欧洲大陆国家介入较深的大学法人形式（经费由政府提供，大学教师是国家公务员）、英国的自主大学法人形式及美国的平衡自主与责任的大学校外董事会治理形式。[17]至于这 3 种模式孰优孰劣，虽然已有一些相关研究文献[18][19]，但是这个问题超出了本文讨论的范围，所以不在此展开讨论。

第五，多样化高等教育体系形成的原因。多样化是美国高等教育系统的显著特征之一，这个特征为所有欧洲大陆国家所不可企及。这个特征与美国大学法人制度有密切的关系。从历史发展角度看，美国高等教育起源于殖民地时期，在这个时期，就形成了多样性的雏形，表现为哈佛学院（今哈佛大学）和威廉·玛丽学院董事会和监事会并存的“两院制”治理形式，而其他 6 所殖民地学院只是董事会“一院制”治理形式。之后，这种多样化的治理雏形在演进过程中，被一系列的做法所巩固和加强，包括对建立国立大学建议提案的否决、达特茅斯学院案的判决、赠地学院的建立、退伍军人法案（GI Bill）的实施，形成了今天市场化和多样化并存的格局。[20]在美国高等教育系统中，既包括由 50 个州管辖的州立大学系统，又包括私立非营利性和私立营利性大学系统。今天，美国共有 4500 余所高等学校，其中有 200 所为研究型大学，700 多所为综合大学，1000 余所为四年制学院，1000 余所为社区学院，1300 余所为营利学校。[21]每所学校都是独立法人，可以在董事会和校长的领导下，自主运行，办出一定的特色。美国多样化的高等教育系统是自然演化而成的，不是政府设计的结果。这个特点使得美国高等教育系统最不容易被其他国家的高等教育系统模仿。这个多样化的系统，既可以满足高等教育数量和质量协同发展的要求，又可以有效地应对多样化的社会需求。

综上所述，在美国学术法人制度演化过程中，形成了大学系统治理的若干特征，使其有别于欧洲大陆国家和英国的情形。从大学外部治理形式看，具有分权、“自下而上”的市场机制特征；从大学内部治理形式看，具有集权、“自上而下”的特征；而将宏观与微观结合起来看，呈现出“两头小、中间大”（联邦政府和教师权力小，大学组织权力大）的“强有力的中层组织管理”特征。

四、结束语

了解大学法人制度的起源及其历史演化，不仅对于把握现实有很多启迪，而且对于盲目模仿也有警示作用。《学术法人》一书系统地介绍和分析了学术法人体系从中世纪到当下在欧美国家的起源和演化过程。大学法人制度的建立和演化过程告诉我们，大学是一种制度性的组织，其制度是在长期历史演化过程中逐渐形成的，历史的积淀作用在于赋予某种组织形式以丰富和独特的功能，欧洲、英国、美国各国家和地区的大学概莫能外。因此，对于任何一个国家的大学制度，都必须放在历史演化的视域中才可以认识清楚。无论是集权还是分权、自主还是责任、具体的法人形式，都必须放在一定的历史和社会背景之下才可以理解其真实含义。对于后发外生型国家而言，大学法人、章程、董事会等形式的模仿是简单容易的，但是要想让它们发挥出与先发内生者同样的功能，则不是一件容易的事情。大学法人制度建设，最为关键的是大学与制度环境在自主和责任两者之间达成一种有机和有效的平衡。

参考文献

[1] 梅贻琦. 大学一解 [J]. 清华学报，1941，13 (1)，转引自杨东平. 大学精神 [A]. 沈阳：辽海出版社，2000：68.

[2] Trow M. Federalism in American higher education. M. Burrage (ed.), Twentieth Century Higher Education: Elite to Mass to Universal [C]. Baltimore: Johns Hopkins University Press, 2010: 177-207.

[3] Clark B. Higher Education System: Academic Organizations in Cross-national Perspective [M]. Berkeley: University of California Press, 1983.

[4] Duryea E D. The university as an organization. J. A. Perkins (ed.), The University as an Organization [C]. New York: McGraw-Hill, 1973.

[5] Duryea E D. The University as an Organization in M. Christopher Brown J. L. Ratcliffe (eds.), Organization and Governance in Higher Education [C]. MA: Boston, Pearson Custom Publishing, 2000: 3-15.

[6] Duryea E. D. The Academic Corporation: A History of College and University Governing Board [M]. NY: Routledge, 2010.

[7] Jencks C, Riseman D. The Academic Revolution [M]. Chicago: The University of Chicago Press, 1968: 270-278.

[8] Thelin J. A History of American Higher Education (second edition) [M]. Baltimore: The Johns Hopkins University Press, 2011: 70-73.

[9] Ben-David J. American Higher Education: Directions Old and New [M]. NY: McGraw-Hill Book Company, 1972.

［10］The Carnegie Commission on Higher Education. Governance of Higher Education：Six Priority Problems［M］. NY：McGraw-Hill Book Company，1973.

［11］闵维方. 美国大学崛起的历史进程与管理特点分析［J］. 山东高等教育，2015，(1)：5-16.

［12］Casper G. The Winds of Freedom：Addressing Challenges to the University［M］. New Haven：Yale University Press，2014.

［13］Kennedy D. Academic Duty［M］. Cambridge：Harvard University Press，1997：168-174.

［14］Ben-David J. Trends in American Higher Education［M］. Chicago：The University of Chicago Press，1972：16.

［15］Baldridge J V，Curtis D V，Ecker G P，et al. Alternative Models of Governance in Higher Education. M. C. Brown，J. L. Ratcliffe (eds.)，Organization and Governance in Higher Education［C］. MA，Boston：Pearson Custom Publishing，2000：128-142.

［16］Casper G. Cares of the University：Five-Year Report to the Board of Trustees and the Academic Council of Stanford University［C］. Stanford：Stanford University Press，1997：10.

［17］［21］Bok D. Higher Education in America［C］. Princeton：Princeton University Press，2013：14-21.

［18］Hansmann H. The state and the market in higher education. Higher Education Policy，1992，5(3)：18-23.

［19］阎凤桥. 本·大卫对世界科学中心转移的制度分析［J］. 高等工程教育研究，2010，(4)：73-81.

［20］Trow M. Federalism in American higher education. M. Burrage (ed.)，Twentieth-century Higher Education：Elite to Mass to Universal［C］. Baltimore：Johns Hopkins University Press，2010：189-193.

共同治理的终结？
——美国公立大学的新挑战①

Sunwoong Kim②

（威斯康星大学-密尔沃基分校经济学院　美国　密尔沃基　53201）

摘　要　共同治理制度一直是美国大学所珍视的大学治理制度安排。然而，近年来政府大幅度减少了财支持，公立大学不得不寻求其他的资金来源；同时，随着高等教育机构规模的扩大和复杂性的增加，需要更多的职业化和专业化的管理者。教师权力的下降，管理者权力的增加及其与外部董事会的联盟，使得美国公立大学从共同治理结构更趋向于法人治理结构。这场争论的焦点在于教师的终身教职制度，终身教职制度至少在顶层研究型大学不可能消失，但在公立大学系统底层的机构则可能会消失。

关键词　共同治理；美国公立大学；终身教职制度；法人治理结构

① 基金项目：本文系 2014 年教育部哲学社会科学研究重大课题攻关项目“高校内部权力运行制约和监督体系研究”（14JZD051）的研究成果。

② 作者简介：Sunwoong Kim，威斯康星大学-密尔沃基分校经济学院教授、原院长，曾任韩美经济学学会会长、韩美大学教授协会主席。

一、引言

几十年来，共同治理一直是大多数美国高校所重视的一种大学治理安排。这种治理结构在高等教育运行中采用民主原则，大多数乃至所有可能的利益相关者都民主地参与确定目标和执行管理。近年来，共同治理结构受到严格的审视，成为自美国高等教育扩张全盛时期以来高等教育变革环境的政治和市场力量。

2015 年，威斯康星州的变革压力备受瞩目。关于州公立大学——威斯康星大学系统（University of Wisconsin，UWS）的大学治理包括终身教职制度的事件占据了全国新闻头条。[1] 全国媒体报道中备受争议的问题是，州长准备取消 UWS 教师的终身教职制度，而这是美国高等教育近 100 年来共同治理结构的支柱之一。[2]

共和党竞选 2016 年总统的候选人 Scott Walker 在引起全国民众关注之前，在该州内一度备受争议。他在 2010 年以较大优势（52.3%对 45.5%）击败民主党候选人 Tom Barrett 而被选举为州长。然而，他限制公共部门工会集体权力的政策面临着巨大的有组织的反抗，反对者收集了超过 900 000 个签名以要求撤销其在 2012 年的选举，但他成功地赢得了 2012 年的罢免选举权（recall election），并在 2014 年选举中赢得第二任期。

在其第二任期被选后，随着政治力量的恢复，他开始了减少威斯康星大学系统政府资金支持的改革。UWS 是美国一个重要的公立大学系统，拥有 13 个四年制大学、13 个两年制社区学院和 1 个全州进修学校。当前，UWS 总的注册学生人数为 160 000 人，每年授予超过 36 000 个学位，包括 1000 个博士学位。其每年支出经费 60 亿美元，总预算的约 20%来自州政府。

以前州政府对公立大学系统较多地采取分散化管理。威斯康星大学麦迪逊分校始建于 1949 年，是一所赠地大学，如今已发展为州立旗舰大学。随后，其他一些四年制公立大学也逐渐成立，并实行各自的管理。同时，一些师范学校和两年制学院是处于威斯康星州立大学的一个独立系统中的。1971 年，所有那些机构都被合并为 UWS 的一个集中系统。

2015 年，Walker 州长要求（控制州立法的共和党人批准）2.5 亿美元作为下两年经费，削减了州政府份额的 13%。同时，州法律明确 UWS 的共同治理模式被废除，董事会——UWS 的治理机构可以制定 UWS 如何治理的相关规则。董事会拥有 16 个成员，其中 14 人是由州长任命（每年两个成员）、立法机关批准的。

其他州的许多公立大学系统都拥有相似的规定。即是说，共同治理系统是典型地由董事会所创建，而董事们承担大学系统改革发展的决策。令人惊奇的是，威斯康星州过去是唯一将公立大学系统共同治理模式写进州法律的一个州。就这一点而言，威斯康星州在美国公立大学中拥有最为强大的共同治理系统。

在历史上，该州一直处于共同治理系统的前沿。著名的 Ely 教授事件、La Follette 州长和威斯康星思想等，都曾使威斯康星州成为美国最进步的州之一。

在本文中，我们将探索美国公立大学共同治理结构所面临严峻挑战的根源。本文加上引言共有 5 个部分，第一部分将考察美国高等教育机构治理结构的 3 个经典模式。第二部分将讨论美国高等教育部门中公立大学的角色。接下来的部分将设法理解关于 UWS 终身教职制度和共同治理讨论的根本原因，最后提出一些结论性观点。

二、美国高等教育机构治理结构的典型模式

美国拥有一个相当庞大而多样的高等教育系统。相应地，当前美国高等教育机构存在着各种不同形式的治理结构。我们可以概括地把治理结构类型分为 3 种不同的形式：官僚治理结构、法人治理结构和共同治理结构。

确定采取哪种治理结构，关键因素是机构归属和机构任务。因为机构任务是由机构主要所有者的目标所决定的，处于大学治理讨论的核心，其主要问题在于谁是机构的合法所有者。[3]

当机构的所有权得到清晰的确定，所有者的目标相对聚焦之时，机构很可能采取官僚或法人治理形式。对二者的选择主要是取决于机构的主要任务。当机构的主要目标是赢利，最有效的治理形式是法人的而不是以赢利为目标（是行政的或宗教的）时，那么最有效的形式将是官僚结构。

相反，如果所有权是分散的（如拥有许多宣称所有权的利益相关者，他们的目标是分散的），任务是不明确的（如机构拥有许多目标，有时可能彼此冲突），那么就更可能采取共同治理结构。

在私有商业中，机构所有权是由剩余利益索取人所拥有的，即所有者是最终负责除收入和支出之外的任何损失和收益。作为这种最终责任的回报，所有者（或他们的代理者）能够确定如何运行商业。因此，我们可以把剩余利益获得（收益）看作是冒险和所有者创业的回报。

在政府部门，所有权根据政治结构在名义上被指定给“人民（公民）”或国王，运行政府机构的决定被授权给赢得选举的政治家（在民主的情况下）或世袭（在王国体制下）统治者，以及他们的被任命者（官僚）。在这种情况下，最重要的问题是政府做重大决策的权力是如何被合法化的。

关于高等教育机构治理的讨论，源自于这样一个事实：此类机构的所有权往往未被清晰地确定。当机构是营利性私立机构，所有权更加清晰时，其主要目标是获得收益。而作为非营利性私立或公立机构，其所有权就不那么清晰。

对于非营利性私立大学，机构的法律所有者通常是董事会，其组成很大程度上依赖于机构的属性。典型的如董事会代表大学的各种利益相关者，包括上层管理者、教师代表、学生代表、校友代表、外部社区代表。

对于公立机构，合法所有者通常取决于机构或机构所在公立大学系统的董事会。在一些州，董事会成员是由州长任命，另一些州是通过普遍选举产生的。即使公立大学的合法所有权是相当清晰的，事实上其所有者却有可能相当模糊。在许多情况下，公立大学董事会是相对不活跃的，大多数决策是自治确定的。董事会被典型地认为是机构的守护者，其主要的功能是制定使机构长期稳定运行的规章制度。另外，因为机构是公立的，除教师之外的利益相关者（如学生和民众），也会认为他们应该在机构运行中拥有一定的话语权。

下面我们将更详细地讨论 3 种治理结构的主要特点。

第一，官僚治理结构。官僚治理结构适应于执行所有者规定的任务，往往追求非金钱任务。采用此种结构的通常是政府机构所拥有的基于特殊目的高等教育机构（如军事学院）或宗教组织（如神学院）。一般而言，在官僚结构中，组织的普通成员享有共同的目标和文化。因此，所有的组织成员都应该为共同的目标而工作。

官僚结构更遵守外部机构制定的规则，而法人结构遵守组织内部顶层管理者制定的决策。顶层管理者的责任受控于他/她是否遵循官僚结构的指令、规则或价值观，而绩效是法人结构的主要指标。

在这个结构中，决策制定自然而然地高度集中，信息流动通常是垂直的，信息的水平流动保持在一种最低的程度。底层的人员向较高层级供给信息被称为汇报，较高层级的决策制定基于对汇报信息的监控和评估。自上到下的信息流动是自上而发布的指令，传递到底部进行执行。

正如接下来将要讨论的，法人结构将拥有相似的自上而下的指令结构。然而，在官僚结构中，中层和底层（教师和行政的）职员与顶层管理者的控制是相对隔离的，而他们在法人结构中更受制于顶层的决策者。因为顶层管理者的责任受制于高等权威所制定的规则，同样的规则也控制了机构较低层成员的行为，所以顶层管理者不可能作出重大的改变。另外，顶层管理者是趋向于内部选择产生的，相应地，这类机构更易于长时期保持稳定。

这类机构的主要弱点之一是，顶层管理者不能很好地回应外界环境的变化，包括学生的需求。他们的责任是由内部行为模式所控制的，而不是绩效压力，较低层的管理者没有动力回应变革。

第二，法人治理结构。当机构的所有权被清晰界定且在市场系统中运行时，机构倾向于选择法人治理结构。所有者和顶层管理者之间的关系是一种典型的“委托-代理”关系。所有者（委托者）并不完全积极地观察顶层管理者（代理者），但能够控制管理者工作的条件（如报酬、权威范围等）。因此，所有者倾向于给顶层管理者足够的裁量权，并基于可测量的（客观的）绩效指标（如利润）要求问责。

与官僚结构不同的是，法人结构中机构成员不是统一的，而是归属于不同的个体目标和文化。因此，机构的效益不仅是所有者和顶层管理者之间的外部责任，而且是顶层管理者和普通成员（教师和基层管理人员）之间的监督关系。顶层管理者应该能够采用有效的“胡萝卜加大棒”的方式来激励他们。

因此，如果要建立法人治理结构的有效机构，组织应该采取精确而有效的方式来测量机构个体成员的绩效及机构的总体绩效。另外，指标必须是适时的（例如，在决策制定时它们应该是可行的）和精确的（它们能反映真实的绩效水平）。

第三，共同治理结构。高等教育机构的共同治理结构的出现，主要源自于人们发现无论官僚还是法人结构在高等教育机构中都无法解决高等教育机构的一些基本问题。首先，他们必须调适现代大学中不同利益相关者的不同文化。另外，很难甚至不可能产生和提出对高等教育中个体和机构进行精确而有效的绩效测量方法。

创办和运行高等教育机构的权力来自于两种不同的渠道：第一，是国王或政府授予的立法权威；第二，是来自知识守护者——教师的学术权威。当机构规模较小，运行简单时，教师作为一个群体或许能够管理机构。然而，随着机构规模的扩大，运行也变得更加复杂，管理者就变成区别于教师的一种独立群体。

共同治理是一种机制，既遵从教师运行高等教育机构的一种传统，又以专业化行政运行和管理应对大而复杂的大学环境，并能够对外界环境的快速变革作出反应。教师治理在这种运行环境中体现出了内在的劣势，因为随着规模的增加教师们很难达成共识，规模庞大的教师不能足够快速地决策以应对变化的环境。自然而然地，教师治理很可能会反对变革，对市场中的资金刺激也是不敏感的。

因此，共同治理的常用模式是，教师人员领导学术事务决策，而行政人员领导财务事务决策。显然，这两方面是直接联系的，而这两个主要群体可能会妨碍（高校的）其他目标。因此，共同治理可能会在行动上较为迟缓，无法灵敏地满足市场需求。

三、美国高等教育系统中公立大学的角色

美国高等教育起始于私立学院的创建（主要是培训牧师和富裕殖民者的后代）。虽然私立大学的传统在美国仍然很广泛，许多美国顶尖大学都是私立的，但是美国拥有大量的公立高等教育部门作为教育、研究和公共服务的重要组成部分。

公立大学通常是由国家特许建立，并由国家提供部分资助。虽然现代美国公立大学提供了不同学术水平和专业的丰富课程，但他们比私立学院更倾向于提供与职业有关的专业技能，尤其是那些传统型的文理学院。

2013 年，四年制高等教育机构入学人数的 60%在公立大学，两年制结构入学人数的 95%进入公立机构。有 65%的教授职位在公立机构，产生了 63%的本科学位、46%的硕士学位、50%的博士学位。

基于上文的统计，公立大学占据两年制社区学院的绝对多数（95%的入学人数），主要招收许多中低收入家庭的学生，而且他们占据四年高等教育部门输出的 40%～60%。

在美国，所有 50 个州都拥有公立大学系统。一个典型的公立大学系统有 3 个层级。在顶层是规模大而综合的研究型大学，提供各种专业和学位，包括博士学位。在中间级是规模较大的教学型大学，其主要任务是普及大众化教育。在底层是社区学院和技术学院，为中低收入家庭准备就业培训。

顶层的公立研究型大学一直非常成功，自从约 150 年前首次出现，其影响便不断扩大。许多规模大的公立大学，如加利福尼亚州大学伯克利分校和密歇根大学的研究能力和教学在国际上享有盛誉。他们的学费比私立研究型机构低得多，但是他们的毕业生做得与私立精英大学毕业生一样好。

尽管相对低的学费，使顶层公立研究型大学能够与私立精英大学相匹敌，但他们仍不断招聘基于研究的教师成员，并提供毕业生学位，支持他们的研究。通过研究生项目，美国公立研究型大学能够让研究生担任讲师或实验助理。同时，多数的本科生教学是通过教师的大班授课完成的，有些也覆盖研究生教育，因此教师的教学任务可以减少。因为研究生教育比本科生教育更加昂贵，他们的典型做法是以低成本的本科生教育来补助研究生教育。

尽管如此，美国公立大学在增加高等教育大众化入学机会上是成功的。他们为美国工业化提供了大批的毕业生。高等教育为民众增加的入学机会，提高了社会流动性，提高了中产阶级的自给自足能力，推动了民众民主价值观的发展。另外，公立研究大学的成功为世界所艳羡，因为他们在世界一流大学中排名一直靠前。

当前，绝大多数重要的公立大学都采取共同治理结构。共同治理的应用是公立大学历经 100 多年集体经验的结晶。共同治理的典型形式主要由以下几部分组成。

首先，州公立大学系统组建了董事会。在一些州，董事会系统是相对集权的。即一个董事会负责由 3 个层次机构组成的整个公立大学系统。在其他一些州是相对分权的，州内的旗舰研究型大学可拥有独立的董事会。

其次，董事会是大学（或大学系统）的合法所有者。任何关于大学的主要决策必须经过董事会通过。在立法上，他们审批所有的个人决策（包括顶层管理者的终身教职的任命）。另外，他们还批准所有的预算提议，以及所有的学术项目。

在大多数州，除了少数依据职务的成员（如大学校长和州高等教育监管人），董事会成员是由州长任命的，但是在一些情况下，他们也由所在州的民众来选举。自然地，他们通常是高等教育外部成员。在某些情况下，学生代表会出现在董事会，但很少有教职工代表。董事会成员一般是兼职且无报酬的。从本质上来说，董事会为公立大学提供了外部治理。

因为大多数董事会成员是日常高等教育活动的外行，而且大多数都是由政府任命的，因而他们的角色或作用相对受到限制。董事会最重大的角色是维持高等教育机构在法律上的完整性，为这些机构的平稳运行提供监管环境。董事会很少干预关于具体教授或学术项目批准等个体决策。相反，其主要的活动集中于预算批准（包括州的补助和学生学费的确定）、顶层管理者的任命和法规的变化等方面。

因此，大多数关于大学如何运行的内部决策（包括教师人员的任命、学术课程的设计等）授权于每个机构，尤其是管理者和教师。在实践上，两种群体之间的共同治理，在大多数决策中形成了委员会结构的不同层级。

许多高等教育学者及政治家对复杂的委员会结构予以了批评。尽管教师成员被分配了参与重大决策的权力，但是他们的参与一直是名义上的和不确定的。任何决策都要经历漫长的过程，这就阻碍进行有效而及时的变革以有效地回应变化的外部环境。然而，Eckel 提供了一些例子，表明教师的参与也能够产生高校的硬式决策。[4]

四、完美风暴？——美国公立大学的主要挑战

近年来，美国主要公立大学正面临着危机。学费的大幅增加使学生及其家长感觉沮丧。许多教授、人才试图转到提供更多薪酬和稳定职位的其他机构。政治家和立法者因公立大学的主要任务和资金提供而争论不休。作为美国重要公立大学系统之一，威斯康星大学自 2014 年以来正在发生的事件强调了这场危机的本质和重要性，对未来美国公立大学将产生深远的影响。

在表面上，大众媒体所报道的事件看起来似乎是一个政治争端，即教师成员的终身教职制度身份应该被废除。在州长方面，论据是 UWS 管理者应该被给予更多机构运行的灵活性，尤其是有能力在快速变化和预算紧缩的环境中解雇终身教职的教师成员。他想要给管理者更广泛的人事权力，首先从州立法移除了制定董

事会人事规则（完全在州长的控制之下）的权力。

相反，教师认为，终身教职制度是美国高等教育保护学术自由和学者创新的最伟大制度的支柱。当前，终身教职老师成员仅在少数特殊情况下以正当的理由被解雇，例如，机构因财政危机而涉及关闭的学术项目或个人不端行为。然而，这样一种教师人事政策的变化对现存的共同治理结构产生了重大的影响，因为终身教职的终生任命和终身教职的资格评估一直是教师的核心权力。这种变化将使得当前的治理结构更接近于法人结构，从而迈出重要的一步。

在大多数的美国公立大学，存在着从共同治理向法人治理结构的逐渐变化。然而，这种废除（或实质上削弱终身教职制度）将使共同治理的运行工作几乎不能维持。终身教职制度激励教师参与，因为其将教师成员看作答谢的重要利益相关者而非所雇佣的员工。因此，美国公立大学该如何克服这种完美风暴的挑战，仍是不可确定的。

有关美国公立大学讨论的最重要的长期趋势，一直是州对大学的财政贡献的持续下降。在公立大学的全盛期，他们几乎完全由州政府资助。例如，当加利福尼亚大学伯克利分校于 1868 年创建时，不要求学生支付学费。自 1921 年加利福尼亚大学伯克利分校对本州居民学生开始收取每年 25 美元（非本州学生 75 美元）的学费后，居民学费持续不断地增加到 1956 年的 84 美元（非本州居民 300 美元），1968 年的 300 美元（非本州居民 1200 美元），1975 年的 630 美元（非本州居民 2130 美元），1985 年的 1296 美元（非本州居民 5112 美元），1995 年的 4354 美元（非本州居民 12 053 美元），2005 年的 7434 美元（非本州居民 25 254 美元），2015 年的 13 432 美元（非本州居民 27 820 美元）。另外，州的财政贡献在持续地下降，从 1886 年的 100%下降到 1985 年的 50%，再到 2015 年的不足 15%。降低州贡献的相似模式在许多州都可以观察到。在威斯康星州，州对威斯康星大学麦迪逊分校的支持比例从 1976 年的 45%下降到 2015 年的 15%。

在解释持续下降的州财政支持上，其中一方面是试图批评州政府缺乏（或降低了）支持高等教育的政治愿望。但是，如此的解释忽视了影响高等教育的重要的潜在经济因素，它们是：①提供高等教育的成本增长要比经济增长的通货膨胀还要高；②美国公立大学的入学人数一直在稳定地增长。

教育成本增长比经济的增长趋势更快（如以人均生产总值来测量），因为教育部门的生产率不能像产业部门增长得那么快——它们生产率的提高是通过自动化和大规模生产而实现的。就这一点而言，教育成本的增加类似于其他劳动密集型服务产业——那些要求个人关注的如卫生保健或发型设计。

政府财政支持很难维持的另一个重要原因是，美国高等教育入学人数的增加。高等教育大众化的动力，是对大学毕业生的市场需求和联邦政府为退伍军人提供学费的政策支持。显然，现代经济为大学毕业生提供的酬金和工作条件优越于高中毕业生。在过去几十年中，高等教育一直保持高收益，产生了高等教育需求的增长。同时，战后的退伍军人法案和联邦政府的学生资助，是鼓励青年接受高等教育的政策方面的刺激。

州贡献率的降低迫使美国公立大学寻求其他的经济资源。当然，较高的学费支付涵盖了很大部分，但是学费的增加受到了政治可行性的限制。就威斯康星大学麦迪逊分校的案例而言，它的学费收入比例在 1974 年约为 10%，到 2015 年持续攀升到 15%，尽管财政经费同时也每年增加 500～10 000 美元，但是，如果不寻求其他经费来源的话，仍无法支持一所大学的运行。

除了州的资助，联邦政府也以研究经费和学生财政资助的形式为大学提供相当比例的经费。联邦研究经费是竞争性分配的，不会考虑是否公立或私立。然而，主要的研究型公立大学持续吸引了大量的联邦财政经费。

来自联邦政府的另一主要财政资源是通过拨款和贷款补助的学生财政资助。在过去几十年中，联邦政府通过直接为学生提供拨款和贷款补助，增加了高等教育部门的资源。另外，这些资源都是不受公立大学或私立大学影响的，一些营利性私立机构也是可以获得此类资源的。

尽管大量附加的联邦经费为大学提供了部分资金，但公立大学仍不得不更具有企业精神，并创新性地寻找其他的经费资源。他们加倍努力地吸引来自校友、企业和慈善基金会的私人捐赠。当然，这样的募捐活动对于私立大学也是非常普遍和建制良好的。过去在这方面公立大学未予足够重视，但是由于预算紧缩，他们现在也不得不参与其中。

其他的资金筹措活动涉及商业或准商业的活动，例如，学生的住宿，公众的医疗保险，不动产的商业活动发展及对建筑物、体育馆或者学院的冠名权等。这些非传统的资金筹措活动显然涉及更多的企业家精神和能力，这与教师的职业内涵相关度是很低的。

这种完美风暴的另一个要素是大多数美国公立大学的合法治理结构。自从 1819 年“达特茅斯学院案”开始，私立学院被允许不接受政府的干预，因为达特茅斯学院曾被宪章特许为独立，但是公立大学是由州授予宪章，立法治理机构通常是董事会。虽然在董事会中有一些是依据职位（如州府官员或校长，译者注）的当然成员，但大多数董事会成员或是由州长任命或是由公民所选举的。因此，董事会是由外行人所掌控，他们的主要功能是保护机构安全，公立大学的内部运行留给每个机构的管理者和教师负责。

虽然公立大学的内部运行中有学生和社区的普遍参与，但是共同治理结构主要是由两个主要群体所主导：顶层管理者（校长、教务长和系主任）和教师。尽管两个特定的群体共同对大学运行和管理的各个方面作出重大决策，但是管理者的主要权力在于财务管理，而教师的权力在于学术事务。

例如，对于教授的聘任和晋升，教师负责推荐任命和晋升，但是管理部门负责批准任命和确定薪酬。如果涉及终身教职的决策，会通过顶层管理者提交到董事会，董事会最后批准。相似的过程通常还发生在学术项目的产生、废除或变化上。因此，过程通常涉及两个团体的合作，任何一方的强烈否决都会使行动不可能实现。

一个优良的公立大学共同治理体系应该在两个主要群体之间保持很好的平衡，作出决策以回应其他利益相关者如学生、潜在的捐赠者和整个社区。然而，这种共同治理结构近年来面临着严峻的挑战。威胁共同治理存续的第一种力量是，顶层管理者权力的增加和教师权力的降低。两个群体之间平衡的变化，使公立大学的内部治理结构更接近于法人治理结构。第二种力量是董事会和政治家更主动地干预，后者拥有任命董事会成员的权威。然而，传统的共同治理的惰性阻碍了大学，而使其更接近于官僚治理结构。

公立大学教师权力的下降和行政权力的增加，是源自于内部和外部环境的结构性变化。在内部，公立大学规模的增加和复杂性，要求更加专业的管理者。教师成员之间轮流管理职位的传统模式不再可行。组织的复杂性要求更加专业化的知识，要求大量的岗位培训，进而以及要求更专业化的管理者。

另外，教师成员更侧重于专业领域导向而非机构导向。因为学术界规模的扩张和学术领域的专业化，使教授个体与其专业组织在工作信息和研究的联系上更加紧密。研究要求的增加对教师成员产生了更多动力，对其精力重新进行定位，这使得许多教师成员参与大学治理的热情不高。

这样的变化终止了管理者与教师之间的流动联系。尽管顶层管理者也有学术头衔（作为终身教职教授），但是当他们被行政任命为顶层管理者后，很少再成为普通的教师成员，他们通常一直是学术性管理者。

因此，顶层管理者会与董事会结盟，而不是教师。在传统的模式中，内部管理者和教师是合作的，与董事会相对应，代表了内部利益。当管理和教师工作具有很大的流动性时，董事会中就不需要教师代表了。然而，当管理者变得与教师脱离时，更多活跃的管理者倾向于董事会，使得管理者成为董事会的代理人。

另一种趋势是，随着州对公立大学支持的下降，董事会必须更多地参与到大学的运行中。对于被选举的政治家（如州长）而言，拥有更大的动力使用他们对董事会的任命权而扩大他们的政治收益。在制定州政策之时，州对公立大学的大部分资助，可能会成为他们进行常规周期预算中的弹性预算项目。

作为公立机构，美国公立机构被州授予特许证，州是最终的所有者。然而，共同治理结构的采用成为公立大学作为“公立的”而非“政府的”机构，其中机构的所有者是“公共的”（如利益相关者集体），成立董事会（而非政府的部门或代理机构）的合法框架是为保持这样的治理结构。然而，事实上是，大多数的（如果不是所有的）董事会成员由州长任命，使得被选举的政治家可能间接地对大学产生影响。

例如，威斯康星大学系统是由董事会治理的，董事会拥有18位成员，其中16位是由州长任命并由参议院确认的，剩余两位是依据职位的成员，即公共教育的州监管员（或教育厅长）和威斯康星技术学院系统董事会的主席（被任命者）。16位中的14位的任期为7年，其余两位是UWS学生（其中一位必须是非传统学生），任期为2年。

根据其网站信息显示，董事会的职责是：“制定系统治理的政策和制度，规划如何满足未来州对高等教育的需求，确立入学标准和政策，审议和批准大学预算，建立不同机构尽可能自主运行的规章制度。”董事会任命大学系统的校长，以及13所大学和UW分校及UW学院的分校长。董事会授予对教师成员的终身教职任命权。[5]

威斯康星州及其公立大学拥有悠久而著名的大学自治历史。1894年，董事会（然后脱离威斯康星大学）努力阻止了州政府试图对Ely教授的解雇，因为他倡导政府纠正资本主义弊端的激进主义活动，这种基于学术自由的行为在政治上是另类的。事实上，Ely教授的案例被认为是世界上学术自由的最著名的案例，因为许多政府都难抵诱惑地要平息教授表达反对他们或与其敌对的观点。事实上，在威斯康星州，教师成员的终身教职制度被明确地写入州法律，而在其他所有州，终身教职制度是被编入董事会采用的规章制度中。[6]

在美国公立大学历史上，另一个重要的事件是“威斯康星思想”。20世纪初，有一种公共行动主义的创新模式，即利用威斯康星大学教师基于大学内的智力独立性，而推动他们参与周围社区的治理。

如此强大的公立大学资助系统，自2010年共和党州长Scott Walker被选举后，其共同治理和终身教职保护已备受危害。在成功地扭转公众想要撤销其2010年选举后，州长想要推进他减少公职人员工会对州预算控制的政策日程。自2014年成功地连任后，他又开始想要减少州对UWS的资助。

他的政策有两种途径：首先，他想要减少州对UWS的资助规模。他提议2015—2017两年对UWS的预算为2.5亿美元（即是说对当前的12亿美元经费每年减少了13%）。

他的第二个政策是减少或废除教师成员的终身教职制度。他是由控制立法权的共和党人所支持（上议院19位中的14位和下议院63位中的36位议席都被共和党人所占据），由于这种强大的立法支持，他能够左右 UWS 委派终身教职和其他规章制度，即从州立法到董事会制度，因为他任命了董事会的大多数成员，对 UWS 系统能够直接施加影响。

美国高等教育系统中大学教师成员的终身教职制度是独特而有意义的劳动力实践。终身教职是授予教师成员的终身聘任合同，要通过机构内外的同行对教师成员进行审查后作出整体评价。20 世纪初，UWS 的大多数高等教育机构都采用了终身教职制度。

在通常的终身教职制度中（美国大学教授协会于 1940 年推荐的程序，被美国高校协会和成百上千的学术和专业组织所支持），被聘为“终身教职”的教师成员被给予一个定期的试用期合同，通常是 6 年。[7] 在试用期结束时，对候选人（处于试用期间的教师成员）在其试用期间的教学、研究和服务绩效，以及对未来教师群体的潜在贡献等进行评价（通常是由教师的终身教职成员来进行），并由能够评判候选人研究绩效质量的外界评估者进行公正的评价。这个过程通常要历时几个月，候选人将被自上而下的教师所推荐。一旦教师推荐之后，高校的顶层管理者会签发教师推荐信，由董事会授予候选教师与机构的终身教职合同。如果教师没有被推荐终身教职，那么候选人在该大学的聘任将会结束，从而无续签的可能。

尽管终身教职制度源于一种对教师成员（诸如 Ely 教授的案例）学术自由的保护性机制，避免被政府因他们的信仰/学术活动而解聘，但是其悠久而普遍的采纳是基于其经济有效性。[8]

教授尤其是那些积极参与研究的教授，通常是独立工作的（即是说不受其上级密切的监管）。如果他们专长于前沿领域，那么内部大学监管员就不能理解其活动的细节。因此，事实上，对于这些工作者是不可能创立一种日常评估和监管程序的。对于这些工作者的评估，要求大量的外界从事候选人工作的相关专业人士的参与，这个过程是相当耗时的。

另外，为了达到可见的研究成果，要求经历大量的时间过程。一个匆忙的评估不可能正确地鉴别需要花费很长时间才能完成的重大研究成果。因此，在较长的试用期之后进行全面评估与快速，进而便利地对有效性和成本进行评估之间要有一个权衡。对于许多工作于专业市场的利益相关者而言，如教授、管理者和大学，认可的 6 年试用期被认为是最佳的时间段。

然而，终身教职制度在几个方面受到了批评。首先，从管理者和董事会成员的角度，他们想要通过发动学术项目和教职工的变革而积极地回应新的政治和经济环境，而终身教职制度是一个限制。在高等教育运行中，人事成本尤其是教师成员的薪酬占据支出的大部分份额。不能够减少新教师成员的薪水和转变现存的薪酬，对新举措的实施而言是一个重要的限制因素。

通常对终身教职制度的批评是基于“法人的”观点。人们广泛地意识到私人机构可以有效地运行，是因为其拥有更多改变其劳动力的自由。对于他们而言，终身教职制度如同劳动力工会阻碍劳动力的削减一样，为了保护员工的聘任而阻碍了公司的灵活运行。

美国的劳动法通常是基于“随意”（at will）主义观点。即是说，雇佣者能够“随意地”聘任或解雇工人，他们解雇工人不需要任何理由。由于这些劳动法，美国劳动力市场是世界上最灵活的劳动力市场之一。在这一点上，终身教职制度确保了高等教育结构中的终身聘任是一个特例。在最近的威斯康星案例中，州长在政治平台上被选举，要减少劳动工会尤其是公共部门工会所产生的无效率，那么终身教职制度是绝佳的目标。

州长 Walker 要废除 UWS 终身教职制度的企图引起了全国的关注。对于他的支持者而言，他的动议被认为是大胆而勇敢的政策方向，即减少公共部门的权力和纳税者的负担，提高州财政运行的效率。对于他的反对者而言，则被认为是鲁莽而愚蠢的行动，破坏了该州珍贵的高等教育制度遗产和研究能力。

这场辩论如何结束尚未明确。虽然州长可能赢得了他所有想要的，立法机关已经通过了州政府对 UWS 支持的削减[9]，终身教职制度和共同治理的其他方面至今尚未受到损坏，然而，董事会仍在制定 UWS 规则制度的过程中。考虑到大多数董事会成员都是由州长任命的，新制定的规则可能会在某种程度上削弱教师的权力，并危害当前的共同治理系统。

五、结论性思考

我们考察了美国主要公立大学的最近实践，尤其是威斯康星大学系统。由威斯康星州州长 Walker 引起的事件强调了这样一个事实，即美国公立大学不得不应对不久后的许多挑战。

这个问题最有意义的外部动力是州政府要减少财政支持。下降的州经费迫使高层管理者寻求其他的资金来源，本质上变得更加企业化。同时，随着高等教育机构规模和复杂性的增加，需要更多的职业化和专业化的管理者。教师权力的下降，以及管理者权力的增加及其与外部董事会的联盟，使得美国公立大学从共同治理结构更趋向于法人治理结构。

这种变化的核心是对废除终身教职制度的可能性的讨论。因为它是一种学术劳动力市场上经济有效性的劳动合同，要求上层人员的持续监控是不可行的，那么它将是聘任研究型教授的主要形式，而这类研究型教授是高水平研究型大学教师成员中的大多数。因此，如果公立大学想要保持其研究人力，缺乏终身教职制度的他们将不能有效地吸引人才。同时，只要大多数顶层私立研究型大学遵循终身教职制度，没有终身教职制度的公立大学在吸引高质量的研究人才时，就会表现出明显的劣势。

终身教职制度不可能消失，至少对于顶层研究型大学而言是如此，但企业化大学模式很可能会扩大。即使在当前的处境下，州对顶层研究型公立大学的经费贡献也只有 15%～20%。因此，如果州想要施加强大的干预，教师将会采取个体或集体的抵抗。教师成员可能会离开现有的机构并追求其他的机构，或者集体离开州立系统以迫使州政府增加对大学的支持。在许多州，公立研究型大学都被认为是一笔重要的公共资产，即使对于目光短浅的政治家而言也是如此。如果州固执地废除终身教职制度，一些顶层公立研究型大学可能想要转变为私立大学，因为州政府对他们的支持已经相当低。因此，顶层研究型公立大学在近期不可能废除终身教职制度。

然而，处于公立大学系统底层的机构处境可能会有所不同。因为州对那些机构的资助高于研究型大学许多，其很可能处于企业化模式之下，将较少地依赖终身教职制度。在那些机构中，终身教职制度的确可能会消失。即使一些教师成员享有终身教职，但是许多人员并不是（如辅助的和兼职的教师）。那些机构的主要竞争者将不是顶层研究型大学，而是逐渐增长的营利性大学——其从一开始就没有终身教职制度。

［译者：韩梦洁］

参考文献

［1］Bidwell Allie，Walker S. Professors Clash over Tenure in Wisconsin［N］. U. S. News and World Report，2015-06-12 .

［2］Kendall，Nancy. Scott Walker is Undermining Academic Freedom at the University of Wisconsin［R］. New Republic，2015-06-09.

［3］Birnbaum R. The end of shared governance：looking ahead or looking back［J］. New Directions for Higher Education，2004，(127)：5-22.

［4］Eckel P D. The role of shared governance in institutional hard decisions：enabler or antagonist?［J］. Review of Higher Education，2000，24（1）：15-39.

［5］University of Wisconsin System（UWS）Board of Regents［EB/OL］. https：//

www.wisconsin.edu/regents/，2015.

[6] Simmons，Dan Tenure. Shared Governance at UW Face Uncertain Future as Legislature Tinkers with Scott Walker Budget [R]. Wisconsin State Journal，[2015-05-11].

[7] American Association of University Professors（AAUP）. Policy Documents and Reports（eleventh edition）[R]. Baltimore：Johns Hopkins University Press，2015.

[8] Mcpherson M S，Schapiro M O. Tenure issues in higher education [J]. Journal of Economic Perspectives，1999，13（1）：85-98.

[9] Blank，Rebecca. Chancellor Blank's message to Faculty Senate.downloaded from UW website，[EB/OL].（2015-6-9）https：//budge.wisc.edu/budget-news/blank-message-to-faculty-senate/.2016-6-3. [2015-06-09].

德国和美国大学学术自由制度的差异性探析

李 冲[①]

（大连理工大学高等教育研究院 中国 大连 116024）

摘 要 学术自由制度是现代大学的核心制度。学术自由经历了学者个人思想言论自由、大学内部教学与研究自由，再到国家和社会为学者生产和交流思想提供制度性保障 3 个不同的发展阶段。由于历史、文化传统和国家体制不同，德国和美国大学学术自由的范围、规约机制和保障方式具有很大的差异性。

关键词 德国大学；美国大学；学术自由制度

① 作者简介：李冲，大连理工大学人文与社会科学学部公共管理与法学学院副教授。

学术自由制度是现代大学公认的基本原则，是“大学的核心使命之一”。由于受不同的历史、文化传统和国家体制等因素的影响，学术自由制度的表现形式具有差异性。当今世界，德国和美国大学的学术自由制度是最为完善的，但两国大学学术自由的范围、规约机制和保障方式具有很大的差异。因此，对两国大学学术自由制度进行比较研究，对于我国高校建立现代大学制度有所裨益。

一、大学学术自由制度的渊源与内涵

大学学术自由制度渊源于西方学术发展史中的学术自由思想，其间经历了一个由个体、组织到国家 3 个不同层面的发展阶段。在个体层面上，学术自由制度首先表现为学者个人思想与言论的自由，即人的思想不应受到任何东西的限制，不仅可以超出人类的一切力量和权威，而且也被不限制在自然和实在的范围之中，学者有权通过任何媒介和不分国界地寻求、接受和传递思想，不受干涉地主张和发表个人的言论。[1] 这一层面上的学术自由可以追溯到古希腊时代的苏格拉底，他强调学者应“自由地追求一种论点，而不论其引向何方”，这是对学术自由的最早表述。[2]

在组织层面上，学术自由制度表现为一项从事学术活动的伦理原则，指专业上合格的人士在他们所胜任的学科中自由地调查、讨论、发表或教授们所认为的真理，而不必接受宗教或政治的控制和权威许可的权利。组织层面的学术自由起源于中世纪大学的学术自治传统，主要表现为在政府或教会许可的范围内，教师和学生可以自由地从事教学、研究和学习活动，大学拥有内部自治权、独立审判权、免除赋税和兵役及自由迁校等权利，大学依赖这些特权保障学术活动不受政治、宗教等社会因素的干扰。[3] 19 世纪后，以德国柏林大学的建立为标志，代表着组织层面学术自由制度的正式形成。其思想奠基者是洪堡、施莱尔·马赫和费希特 3 位哲学家。他们认为，大学学术自由制度主要包括教师教的自由和学生学的自由两个方面，强调致力于追求真理的学校必须不受所有外来的干涉。大学是以国家和民族的长远利益，以人类进步和人的完善发展，以自由探索真理为办学宗旨的，真正的科学精神远非强制所能造就，只有在精神完全自由的氛围中才有可能达成。[4]

在国家层面上，学术自由制度表现为国家和社会为学者交流思想提供制度性的保障条件。德国资产阶级革命胜利后，为了确保学术自由的真正实现，经过德国学者的共同努力，德国在历史上第一次将学术自由写入了宪法。德国 1849 年的《法兰克福宪法》和 1850 年的《普鲁士宪法》中都有“学术及其教学是自由的”的明文规定。1949 年的《德意志联邦共和国基本法》中，也有“艺术与科学、研究与教学是自由的”的相关规定。[5] 美国最初没有像德国那样将学术自由明确列为一种受宪法保护的权利。1915 年，在阿瑟·洛夫乔伊（Arthur O. Lovejoy）和杜威等学者的努力之下，美国大学教授协会成立，标志着学术自由制度得到了美国社会的承认。20 世纪下半叶，美国联邦最高法院援引联邦宪法第一修正案中公民应该享有言论自由的条文，开始介入学术自由的案件（1952 年的阿德勒案）[6]，此后，学术自由逐渐受到美国宪法的保护。至此，学术自由在文明世界中得到了普遍的认可，今天，很少有人敢于直接挑战学术自由对于大学正常行使其功能的必要性。[7]

二、德国、美国两国大学学术自由制度的异同

大学无法脱离国家和社会而独立存在，大学学术自由制度从其诞生的那一天起，就深深地打上了历史、文化传统和国家体制的烙印。从来源上说，美国大学的学术自由制度源于对德国大学模式的学习和仿效，不过由于美国特殊的历史、文化及国家体制等因素，两国的大学学术自由制度在以下几个方面具有较大的差异性。

（一）思想和言论的自由

德国和美国都是标榜民主和自由的国家，但由于大学教师的身份和地位不同，大学教师思想和言论自由的程度也不尽相同。德国大学具有国家主义的传统，大学通常都是国家机构，由州政府建立、资助和控制，私立大学相当弱小。[8] 大学教师一旦获得了教授（终身教授或讲座教授）资格，就成了国家的公务员。而在德国的政治传统中，特别强调公务员对国家的义务。1953 年的《德国联邦公务员法》和 1957 年的《德国联邦公务员基准法》中规定，公务员要为整个国家服务，须不偏不倚、公正地履行职责。公务员在业余时间，不可发表偏激的言论，如批评长官、社会政策等；不允许参与政治活动；不允许罢工；对于宗教信仰和各种社会问题，不能随便发表个人见解，更不能发表蓄意的煽动言论，或作演讲使第三人听闻自己的见解。这些规定使德国大学教师必须时刻注意自己的职位对大众的影响，以及由职务身份所产生的各种义务，相应的言行必须加以节制和保守。

与德国不同的是，美国的私立大学众多，除少数公立大学之外，大学教师与政府之间不具有行政隶属关系，与大学之间也仅是雇佣和被雇佣的契约关系，因此，他们在校外的思想和言论自由要比德国大学教师大得多。不过，这一特点并非源于大学教师从事学术活动的特权，而是源于美国社会对思想、言论自由的高度尊重，以及法律的特别保护。[9] 成立于 1915 年的以保护学术自由为宗旨的美国

大学教授协会是最典型的标志，而德国直到1985年的公务员法中才规定了公务员具有结社的自由。美国大学教师基本上都积极关注和热心从事政治、社会等公共事务，尤其关注各种社会问题，热衷于对社会热点问题发表专业性的见解。值得一提的是，20世纪60年代，美国大学校园中爆发的大规模反对越战、种族歧视等运动中，大学教授扮演了重要的角色。这也使日后大学教师的思想、言论自由和职业道德之间的矛盾成为美国学术自由争论的焦点。

（二）教学与研究的自由

在学校内部，德国和美国大学均十分重视和保障大学教师教学与研究的自由，不过在具体的学术活动中，自由的程度和范围是不同的。由于秉承中世纪大学学术自治的传统，加之受启蒙运动思想的影响，以及洪堡、施莱尔·马赫和费希特等新人文主义者的不断扩充和发展，学术自由的传统一直深入人心。德国大学的基层学术组织（研究所和讲座）在大学中处于半独立的状态，人、财、物等权力主要由负责研究所工作和讲座的教授掌握，这虽然使得教授的“一元化”权力优势比较明显，但其对教授教学和研究自由的保障作用也比较突出。在教学上，德国大学教授基本上不受任何权威的限制，任何人、任何部门均无权过问教授的教学内容和教学方式。教授教学的真理性，只接受理智和事实的检验，除此以外不受任何限制。[10] 在研究上，德国“大学教师在多数研究领域享有绝对的研究自由，在自然科学、医学、数学以及哲学领域，任何人也不要妄想强加积极的或消极的指令。只有当科学研究涉及宗教、政治以及社会事务时，自由才偶尔受到一点限制”[11]。

与德国大学相比，由于缺少（或者说没有）学术自治的传统，加之美国社会奉行制约与平衡（check and balance）的理念，使得美国大学教师教学与研究自由的程度相对较低。美国大学的人、财、物等权力主要掌握在董事会及其代理人的手中，作为出资人的政府、教会、校友、捐赠人、学生家长，以及作为行政管理机构的大学的校长、院长、系主任等，都能对大学教师的教学和研究自由起到制衡的作用。在教学上，大学的学科、专业和课程安排主要源于社会需要（现实的或未来的），教师只能讲授学生培养计划中所规定的课程，授课的内容和方法虽然比较灵活，但是课程结束之后，要接受大学教学管理部门的考核，尤其是学生对课程的评价起着非常重要的作用[12]，而在德国，这些环节仅是通过学生选课来实现的。在科学研究上，与德国大学讲座和研究所拥有来自政府稳定的资金支持不同，美国大学的研究资金来自政府、企业和社会的多元投入，这些资金往往由持不同学术或政治观点的学者、官员或机构所控制，能否获得资助不完全取决于追求创造的探索精神，满足资金提供者的要求，也是需要重点考虑的问题。同时，大学里的实验室和研究设备必须得到管理部门的许可方能使用。因此，在美国大学里，如同德国大学教授一样，自由的研究工作实际上是不存在的。

（三）学术自由的规约机制

德国和美国大学都将学术自由作为大学的核心制度加以保护，但同时也都特别重视对不端学术行为的惩戒，不过二者的具体形式有所不同，德国比较强调使用法律手段进行规制，而美国则相对重视使用职业道德进行规范。德国马普学会于 1997 年 11 月 4 日通过的《关于提倡良好科学实践和处理涉嫌学术不端案件的指南》，被绝大多数德国高校所采用。该指南强调，科研人员不能伪造、修改数据，不能出现剽窃、欺诈行为，更不能强行占有他人（包括自己学生）的成果。同时，该指南还对一些不端行为与适用法律进行了介绍，规定了处罚学术不端行为的具体措施，例如，载入个人学术记录、解除职位等。2011 年 3 月 11 日，德国国防部长古滕贝格因博士毕业论文多处引用报纸和学术文章内容，未注明出处，涉嫌剽窃，拜罗伊特大学宣布取消了他的博士学位头衔，而他也不得不辞去国防部长职务。[13] 由此可见德国大学和德国社会重视学术责任的严格程度。

与德国不同，美国大学对学术规范及学术不端行为的认定没有统一的标准。2000 年 12 月 6 日，《关于不良研究行为的联邦政策》也仅是以联邦公报的形式发布。大学教授协会是一个保护学者权益的机构，不直接处罚学术不端行为。维护学术秩序主要依赖学术团体各自制定的职业道德规范，如《美国心理协会写作手册》深刻影响了无数心理学、教育学及其他社会科学领域的学者。惩处学术不端行为的工作主要由大学当局进行，美国大学一般没有具体的学术研究行为指南，但几乎所有的大学对抄袭、剽窃、捏造和篡改数据等不端行为都有非常严厉的处罚措施，这些行为一旦被认定成立（duty），当事人几乎就等于被判了学术死刑。美国大学不允许教师在课堂上把自己的观点强加给学生，对有争议的问题必须保持中立，更不能对专业领域以外的问题随意发表言论。不仅美国大学董事会以此作为阻止大学教授抨击社会秩序的依据，大学校长也以此为理由惩罚那些持不同观点的教授。另外，对有争议的问题保持中立，只能对自己专业领域内的问题发表见解的学术中立原则（academic neutrality），是美国大学教师最重要的职业守则之一。

（四）学术自由的保障方式

经济安全和职业安全是学术自由制度的重要保障，德国和美国的大学均建立了以聘任制为核心的职业安全保障制度。二者的不同之处在于：德国将大学教授纳入了国家公务员体系，而美国则建立了大学教师终身职位制度（tenure）。德国的教授（终身教授或讲座教授）是经文化教育部批准的国家公务员，大学无论是遇到经济还是其他问题，如学科专业被取消或调整，教授都享有严格的工作保障，大学无权解雇国家聘用的教授。1976 年，德国的《高等学校总纲法》规定：高等学校或高等教育设施如果解散，或与其他高等学校合并，或者研究方向或专业方向全部或部分取消或并入其他高等学校，可以在征得教授本人同意的情况下，平级派遣和调任到其他高等学校。这种国家授予的职业安全，使得大学教授几乎完全没有任何后顾之忧。不过，由于讲座数量极少，加之大学禁止内部晋升，使得德国大学教授的聘任标准极其严苛。正如马克思·韦伯所说："德国大学教师的职业一般是以拥有财富为先决条件的……如果没有资金作后盾而使自己置身于大学职业的环境中，那是非常荒谬的……学术生涯是一场鲁莽的赌博。"[14]

美国大学的终身职位教授不属于国家公务员，但是，根据美国大学教授协会与美国大学协会共同签署的《学术自由与终身教职的原则声明》，大学除非遇到严重的财政困难或有其他充足的理由，否则终身职位教师直到退休为止不得随意被解雇。同时，终身职位教师退休的决定权也掌握在教师个人手中。1994 年，美国法院根据国会在 1987 年通过的《雇佣中的年龄歧视法》中的补充案规定，判定高校不得强迫教授退休。虽然美国大学终身教职的数量远多于德国大学的讲座，同时，大学也允许内部晋升，但是获得终身教职资格（tenured）同样不易，一般一名全职教师在一所大学里最多受聘 6 年，两个聘期之后就要申请终身职位，如未能获准，那么一年之后就要另谋职业。每年成千上万的美国大学教师都在申请终身职位，但是只有小部分人能够成功。近年来，终身职位制度受到了严峻的挑战，佛罗里达州、亚利桑那州等的大学开始实行终身职位后评审制度，一些其他州的大学也开始纷纷减少终身职位教师的比例。

三、结论与启示

大学学术自由制度经历了一个由学者个人思想言论自由，到学术组织内部教学和研究不受干扰，再到国家和社会对学者生产和交流思想提供制度保障的发展过程。在这一发展过程中，由于受不同的历史、文化传统和国家体制的影响，德国和美国大学学术自由制度的具体表现形式有所不同。相比较而言，美国大学教师校外思想言论自由的程度较高，而德国大学教师校内教学与研究自由的程度较高。两国大学在强调学术自由的同时，也重视惩罚学术不端行为，德国大学强调使用法律手段进行规制，美国大学重视使用职业道德进行规范。两国大学为保证学术自由能够得以实现，都建立了保障大学教师经济和职业安全的制度安排，德国将大学教授纳入了国家公务员体系，美国则建立了大学教师终身职位制度。通过比较，我们得到了如下启示。

1）学术自由制度建设是现代大学制度建设的核心任务。现代大学的产生、发展和繁荣与学术自由制度密不可分，没有学术自由制度，大学的生命力终将会走向枯竭。德国大学的繁荣及后来美国大学的兴盛，其根本的原因就是两国大学都把学术自由制度作为大学制度建设的核心任务，我国大学制度建设的当务之急就是要确立学术自由制度建设的核心地位。

2）学术自由制度中包含惩罚学术不端行为的学术责任的内容。没有无责任的自由，学术自由是相对的。德国和美国大学一方面为大学教师的学术自由提供了经济和职业安全的保障，但另一方面也对学术自由进行了严格的限制。大学教师拥有自由从事知识生产、传播的权利，但同时也要对不端的学术行为及不负责的思想和言论负责。

3）学术自由制度建设应与我国历史、文化传统和国家体制相适应。学术自由的理念一致，但受历史、文化和国家体制的制约，学术自由制度的具体形式存在差异性。美国大学的学术自由制度源于对德国大学模式的仿效和学习，但在发展的过程中，由于注入了美国历史、文化和国家体制的因素，形成了具有美国特色的学术自由制度。我国具有不同于西方国家的历史、文化传统和国家体制，这就决定了我国大学的学术自由制度建设应该更多地体现出中国特色。

参考文献

[1] 大卫·休谟. 人类理智研究 [M]. 吕大吉，译. 北京：商务印书馆，1999：12.

[2] 张树栋. 古希腊著名哲学家苏格拉底 [M]. 北京：商务印书馆，1986：14-18.

[3] 肖海涛. 论大学的学术责任与学术自由 [J]. 高等教育研究，2000，(6)：97-99.

[4] 林峰. 中西方学术自由的历史演进与启示 [J]. 当代教育论坛（宏观教育研究），2007，(7)：134-136.

[5] 周志宏. 学术自由与大学法 [M]. 台北：蔚理法律出版社，1989：6.

[6] Vacca R S，William W C. Law and Education：Contemporary Issues and Court Decisions (6th edition) [M]. New York：Matthew Bender & Co.，2003：229.

[7] Gerber L G. Inextricably linked：shared governance and academic freedom [J]. Academe，2001，(3)：22-24.

[8] 鲁道夫·施迪希伟. 德国大学的制度结构 [J]. 北京大学教育评论，2010，(3)：40-50.

[9] 李子江. 美国大学学术自由的特色 [J]. 比较教育研究，2005，(6)：1-6.

[10] 陈洪捷. 德国古典大学观及其对中国的影响 [M]. 北京：北京大学出版社，2002：51.

[11] Paulsem F，Elwang W W，Thilly F. The German University and University study [M]. New York：C. Scribner's Sons，1906：227-229.

[12] 饶燕婷. 美国大学学生评教的影响因素研究述评 [J]. 比较教育研究，2009，(8)：36-40.

[13] 乌里希·施纳贝尔. 从古滕贝格事件看德国学术打假 [N]. 胡怡红，译. 时代周报. 2011-3-3.

[14] 马克思·韦伯. 社会科学方法论 [M]. 杨富斌，译. 北京：华夏出版社，1999：2.

太弱的学术治理或太强的垂直控制？
——俄罗斯大学的案例[①]

Yaroslav Kuzminov　Maria Yudkevich[②]

（俄罗斯国立研究大学高级经济学院　俄罗斯　莫斯科　101000）

摘　要　在本文中，我们讨论了当前俄罗斯大学治理模式的主要特征，讨论了国家和大学及大学的不同主体之间的权力分配模式和结构。尤其是我们解释了俄罗斯高等教育机构中垂直管理模式主导的起源与后果，也注意到了学术控制相对较弱的原因。笔者以俄罗斯国立研究大学经济学高级学院为案例进行分析。该大学近来实施了重大的治理模式改革，我们分析了这种改革的主要原则和挑战、学术文化的角色，分析了这种更加突出学术治理的控制和分配机制。以该案例为起点，我们也讨论了建设世界一流大学应采取的一些必要措施。

关键词　大学治理；教师聘任；学术文化；世界一流大学

---

① 基金项目：本文系 2014 年教育部哲学社会科学研究重大课题攻关项目“高校内部权力运行制约和监督体系研究”（14JZD051）的研究成果。

② 作者简介：Yaroslav Kuzminov，俄罗斯国立研究大学高级经济学院校长；Maria Yudkevich，俄罗斯国立研究大学高级经济学院副校长。

一、引言

世界上并不存在一种理想的大学治理模式。的确，现存大学治理模式的多样性并不体现大学实践的无效率，而是基于不同国家的大学任务、办学水平及社会环境的差异。因此，治理模式的选择是与大学追求的目标及其所面临的约束相关联的。一旦目标改变或机构环境发生变化，大学就不得不调整其治理模式。在调整模式时，大学必须考虑学术文化，以及行政的和学术控制系统中权力之间的合理分配。例如，当学术市场弱小、学术流动性低时，治理模式就呈现出较强的垂直控制，并阻碍学术活动的横向流动。随着竞争和流动性的增加，学术控制开始在大学决策中扮演越来越重要的角色。

二、俄罗斯高等教育系统的大学治理概况

现在俄罗斯高等教育系统包括 548 所公立机构和 402 所私立机构，以及 1300 余所相关的地区分校（其中 2/3 归属于公立机构，1/3 归属于私立机构）。当前，公立大学的教师总数约 30 万人。私立大学大多是提供普及型大众教育的教学型机构（往往拥有很少的核心教师，而更多地聘用其他学校的兼职教师）。在本文中，我们将集中研究公立大学。

理解大学与研究院的划分，是了解俄罗斯高等教育系统逻辑的重要内容之一。的确，这种大学和研究院之间的界线是长期存在的，基础研究几乎都是在研究院开展的（类似的职能划分方式也存在于法国和印度的教育系统）。科学院能够提供研究生专业教育，但一般来说，它们没有学士或硕士项目。在俄罗斯，基础研究资金大多分配给科学院这样的机构，仅有很少的大学能获得国家的基础研究资金。因而，大多数高等教育机构都属于明显的教学主导型。根据有关变化的学术职业（changing academic profession，CAP）的调查，俄罗斯高等教育机构中超过 60%的教师主要对教学感兴趣或倾向于教学[1]，教师的这种偏好比例在下列开展 CAP 调查的国家和地区中是较高的（图 1）。

因此，（大学的职能）基于教学的这种逻辑不仅用于大学从政府获得的计划性资源，而且用于检测和控制大学的经费开支和组织效率。数量最多的机构——刚超过所有公立高等教育机构的一半——隶属于教育和科学部。另外，还有 22 个其他中央部委在其管辖范围内拥有高等教育机构。其中，拥有最多高等教育机构的主要有农业部、健康和社会发展部、文化部、运输部、运动和旅游部。

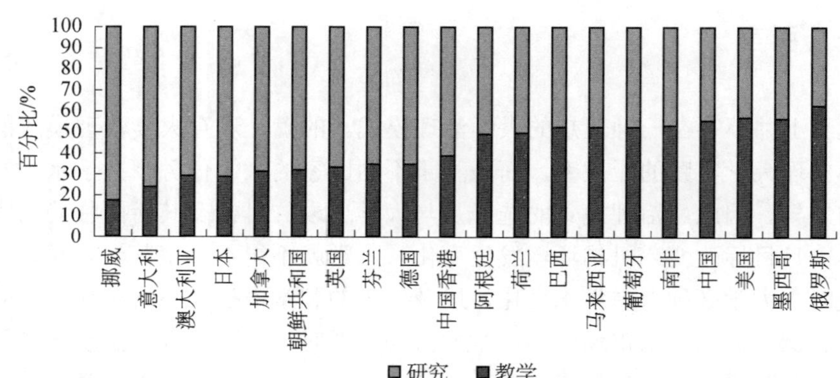

图1　教师对于教学和研究的偏好

图中的中国指除香港外的其他地区

对于大多数公立高等教育机构而言，其运行模式和财务状况、绩效呈现出对国家财政支持的强烈依赖。通常，大学财政资源的重要份额来自于国家的生均拨款，完全用于教育项目的运行。国家（通过相应的部委）对大学实施严密的控制，包括每年的招生、财政分配和课程设置等。

因此，部委与大学及其附属机构之间的这种家长模式的结果是，大学一般来说拥有很少的学术权力和极小的空间来确定其学术任务与发展方式。另外，国家优先项目的任何转变对公立大学都会有直接的影响，因为公立大学在财政和组织上都严重依赖于国家的决策和政策。例如，近年来国家对科研绩效的重视，使大学开始引进新的薪酬结构，并重新考虑聘用教师的合同条件。

另一个具体例子，也是本文涉及的重要问题，俄罗斯的全球卓越计划目标是遴选几所大学，支持他们致力于发展为世界一流大学。国家通过强制力确定资金分配计划，引导大学努力达到资金规定的目标，但是缺乏战略的多样性。

本文的结构如下：首先，讨论俄罗斯大学组织的宏观基础，然后解释这种系统在教学和研究绩效上的影响，以及这些组织中学术文化和真实的权力分配。接着，描述国立研究型高级经济学院（National Research University Higher School of Economics，HSE）案例及其近年来的结构化改革。最后，以HSE案例作为起点，讨论俄罗斯治理模式中阻碍教学和研究绩效动态提升的要素，以及那些想要成为世界一流大学的国立大学应采取的必要措施。

三、俄罗斯高等教育机构的治理模式

俄罗斯大学的治理模式在很大程度上是由大学与国家之间的关系类型（正如上文所描述的）而确定的，也是由大学必须运行的机构条件而决定的。其中，学术流动性低、学术市场弱、广泛的近亲繁殖，是值得关注的重要特征。[2]

由于大学水平中教学任务的普遍性，大学教职人员（faculty）往往被聘任为"教师"（teachers）（faculty 的俄文单词——prepodavatel——意思为 teacher）。在大多数情况下，聘任的决策是基于所教授课程的教学需求来衡量候选人的能力。研究绩效变得更重要，研究资历（如出版物的数量等）也被考虑，但在大多数情况下，这些被认为是聘任的附加条件（binding constraint），而非预定目标（target goal）。

大学教职被分在不同的讲席（chairs）。俄罗斯的讲席（类似于德国和日本模式，但与德国大学中一个讲席可能拥有多位教授的情况并不完全相同）形成于狭窄的学科分支领域，基本的单位是协调教学和教职生活。讲席执行两个重要的功能：首先，每一个讲席负责其领域的课程。其次，教职席位也负责教职聘任和晋升（在确保相关课程的教学背景下）。在一个组织单位中，这两种功能的结合对整个讲席（或者说学系——译者注）的激励和绩效具有重要的影响。因此，每一个学系的目标是控制一个较大的课程范围，本学系可聘任教职以增加更多可教授的课程。毫无疑问，更多的课程意味着本学系拥有更多的职位，反过来意味着学系拥有更多的权力，尤其是讲席领导（chair heads）。结果，教学体系中往往被刻意增加过多的课程，有些课程对于学生而言并非必要，但自从它们提供了教学工作量后就在教学项目中被保存下来，这是特别教职成员聘任的基本原理。这些教职成为更高级的教师，他们为本大学工作的时间越长，那么学系就越难挑战其科目在课程体系中的存在。

另一个影响更直接地与教职聘任有关。教职合同有其周期性和时效（这是由国家规定的），可能是 1 年、3 年或 5 年。当合同将要终止时，大学需要开放空缺职位，以便当前教职成员和其他候选人（包括外校人员）可以申请。俄罗斯大学系统是以较高的近亲繁殖和较低的学术流动性为特征的，因而在大多数情况下，并不存在职位的真实竞争，合同往往会与这些职位的已占有者自动延续。另外，因为讲席领导负责聘任，很乐意保持当前各个讲席成员，他不会通过额外的努力来吸引外来的候选人。通常情况下，他会这样做，除非是对于那些与学系存在冲突而他想要解聘的教职员工。

除了这些明显的影响，还有一个涉及垂直和水平控制之间权力的分配。的确，正如任何的学术组织，两个控制系统都存在于大学中：一个是等级组织控制系统，与组织的阶层和组织中的权力相联系。在这个系统中，讲座领导比其他副教授拥有更多的权力，副教授依次比助教拥有更多的权力。另一个是学术控制系统，是由任何特定的大学在学术市场中的根基所产生的。在这个系统中，重要的是个人的学术等级而不是组织的等级（无论这人拥有多好的研究绩效，或者他在重要的学术组织中担任领导等)。这个系统也在不同的大学中控制学术人群。表 1 显示了外界学术社团的控制并不重要，而来自于直接组织单位的控制非常重要（表 1)。

表 1　谁评价教职的教学和研究？　　单位：人

项目	教学		研究		*N*	
	1992 年	2012 年	1992 年	2012 年	1992 年	2012 年
你的部门或单位同事	20	84	15	59	437	603
你的部门或单位的领导	47	80	25	75	437	655
本机构其他部门或单位的成员	9	40	8	53	437	340
本机构的高级行政职员	13	58	10	51	437	525
你的同学	40	86	2	18	437	460
外界的评论者	3	25	24	77	437	342

通常，我们讨论较强的垂直（行政）控制和较弱的水平（学术）控制。这种权力分配在很大程度上是由国家学术市场的衰弱和机构之间教职流动性低而造成的。结果，人们在全球学术系统中的职位投入相对较少，而宁愿投入地方性的专有资产。为了在阶层上得到晋升，他们需要对讲座活动投入更多的精力，以在讲座中获得控制权。因此，其在教学和行政职责上会比在研究上花费更多的投入（因为前者在大学中能得到更多重视和展示度，后者在市场中更明显而对于所在大学并不明确)。现存的治理模式也呈现出相当低的决策参与度（表 2)。

表 2　教职成员在决策中的个人影响评价　　单位：%

项目	在部门水平		在学院水平		在学校水平	
	1992 年	2012 年	1992 年	2012 年	1992 年	2012 年
非常有影响	31	23	8	10	3	7
有一些影响	41	37	35	25	19	12
很少的影响	22	32	27	33	25	23
完全没有影响	6	8	30	32	53	59
总计	100	100	100	100	100	100
N	413	657	401	641	388	622

注：问题：从个人角度而言，你在帮助形成主要的学术政策中发挥了怎样的作用

四、HSE 案例

我们现在来检验 HSE 最近所实施的重要的治理变革，这是对其内部目标和外部约束变化的一种回应。

（一）简洁的历史

HSE 现在是俄罗斯最大的社会科学和经济学研究中心，并仍在努力提高其在人文和硬科学上的学术地位。该中心建立于 1992 年，是一个新的高等教育专业机构（最初仅集中于经济学）。现在，HSE 拥有 4 所校园，其中主校区位于莫斯科，3 个地方分校分别在圣彼得堡、诺夫哥罗德、彼尔姆，分别建立于 1996—1998 年。HSE 拥有学士、硕士和高级研究生项目。截至 2015—2016 年，HSE 约有 2.5 万学生（最大的校区在莫斯科，超过 1.6 万学生），1700 位教师和研究人员（更多的信息和关于 HSE 的历史请参考相关资料[3][4]）。HSE 拥有多样化的经费来源（包括学费、市场中获得的咨询收入），其预算大部分是来自于国家对各层次学生教育的生均拨款和对 HSE 基础研究的定向科研经费。其最初以教学型机构开始，然后开始更加强调科学研究。在第一个阶段，研究被认为是良好教学的重要因素，因而给予教职提高研究绩效的激励，使他们参与研究活动。然后，研究本身开始受到重视。现在，研究是大学绩效的重要部分。

在过去 10 年里，标准的治理模式与许多支持教职参与研究的政策相辅相成（如对他们自身的人力资本提供优惠条件——学术写作课程、方法技能等，而且激励研究绩效——出版物奖励等）。这些政策是基于竞争性提出的，直接面向教职成员个体。这种对个体直接提供的支持确保了英才教育和透明性，即不允许个人关系和地位干预及影响决策。同时，它也使系统主任对教职绩效承担较少的责任（因为他们不控制这些支持教职的资源和决策）。这也就意味着，除了其他后果之外，当这种激烈的变革需要被调动时，当前的模式对系主任并没有吸引力，因为其影响教职决策的途径受到限制，对首席领导聘任和晋升决策的影响也受到限制。

（二）新的挑战

尽管 HSE 是已确立的全国教学机构的领导者、研究中心和分析智囊团，但它仍然不具有明显的国际知名度，于是 HSE 开始尝试提高其在全球学术市场中对学者、资方和潜在学生的影响。2015 年，HSE 成为新的俄罗斯卓越计划的 15 所大学之一。这个计划对这 15 所大学提供定向的支持，以推动其进行快速的变革（包括治理模式的变革），提高绩效并成为世界一流大学。绩效上快速变革的需求，也产生了提高生产力的要求（提高当前教职的绩效，带来新的、更高的生产力）。

五、为什么现存模式在新的挑战下是没有效率的？

在新的条件和挑战下，现存模式变得不再有效率。的确，正如我们上文所讨论的，当前模式保持着教职团体的稳定性，并不欢迎教师职位的竞争和帮助当前教师团体自身的再生产。即使是公开选拔教师职位，大多数情况下，也只是现存合同的延续。由于首席领导实际上负责聘任，其倾向于这些教师成员能继续教授课程，而讲座负责的是课程。即使首席领导寻找潜在的候选人，要求他们申请空缺职位，但是他并非感兴趣于职位的真正竞争（因为他通常邀请那些其认识和想要的教职）。

（一）新模式

鉴于这些无效率和现存的目标，新的治理模式已被 HSE 引进，首先在经济学部试点实施，然后在试点后开始覆盖其他院系。

新的模式认为，讲席不再协调不同的单位，其主要责任被转移到其他机构。首先，创设学部，现在负责教职聘任。学部通常比讲席更大（如微观经济学、宏观经济学、劳动经济学等系合并为经济学理论系），学系不再是一个很狭窄的专业领域。另外，课程方面的决策被授权给教育项目委员会，产生于学部教职的需求。这些委员会决策课程事务，然后与学部商议想要引进哪些教学人员。

这种模式在系统中引进了市场力量，而这些以前都是基于“计划模式”而运行的。现在学部感兴趣于引进急需要的教师，同时也感兴趣于引进好的研究者，因为院长（和不同学部）的关键业绩指标（KPIs）包括了研究绩效指标。由于教育项目必须基于学生评价，因而他们不再容忍在教学上水平较弱的教职人员，而表现出对高质量教职人员的需求。

（二）实施：第一步

首先，这种新模式增加了教职聘任的灵活性，并激励了对空缺职位的竞争。如果学部或学院想要减少职位数量，那么将会建立在竞争的基础上，而不是聘任特定的人选。

治理模式的变革不仅产生于不同组织结构之间正式责任的变化，还包括学术文化的作用和该模式运行机制的价值观。的确，在新的治理模式中，教职在决策中发挥着重要的积极作用。因此，他们能够积极地参与教师职位候选人的选拔过程。另外，他们也成为运行教育项目、设计课程体系、选拔胜任教师等重要决策的理事会成员。

同时，教职成员意识到 HSE 不再存在实际上的终身教职系统，他们的每次合同不再自动地延续。因此，他们意识到自己应该更加关注如何满足大学的要求和期待，并投入更多的技能、竞争力和产出，以在全国学术市场中得到很高的评价。学系在大多数情况下依然存在，避免产生对于首席领导的紧张，不过学系失去了其主要的功能，现在只是由工作在同一具体学科专业的教职成员组成，不再产生新的主任，而且很可能在未来的变革过程中被取消。

六、结论

尽管大学治理的主导模式仅能增加部分流动性竞争，进而提升研究绩效，在动态的需求环境中产生有限的效率，但是仍要呼吁 HSE 治理的新模式。由于这种新模式会使大学中的不同主体在责任、机会和激励等方面彻底改变，因而在实施中也具有重要的挑战。这些挑战大多数与现存的学术文化和惯例有关。治理模式的变革也意味着垂直和水平控制中权力的转变。对于系统中其他的大学而言，近来的变化是：结果是更多强调研究——对大学和教职的激励都发生了变化。因此，这也导致了垂直和水平控制的权力产生变化，以及潜在治理模式产生变化。

［译者：韩梦洁］

参考文献

［1］Yudkevich M，Kozmina Y Y，Sivak E V，et al. The changing academic profession［J］. Working Papers by NRU Higher School of Economics，2013.

［2］Yudkevich M，Sivak E. Academic immobility and inbreeding in Russian universities，In M. Yudkevich，P. Altbach，L. Rumbley（eds.），Academic Inbreeding and Mobility in Higher Education［M］. London：Palgrave Macmillan，2015：130-155.

［3］Pavlyutkin I，Yudkevich M. The ranking game on the Russian battlefield：the case of the higher school of economics. In M. Yudkevich，P. Altbach，Rumbley R.（eds.）. The Global Academics Rankings Game. Changing Institutional Policy，Practice and Academic Life［C］. London：Routledge，Taylor & Francis Group，2016.

［4］Froumin I. Establishing a new research university：the higher school of economics，the Russian federation. In P. G. Altbach，J. Salmi（eds.），The Road to Academic Excellence：The Making of World-Class Research Universities［R］. 2011：293-321.

欧洲大学自治[①]

Thomas Estermann[②]

（欧洲大学协会治理、资金与公共政策发展中心　比利时　布鲁塞尔　1040）

摘　要　欧洲许多国家政府都意识到，扩大大学自治是21世纪高等教育现代化的关键一步。欧洲大学协会（European University Association，EUA）通过大量的研究和利益相关者的讨论、会议，监控和分析了自治的发展、影响及治理改革。依据研究，欧洲大学自治Ⅱ——EUA记分卡（scorecard），提供了来自欧洲29个高等教育系统的高校自治数据，使大学实践者和政策制定者能更有效地比较这些高等教育系统。记分卡根据自治的程度对高等教育系统进行排序和评估，以帮助提升高等教育系统。本文在探究大学为何需要自治，并提供当前欧洲在组织、财政、人事和学术的自治趋势概览后，简要地描述了高等教育系统在这4个方面自治的进展；具体地关注不同系统中治理结构的不同类型，通过案例阐明是谁参与欧洲大学治理，哪些问责程序是适当的；最后提出确保机构充分发挥其自治潜力的主要建议。

关键词　欧洲大学协会；大学自治；记分卡

① 基金项目：本文系2014年教育部哲学社会科学研究重大课题攻关项目“高校内部权力运行制约和监督体系研究”（14JZD051）的研究成果。

② 作者简介：Thomas Estermann，欧洲大学协会治理、资金与公共政策发展中心主任。

一、引言

为了确保大学实践者和监管当局以一种富有成效的方式对欧洲各国系统进行比较，EUA 自 2007 年开始搜集大量关于大学自治的数据，并于 2009 年出版了报告《欧洲大学 I 的自治》。该研究比较了 34 个欧洲国家，并分析了自治在 4 个主要领域的 30 多个不同的指标。其包括组织上的自治（包括学术的、行政的结构、领导和治理）、财政上的自治（包括筹集资金的能力、拥有建筑物和借债）、人事上的自治（包括独立聘任的能力、提升和发展学术和非学术人员）和学术上的自治（包括研究领域、学生人数、学生选举及学位结构和内容）。

在第一次研究之后，EUA 开发了“自治记分卡”，以收集、比较和权衡大学自治数据。自治指标的核心题目涉及机构层面上的自由，因而能够提供更有效的关于大学自治的国家政策基准测试，以推进经验交流。考虑到欧洲大学法律框架的不断改进，EUA 当前正在开展对自治记分卡的全面更新，相关数据和分析已于 2016 年出版。

二、大学自治

（一）关于大学自治的研究

许多研究致力于推进机构自治的概念基础。[1][2][3] 近来的更多自治研究是关于高等教育机构和国家质检关系的案例[4][5]，或者关于高等教育机构与其他监管机构（往往是拨款机构）[6]、学术自由[7][8]、问责措施的变化[9]，以及特定的政治和历史背景下大学自治的概念[10][11][12]。

自治作为管制高等教育领域的一个重要方面，经常出现在欧洲委员会支持的高等教育治理和管理研究中。[13]该研究是关于 33 个国家高等教育治理的相关政策变化和国家高等教育资助之间的关系。

（二）专业概念

欧洲国家关于机构自治的概念和术语有很大差异。有大量的关于本课题的文献提出了许多不同的大学自治的概念。[14][15]

欧洲大学的运行状况和规则是以高度多样性为特征的。这种多样性反映了用多样的方法探索自治和问责之间的平衡，以回应社会的需求和高等教育公共问责的变化。的确，国家和高等教育机构之间的关系，呈现出多样化特点。但是需要强调的是，理想的或通用的模式是不存在的。因此，本文中的“机构自治”是指国家和大学之间不断变化的关系，以及公共权威实施控制的不同程度，这依赖于特定国家的背景与环境。

（三）为什么大学需要自治？

机构自治对于现代大学是重要的，这是欧洲利益相关者之间达成的共识。尽管这种观点在各种研究中被经验性地证实，但自治本身并未受到足够的关注。虽然机构自治是使大学能够以最佳可能的方式达到其目标的重要前提，但是其他因素对于确保真正的成功也同样必要。

首先，大学自治和绩效之间的关系被广泛讨论。例如，Aghion 等在《更高的愿望：改革欧洲大学的议程》中分析了绩效排行、自治状态和公共资助水平之间的关系。他们发现，"较高绩效的国家典型地享受一定程度的自治，或是聘用或是工资薪酬设置"，"预算自治的述评和研究是正相关的"[16]。

其次，自治有助于提高质量标准。EUA 趋势研究 IV 发现，"有明确的证据表明，机构内部质量的提高与机构自治的程度是直接相关的"。《EUA 趋势研究 2010》也证明了这种相关性。

再次，自治与大学吸收额外资金的能力之间存在关联。EUA 的《财政可持续的大学 Ⅱ：欧洲大学多样化收入流》发现，大学创造额外收入的能力与机构运行时规则框架中自治的程度有关。这种关系是由自治的所有维度确定的，包括组织的、财政的、人事的和学术的。数据表明，财政自治与大学吸引额外资金来源的关系是最密切的。人事自治，尤其是对学术和管理人员的聘用和薪酬水平确定的自由，也被发现与收入多样化的关系是呈正相关的。

最后，通过规避对特定资金提供者过分依赖的风险，多样化收入反过来可能会进一步提升机构自治。

应该注意到，政策制定者倾向于把自治改革看作是大学现代化的重要动力。高等教育机构也认为，进一步提升大学自治是一种优先权。根据 EUA 所做的 2010 趋势研究报告，43%的大学受访者将自治改革看作是过去几十年机构发展中最重要的方面之一。

三、不同自治维度的趋势

虽然利益相关者普遍认同大学自治的重要性，但实施必要改革后的成功在欧洲存在很大差异。接下来将通过"自治记分卡"的数据，来提供大学自治 4 个方面主要趋势的概览。

1）组织自治（organizational autonomy）。政府改革会影响大学的组织自治，在一些国家，大学的法定地位发生了变化。鉴于国家立法框架的多样，不同组织形式之间是难以比较的。然而，新的法定地位通常可以从国家那里获取更大自由；而在大多数情况下，这伴随着大学治理主体中外部成员（external members）的增加。

在大多数欧洲大学，外部成员已可以作为机构领导主体的成员参与最重要的决策。该决策机构以前是不包括外部成员的，这种发展被颇有争议地讨论，尤其是政府选派的这些成员。后者往往被认为增加了对内部决策过程的影响，因此减少了机构自治。在大多数北欧国家中，大学能够自由地选举外部成员，但其中有的国家外部成员是由大学推举并由外部权威正式任命的。在大部分系统中，政府已然部分地或完全地控制外部成员的任命，尽管显著地向更小而更有效的领导机构转变，但相当大规模的领导机构仍然存在于一些系统中，尤其是地中海国家。

大多数大学自由地确定其内部学术结构，并能确立法人实体。在一些案例中，如果机构能够通过这种特定的法人实体来开展某些额外的活动，其会获得更多的自治，执行领导总是由机构自己来选择的。在一半被调查的系统中，选举需要由外部权威来确定。这大多是一种手续，尽管不是一概如此；在一些系统中，外部权威可能更多地考虑选举程序。条款几乎总是由法律所具体规定，并提供一个明确的规程或者最大适用的范围。

2）财政自治（financial autonomy）。财政自治对于达到其战略目标是重要的，这是此领域的束缚被看作是特别的限制的原因。在几乎所有国家，大学都通过整笔拨款获得其主要的公共资金，明细和支出预算现在是非常少的。尽管几乎一半的系统使用整笔拨款，但内部分配仍将受到法律的限制，使各种类别的拨款不能或很难转移资金，确保拨款对具体目标的特定用途。在几乎所有系统中，大学要接受他们为期一年的拨款，要进行长期的规划是更加困难的。

在超过一半的被调查大学中，大学能够保持顺差盈余。然而，对于剩下的部分，这种权力在持续减弱：机构或不能保持盈余，或被具体的限制所束缚。在大多数系统中，大学现在能够借款，尽管仍然存在各种限制。例如，大学可以获得有限额的、由政府授权的借款。大学仅可以在 6 个国家系统中无限制地借债。在大多数国家，大学能够拥有不动产。然而，这并非意味着机构事实上拥有其大多数建筑物。其可能会被公共或私人不动产公司所拥有，甚至那些拥有其建筑物的机构，经常要求外部授权出售或完全禁止出售。

关于学费，情况是高度复杂的。各种学生——学士、硕士和博士，以及国家/欧盟和国际学生——被区别对待。在大多数系统中，对国际/欧盟学生在本科和硕士阶段会进行不同层次的收费。然而，仅在很少的（4 个）系统中，机构可以自由地确定这些本科生的费用。对于其他方面，外部权威可以单方面地确定收费水平，或者确定一个学费上限，或与高校一起确定学生需支付的学费，多数系统（8 个）

是由大学确定硕士和博士层次的学费。

对于国际学生而言，情况是不同的。仅在 6 个系统中，大学不能对学士和硕士层次的学生收取费用。在 12 个系统中，大学能够独立地确定学士层次学费；在 13 个系统中，其能够确定硕士层次的学费。近来的改革，尤其是在一些北欧系统中，能够使大学自主地确定非欧盟学生的学费，或自由地或在外部强加的上限内。在一些案例中，学费已经被免除，大多数跟随政府的改革进行。

3）人事自治（staffing autonomy）。在人事自治方面，大学在聘用程序上获得了较大程度的自由。在大多数国家，大学拥有招聘高级学术和管理人员的自由。仅在少数国家，任命需要外部权威的确认。但是，在大多数国家，大学不完全自由地确定员工薪酬，存在很大程度的限制。虽然在一些国家大学职员（staff）的公务员身份被废除或被逐渐停止，但在许多国家中至少部分成员仍拥有公务员身份。在大多数情况下，这意味着法律规定对这些大学教职的限制比那些国家私人劳动力更严格。在一些国家，大学的权威受到规定薪酬级别的限制。

在多数被调查国家，大学对于教职工的解聘有具体的规定（除了正常的劳动力法律规定之外）。员工的晋升在 11 个国家中是自由的，在其他国家中存在一些限制。大多数是由于所有岗位的数量仍然受政府所控制。因此，晋升仅仅在上层岗位有空缺的情况下才可以进行。

4）学术自治（academic autonomy）。学术自治是最近改革中尤其是在质量保障进程中产生重大影响的一个领域。在大多数国家中，会有一些总体学术规范的制度。对具备基本资格的每个人的完全准入自由是一种例外。但是，即使在这些国家，公共资金的压力在不久的将来仍可能会改变这种状况。在其他的少数国家，一些学生与公共权威都是被共同管制的，由公共政府独自决定或由大学独自决策。在超过 1/3 的被调查国家中，学生选拔是由大学自身所决定的，在不足 1/3 的国家中，大学不可能选拔学生，或者是因为由外部权威所控制，或者是因为存在自由准入。

引进新的学位项目往往要求来自公共权威的一些形式的批准。仅 1/4 的被调查国家表示，大学能够开放学位项目而无需提前认证。在其他系统中，要想获得公共资金，大学需对其所有项目进行认证。这种情况与学士和硕士项目非常相似，而在博士项目上则存在极大的差异。

在大多数国家中，大学对于关闭项目拥有完全的权威，仅小部分系统需要与公共权威进行协商。在近 2/3 的国家中，大学能够选择教学的语言。在其他国家中，存在各种不同的限制，对于其而言，是为了吸引国际学生和教职工。在大多数国家，大学不能选择质量保障机制，仅在 5 个国家中的大学能够如此。在 1/3 的被调查系统中，大学至少能够选择质量保障机构。

四、记分卡

以下部分提供一个分数概览，是自2011年收集的大学自治记分卡数据。

第一，计分和分组。大学自治计分卡采用的计分系统是基于扣除项。大学自治的每个限制被分配一个扣除值，基于特定的规则被认为是如何限制的。分数为100%表明全面机构自治；分数为0意味着完全受外部权威所管制。在许多情况下，法律授予大学有限的自治或规定大学与政府之间的协商。例如，在一个系统中，大学可以在外部权威规定的上限内确定学费，其自治指标得分60%。

第二，大学自治计分卡采用加权分数。加权引自EUA成员全国校长会议开展的调查，因此反映了欧洲大学校长的观点。调查结果被转化为数值系统，评估每个自治维度中指标的相对重要性。为了便于比较，系统被分为4个小组：较高群组得分为81%～100%，中等高群组得分为61%～80%，中等低群组得分为41%～60%，低群组得分是在0～40%。

（一）组织自治

英国高等教育系统在所有指标上得分100%，意味着它能够在自治领域的所有方面不受国家干预而进行决策。丹麦、爱沙尼亚、芬兰、爱尔兰和北莱茵-威斯特伐利亚也在高度自治系统中处于顶端群组。在这里，大学可以自由地决定其学院和部门的结构，产生各种营利性和非营利性的法人实体。另外，顶端群组中的所有系统，其治理主体都包括外部成员。

奥地利、弗兰斯德、黑森州、拉脱维亚、立陶宛、荷兰、挪威、波兰和葡萄牙处于中等高群组中。根据确定学术结构及产生营利性和非营利性法人实体，这些国家仍然高度灵活，仅葡萄牙不能确立营利性公司。中等高群组的大多数系统在大学理事会包括外部成员，仅波兰和拉脱维亚被禁止如此做。然而，其显然在任命外部成员方面享受较少的自由，因为外部成员往往部分是由外部权威任命的。在中等高群组中，大学在决定行政主管的选举程序和标准上的行动自由稍微被剥夺了。相似地，几乎在所有系统中，行政领导者的任期都被法律所界定。

勃兰登堡、塞浦路斯、捷克、法国、希腊、匈牙利、爱尔兰、意大利、斯洛伐克、西班牙、瑞典和瑞士都在中等低群组。在大多数系统中，行政领导者的任命程序不能在机构层面上做决定，在大多数系统中外部机构涉及校长的解聘。在这个群组中，大学在选举其理事会外部成员时受到严格的限制。在大多数系统中，大学在其学术结构上的决定能力也受到很大限制。

卢森堡和土耳其在低自治群组中，面临组织自治的几乎所有领域的限制，仅在某种程度上保持创办法人实体的独立。具体排序和得分见表1。

（二）财政自治

爱沙尼亚、卢森堡和英国是大学高自治群组。其面临着通过一年资助周期的限制（而不是多于一年），在借债和确定学费上也有一些限制。

弗兰德斯、丹麦、匈牙利、爱尔兰、意大利、拉脱维亚、荷兰、葡萄牙、斯洛伐克和瑞士属于中高等自治群组。其能够保持盈余，收到整体性拨款（仅一些国家有较少的限制），可以拥有其建筑物（在拥有权上有所限制）。在这些国家中，确定学费的状况是不同的，该组并没有共同的特征。

奥地利、勃兰登堡、捷克、芬兰、法国、冰岛、立陶宛、北莱茵-威斯特伐利亚、挪威、波兰、西班牙、瑞典和土耳其属于中低等自治群组。在这些国家，对整体性拨款往往有更多的限制，其保留盈余、借贷和拥有建筑物的能力受到明显的束缚。

塞浦路斯、希腊和黑森州属于低自治群组，此群组在几乎所有指标上都受到限制。具体排序和得分见表2。

（三）人事自治

该类型中最大的是高自治群组，丹麦、捷克、爱沙尼亚、芬兰、爱尔兰、拉脱维亚、立陶宛、卢森堡、波兰、瑞典、瑞士和英国等被归入该组。该组的顶层仅在一两个指标上受到限制。该组顶层的较低水平包括一些系统，它们对高等教育机构施加了较多的限制。

奥地利、黑森州、匈牙利、冰岛、荷兰、北莱茵-威斯特伐利亚、挪威和葡萄牙处于中高程度自治群组。在该群组中，顶层几乎在招聘和晋升教职工上完全自治，在薪酬和解聘上存在限制。较低层级在关于教职工招聘和晋升程序上有较少的灵活性。

勃兰登堡、塞浦路斯、弗兰德斯、法国、意大利、葡萄牙、斯洛伐克、西班牙和土耳其拥有中低水平的自治，在雇用、支付、解雇和晋升人事上存在限制。

希腊是唯一人事自治水平低的国家。其机构在高等教育人事的所有方面都受到多重的限制。具体排序和得分见表3。

（四）学术自治

在学术自治方面，爱沙尼亚、芬兰、冰岛、爱尔兰、挪威和英国属于高自治群组。在语言选择或通过认证上，冰岛没有限制，其他顶层机构仅面临很少的限制，较低群组还在学生数量上受到一些限制。

奥地利、勃兰登堡、瑞士、塞浦路斯、黑森州、卢森堡、北莱茵-威斯特伐利亚、波兰、瑞典和土耳其是在中高自治群组。限制大多数应用于学生的数量。本科生项目学生的选拔是共同管制的或由外部控制的，但是大多数在硕士生项目上能够自由地确定选拔标准，在认证和质量保障上存在差异。

捷克、丹麦、匈牙利、意大利、拉脱维亚、立陶宛、荷兰、葡萄牙、斯洛伐克、西班牙和土耳其拥有中等低自治，在关于学生总体数量和招生机制的确定能力方面有各种限制。该群组的大多数国家不能选择质量保障机制和代理机构，相反，所有系统的大学都可以自由而独立地终止项目。

弗兰德斯、法国和希腊处于底层群组中，在确定总体学生人数上缺乏灵活性，在进入学位项目上受到严格的限制。此外，机构选择教学语言的能力也被剥夺，仅有学术内容设计能够不受国家干涉。具体排序和得分见表 4。

表 1　29 个高等教育系统在组织自治中的排序和得分

排序	系统	得分
1	英国	100%
2	丹麦	94%
3	芬兰	93%
4	爱沙尼亚	87%
5	北莱因-威斯特伐利亚	84%
6	爱尔兰	81%
7	葡萄牙	80%
8	奥地利	78%
	艾斯	78%
	挪威	78%
11	弗兰斯德	76%
12	立陶宛	75%
13	荷兰	69%
14	波兰	67%
15	拉脱维亚	61%
16	勃兰登堡	60%
17	法国	59%
	匈牙利	59%
19	意大利	56%
20	瑞典	55%
	西班牙	55%
	瑞士	55%
23	捷克共和国	54%
24	塞浦路斯	50%
25	冰岛	49%
26	斯洛伐克	45%
27	希腊	43%
28	土耳其	33%
29	卢森堡	31%

表 2　29 个高等教育系统在财政自治中的排序和得分

排序	系统	得分
1	卢森堡	91%
2	爱沙尼亚	90%
3	英国	89%
4	拉脱维亚	80%
5	荷兰	77%
6	匈牙利	71%
7	弗兰德斯	70%
	意大利	70%
	葡萄牙	70%
	斯洛伐克	70%
11	丹麦	69%
12	爱尔兰	66%
13	瑞士	65%
14	奥地利	59%
15	北莱因-威斯特伐利亚	58%
16	芬兰	56%
	瑞典	56%
18	西班牙	55%
19	波兰	54%
20	立陶宛	51%
21	挪威	48%
22	捷克共和国	46%
23	法国	45%
	土耳其	45%
25	勃兰登堡	44%
26	爱尔兰	43%
27	希腊	36%
28	海塞	35%
29	塞浦路斯	23%

表 3　29 个高等教育系统在人事自治中的排序和得分

排序	系统	得分
1	爱沙尼亚	100%
2	英国	96%
3	捷克共和国	95%
	瑞典	95%
	瑞士	95%
6	芬兰	92%
	拉脱维亚	92%
8	卢森堡	87%
9	丹麦	86%
10	立陶宛	83%
11	爱尔兰	82%
12	波兰	80%
13	奥地利	73%
	荷兰	73%
15	冰岛	68%
16	挪威	67%
17	匈牙利	66%
18	葡萄牙	62%
19	海塞	61%
	北莱茵-威斯特伐利亚	61%
21	土耳其	60%
22	弗兰德斯	59%
23	勃兰登堡	55%
24	斯洛伐克	54%
25	意大利	49%
26	塞浦路斯	48%
	西班牙	48%
28	法国	43%
29	希腊	14%

表 4　29 个高等教育系统在学术自治中的排序和得分

排序	系统	得分
1	爱尔兰	100%
2	挪威	97%
3	英国	94%
4	爱沙尼亚	92%
5	芬兰	90%
6	冰岛	89%
7	塞浦路斯	77%
8	卢森堡	74%
9	奥地利	72%
	瑞士	72%
11	海塞	69%
	北莱茵-威斯特伐利亚	69%
13	勃兰登堡	67%
14	瑞典	66%
15	波兰	63%
16	意大利	57%
	西班牙	57%
18	丹麦	56%
	斯洛伐克	56%
20	拉脱维亚	55%
21	葡萄牙	54%
22	捷克共和国	52%
23	荷兰	48%
24	匈牙利	47%
25	土耳其	46%
26	立陶宛	42%
27	弗兰德斯	40%
	希腊	40%
29	法国	37%

五、案例

接下来的部分将简要地描述 4 个高等教育系统的自治发展，其排列顺序通过记分卡排行。另外，选择一些案例来展示那些经历重要变革程序而朝向更自治的系统，如奥地利、高度自治的英格兰，以及芬兰和葡萄牙。这些案例也展示了欧洲大学自治的多样性。

（一）奥地利

奥地利大学自治在组织、人事和学术方面被评为中高等，在财政事务上处于中低群组的顶端。在组织方面，匈牙利大学拥有高度的自治，仅对大学理事会中外部成员的选举有限制（部分是由联邦政府任命的），校长的解聘和任期是由法律所规定的。匈牙利的大学有灵活的公共资助形式。其是少有的资助周期超过一年的几个系统之一。大学接收到一整笔拨款并持续 3 年。其可以拥有和出售不动产，尽管在实践上大多数大学所占有的建筑物都被公立不动产中介公司所拥有。机构不能决定学费的水平，这是由政府所确定的。然而，在标准的规定期间完成其学业的普通学生是不交学费的。

在奥地利，关于大学员工（employees），存在不同的契约框架。2004 年后雇用的教职员是由大学直接聘请的，他们的雇佣受制于私人劳动法。那些在 2004 年前雇佣的教职员是公务员或公共聘用人员，对他们实行的是公共部门规定。对于学术自治的最明显的限制，是关于整体学生数量和入学机制。考虑到有限的资源，自由入学体系和大学无力选拔学生被看作是主要的挑战。相反，匈牙利大学可以自由地选拔质量保障机制和供应者，这一点在欧洲并不常见。尽管开办学位项目是直接的，但是匈牙利的大学必须在绩效契约的基础上与政府部门协商。自 20 世纪 90 年代，匈牙利的机构自治明显地增加了，尤其是关于财政和人事问题。由于当前公共预算的压力，有时可以注意到，政府在努力恢复对大学事务的控制。

（二）英格兰

英格兰的大学极为自治。英格兰位列最顶层的 3 个国家之列，并在高等教育系统群组中 4 个方面都处于高位。英国的大学可以自由地决定组织自治的所有方面，包括选拔、任命、解雇和行政领导的任期、大学理事会的外部成员、创办法人实体和院系部门的内部结构。英国的大学在财政自治上是平等的。政府机关仅批准其可以进行一定程度（而不是大量的）的借贷。英国的大学必须确定本科层次学费的上限，在欧洲背景下，这很难被认为是限制性的。

关于人事自治，唯一的限制是关于高级学术人员的薪酬，一般是与工会商定的。在专业层面上，这种国家契约并不经常使用，较高的薪酬可能是由机构来自由确定的。关于学术自治，总体学生数量是与外部权威商定的。大学不能决定质量保障机制和供应者，因为其应该执行国家质量保障机构的院校认证。对于教学语言，能够自由地选择。考虑到高等教育公共资金的使用和机构自治的较高水平，大学的公共问责水平和适度的管制要求在英国正被广泛地辩论。

（三）芬兰

芬兰高等教育机构在组织、人事和学术方面拥有高度自治，而在财政上则缺少自由。因此，芬兰在高等教育系统中位于中低群组的顶层。组织自治的限制涉及选拔标准和校长任期。法律明确，候选人必须拥有博士学位，限制任期最多不超过 5 年。芬兰是少数的高校可独立选拔董事会外部成员的国家系统之一。芬兰大学享受灵活的公共资助安排，可以保持盈余和借贷。大学建筑物由不动产公司所有，反过来，大多数股份被大学掌握，高等教育机构仅能够对某些外国语言硕士项目索要学费。

尽管薪酬是与其他机构协商的，但是大学可以自由地确定人事招聘、解雇和晋升。关于学术事务中对高校自治的限制，涉及到的总体学生总数量的是由大学与政府商定的，质量保障机制是法律规定的。芬兰实行机构审计体系而非项目认证，因此最小化了官僚开支，提高了效率，并确保了高标准的教与学。大学仅能在政府部门所明确的教育职责内开办学位项目。

（四）葡萄牙

尽管葡萄牙的组织、财政和人事自治被评为中高，但是学术自治被评为中低。关于组织的自治，法律规定了与执行领导有关的选拔、任期和解聘等。外部代表必须包括在大学委员会中，但是他们可以自由地由机构来推选。另外，关于内部学术结构并无限制，但是大学仅可以创办非营利性法人实体。葡萄牙的大学接受公共资金，是以一年整体拨款的形式被分为几大类。盈余得到财政部门批准后可以被保留，大学不动产的销售必须被记入国家登记册。全国和欧盟的本科生的学费是在一个上限内确定的，但可以自由地确定其他学生群体的学费，大学贷款是不被允许的。

葡萄牙的雇佣被分为几个不同类别，并对其实行具体的规定。例如，公务员类型的员工享受特殊的免受解聘的保护，而对于非公务员工则实行普通的国家劳动规定。对于所有教授的招聘涉及员工人事认证过程，在此期间候选人的科学竞争力被评估。关于学术事务，葡萄牙的大学与政府部门共同商定全体学生人数。本科层次的入学标准是共同规定的，所有学位项目在引进之前都要经国家质量保障机构认证。然而，机构可以自由地选择所有项目的教学语言并设计学术内容。葡萄牙的大学自治近年来有所扩展，并实施了一些措施，如在理事会纳入外部成员，已产生积极的效果。另外，扩大财政自治仍然存在空间，如多年度公共资助周期。

六、治理结构

为了获得更多的自治并保障问责，大学需要拥有适当的治理结构和健康的战略管理。接下来，对欧洲大学的治理结构进行更细致的综述，诸如谁参与最重要的理事会，以及这些人员是如何选举的。

（一）理事会

治理结构有两个主要类型：二元的和一元的。在大多数欧洲系统中，大学拥有二元的结构，包括董事会（或委员会，往往会限制规模）和参议会。虽然术语是变化的，但参议会往往是一个广泛的更具有代表性的团体，包括学术群体和某些其他类别的大学教职工和学生。董事会（有时被称作委员会）在规模上较小，往往包括外部成员，在董事/委员会和参议会之间明确的分配权责。

理事会之间的责任范围和分工在高等教育系统中存在差异。在双元结构中，董事会/委员会往往负责长期的战略决定，如章程、战略计划、校长和副校长选举、预算分派等。参议会被委托处理学术事务，如课程、学位和人事晋升，参议会主要包括大学社区的内部成员。在一些情况下，参议会仅包括教授。然而，更典型的是，参议会由学术的、行政的教职员代表及学生构成。在其他国家，大学拥有一元的治理体系，其中仅一个决策机构，负责所有主要的决策，可以被看作是参议会、委员会或其他。

（二）外部成员

非大学成员的构成和任命是大学治理结构和问责的重要方面。其允许大学从具体的专业知识（财政、管理等）获益，更好地接触到社会和合作者，允许考虑免于内部利益冲突的外部视角。如果一个机构能够包括外部成员，那么选举可以由大学本身/外部权威所实施。大学治理结构包括外部成员的决策能力非常小。在大多数国家，要求大学吸纳外部成员。一般而言，机构可以自由地确立其参议会，而不包括外部成员。

理事会的外部成员以前被完全整合于决策过程中。在这方面仅有一些限制，例如，在法国，外部成员不能参与校长的选举。在双元系统中，外部成员常常被包含在董事/委员会类型的团体中。爱尔兰是唯一的一元治理系统的国家（一个参议会类型的理事会），并强制性地包含外部成员。图 1 表示欧洲的大学外部成员是如何选举的。

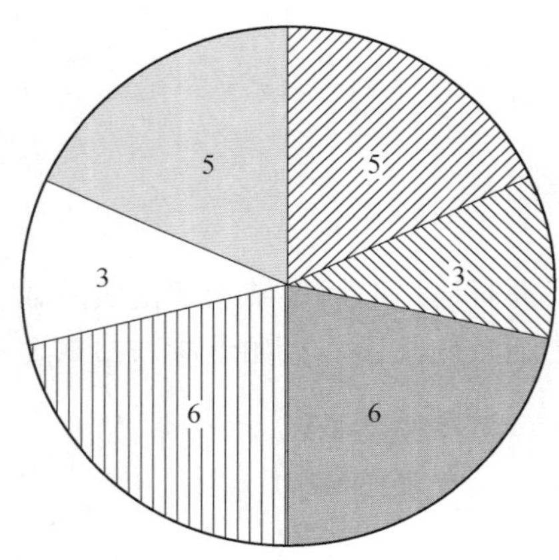

图 1　治理组织的外部成员的遴选[17]

欧洲大学的外部成员构成多样，从公共权威代表到公共部门主管、公司和基金会主管、高级教职员、其他高等教育机构或非政府机构的董事会成员，都可能成为外部成员。

七、还需要怎样增加和拓展自治?

尽管欧洲大学的机构自治普遍得到增强，但一些国家仍给予其高等教育机构太少的自治，因而限制了其绩效。财政危机的影响是深刻的：在一些情况下，以前被授予的自治减少了。在一些系统中，政府再次采用直接的控制机制，同时严苛的公共预算导致了烦琐的报告程序。公共权威需要找到通过绩效和激励政策来控制大学的方式，而不是通过极度烦琐和不恰当的报告要求来制约大学。在一些国家，对这种危机的短期回应也转变为激烈的公共资金削减，对大学施加更强的压力。虽然机构自治是紧要的，但是没有稳定而充足的大学经费的坚定承诺，其所有预期的效益都是难以获得的。

正式的自治——“纸面上的”自治——与大学实际上独立行动的能力之间，常常存在一段距离。如上面所提到的，问责措施的显著增加通常削减了大学自治，凸显了保持机构自由和适当的问责工具之间平衡的重要性。强调不同自治领域的强相关性是尤其重要的：如果大学受其财政行为自由的限制，其他自治的维度，如组织、人事和学术自治，可能也会受到严格的限制。自治改革应该采用统筹方式，考虑机构自治的所有维度。

最后，如果没有机构能力的释放和人力资源的发展，治理和自治领域的改革是不会成功的。如果大学要回应自身的新要求，那么一定要满足高效管理、领导和新技术与各领域专业技能的需要。至关重要的是，这个问题需要联动地解决，包括大学和相关公共权威。

［译者：韩梦洁］

参考文献

［1］Anderson D，Johnson R. University Autonomy in Twenty Countries［Z］. Canberra：Department of Employment，Education，Training and Youth Affairs，1998.

［2］Berdahl R. Academic freedom，autonomy and accountability in British universities［J］. Studies in Higher Education，1990，15（2）：169-180.

［3］Verhoest K，Peters B G，Bouckaert G，et al. The study of organisational autonomy：a conceptual review［J］. Public Administration and Development，2004，24（2）：101-118.

［4］Dill D. The regulation of public research universities：changes in academic competition and implications for university autonomy and accountability［J］. Higher Education Policy，2001，（14）：21-35.

［5］Ordorika I. The limits of university autonomy：power and politics at the Universidad National Autonoma de México［J］. Higher Education，2003，（46）：361-388.

［6］Kohtamki V. Financial Autonomy in Higher Education Institutions—Perspectives of Senior Management of Finnish AMK Institutions［M］. Tampere：Tampere University Press，2009.

［7］Karran T. Academic freedom in Europe：time for a Magna Charta？［J］. Higher Education Policy，2009，（22）：163-189.

［8］Romo de la Rosa A. Institutional autonomy and academic freedom：a perspective from the American Continent［J］. Higher Education Policy，2007，（20）：275-288.

［9］Salmi J. Autonomy from the state vs responsiveness to markets［J］. Higher Education Policy，2007，（20）：223-242.

［10］Felt U，Glanz M. University autonomy in Europe. Changing paradigms of higher education policy［Z］. Bologna：Magna Charta Observatory，2002.

［11］Huisman J. The Anatomy of Autonomy［J］. Higher Education Policy，2007，（20）：219-221.

［12］［13］Jongbloed B，De Boer H，Enders J，et al. Progress in Higher Education Reform Across Europe：Funding Reform［Z］. Brussels：European Commission，2010.

［14］Clark B. Creating Entrepreneurial Universities：Organizational Pathways of Transformation［M］. Oxford：Pergamon-Elsevier，1998.

［15］Sporn B. Building adaptive universities：emerging organisational forms based on experiences of European and US universities［J］. Tertiary Education and Management，2001，7（2）：121-134.

［16］Aghion P，Dewatripont M，Hoxby C，et al. Higher aspirations. An agenda for reforming European universities［Z］. Bruegel Blueprint Series V，2008.

［17］Estermann T，Bennetot-Pruvot E. Financially Sustainable Universities II. European Universities Diversifying Their Income Streams［Z］. European University Association，2011.

多校区大学治理的权力关系

——来自西方大学的实践与反思①

Ian O'Brian Austin②

（西印度大学开放校区继续和职业教育中心　巴巴多斯　万斯德）

摘　要　随着多校区数量的增加，多校区大学的治理问题也备受关注。究其本质而言，大学治理即是大学利益相关者在处理学校事务过程中所形成的权力关系。本文以西印度大学为案例，分析多校区大学治理的复杂权力关系。在这所拥有 40 余个校址和 17 个不同国家政府资助的大学中，总体上采用了类似于“联邦—州”或“联邦—省”式的“多层治理结构”，其中大学层负责整个大学的行政协调和控制等，各分校区向大学负责并作为一个自治机构以独立法人的形式而运行，其内部权力是基于平等的而非集权的关系进行配置的。值得注意的是，高等教育的善治不仅是一种结构，而且是基于民主参与的社会关系体系——存在于内部和外部关系之中。

关键词　多校区大学治理；权力关系；机构绩效

① 基金项目：本文系 2014 年教育部哲学社会科学研究重大课题攻关项目“高校内部权力运行制约和监督体系研究”（14JZD051）的研究成果。

② 作者简介：Ian O'Brian Austin，西印度大学开放校区继续和职业教育中心教授、副主任。

多校区大学已出现多年，且大量多数校区机构仍在快速地增加。尤其是在国际化的趋势中，大学期望通过增加其招生量而占有更大的市场份额。在这一背景下，多校区机构的治理备受关注，因为大学领导者都在寻求一种相对最佳或最好的治理模式。

鉴于上述情况，本文致力于探究权力关系在多校区大学内部及大学与其外在利益相关者——尤其是政府之间是如何形成和实践的？如何在保障大学自治权的同时确保大学及其学院得到管制？本文以西印度大学（University of the West Indies，UWI）作为多校区大学实践反思的案例，来加深对多校区大学治理中机构及权力分配、制约的理解。

一、治理和权力的关系

高等教育治理是一个复杂的概念，基于本文的研究问题，这里结合两种概念来构建一个更完整的框架。Gallagher 认为[1]，治理是“形成组织凝聚力、法定政策、规划和决策并说明其公正、回应能力和成本效率的关系结构”。Gayle、Tewarieh 和 White 将治理界定为权威决策内外部利益相关者重大事务的结构和过程。这两个概念从不同角度强调了要更细致地分析高等教育治理的概念内涵。如 Gallagher 的概念强调关系的结构和组织凝聚力，而 Gayle 等则表现出对权威决策的结构和过程的关注。这两个概念都表明，大学治理是大学中权力和权威、关系和组织有效性的总和。

从这个意义上而言，权力是基于内部组织政治形成的内部关系体系，或是由大学运行中资源依赖水平或类型而形成的与政府和其他利益相关者的外部关系体系。权力关系一方面根植于大学所处的高等教育传统和历史背景，另一方面根植于国家的政体结构。权力关系外部因素的一个表现是，大学在决定其自身政策过程中所拥有的自治水平和界限。这里的自治是指“大学或学院的权力……治理其自身而不受外部控制”[2]。换言之，这就是大学被授予绝对的自治与大学事务受国家和其他外部利益相关者的绝对控制之间的平衡程度。这是两个极端的光谱——绝对的自治和绝对的控制，但两者都不现实地存在着。

大学高度重视自治，而政府和外部利益相关者一般并不倡导或支持无限的自治及相应的权力。Berdahl 指出，高等教育自治具有程序性和实质性，这两种自治特征已被国家用于限制大学的自治和权力。程序上的自治“是大学或学院在其法人形式中决定其追求目标和项目方式的权力”[3]。换言之，其允许大学有权决定如何实现具体的结果。实质性的自治是“大学或学院在其法人形式中决定其自身目标和项目的权力”[4]。即是说，自治使大学有权决定应该达到怎样的具体结果。

Berdahl 论证了为什么美国大学在其国家-大学关系中被授予更多程序上的自治而较少有实质性的自治。Berdahl 回顾了较早时期学院治理较少有国家干预，大学决定了其自身的目标并决定应该如何实现。而在当前，大学在被授予更多程序自治的同时，在实质性自治上却受到限制。一般认为，这种自治变化可以推动大学在成本管理上更加审慎和更注重效率。

在大学内部，权力关系取决于等级结构和职位权力被强调的程度，以及学院民主实践的程度。一所大学越具有学院式特性，权力关系就会越分散；而越强调等级和职务权力，基于权力的关系就越强大。这些权力关系是大学内部各组织之间及大学与政府外部利益相关者之间紧张和冲突的来源。

随着大学不断经历着公众对高等教育机构角色和本质期待的变化，以及国家角色被重新定义，关于内部学术权力和行政权力之间关系的问题不断出现。学术权力和行政权力如何被制约、监管、限制、控制和监督？大学和外部利益相关者如政府之间的关系，应该如何被组织以确保乃至于提高自治水平？这些问题都与大学的治理方式相关，而多校区机构则带来了更大的复杂性。因此，接下来将探讨前文提出的权力和权威问题，并将之置于多校区大学的背景下进行分析。

二、多校区机构

根据 Dengerink[4] 的观点，多校区大学主要有两种结构类型。

一种结构是校区系统，校区受总的协调办公室统筹。协调办公室拥有一定的行政监管权，而校区则承担主要运行责任。在一些国家，这个办公室是指协调委员会或校长办公室，加利福尼亚大学系统就是这种类型。通常，这个委员会（办公室）并不监管校区的具体运行，而是负责财政、商业运行和政策等。本文中提到的西印度大学具有这类多校区结构的典型特征，副校长办公室负责总的政策调整和战略管理。

另一种结构是分校结构。这种结构不像加利福尼亚大学那样设立中心协调系统，一些较小的分校直接属于一个主校的不同分支，这些分校都处于主校的行政管控之下。多伦多大学就是这样的例子。

由于多校区大学要负责不同的地理区域，因而希望每个校区被授予一定程度的权威和权力，以使校区具备适应其所在外部环境需要的灵活性。然而，授予权威和权力的程度因校区是分校结构还是校区系统而存在差异。一所分校的权威和权力是由主校区授予的。在校区系统的多校区环境下，根据大学系统的政策，每个校区都被授予相应的权威和权力。

三、内部治理：权威和权力的结构

内部治理可被看作是指导学院和大学的运行及决策的一系列制度安排。[5]这些制度安排是由学院式共治、层级、官僚、权威和权力概念组成的。例如，层级表明了一系列垂直的关系，以及具有权力、控制和控制系统的内涵。层级表明了大学内部不同垂直层次的控制权威。这些都发生在一个官僚和学院式共存的环境中。在许多西方大学，官僚制在行政事务方面表现较强，而共治更多存在于学术事务方面。例如，学院学术部门的领导是基于领头羊或平等中首席的原则，在组织等级或控制系统中具有稍高的地位。

在特定的机构中，治理运行方式主要依赖于上述这些概念要素是如何践行的。例如，共治的实践体现了大学的文化背景，以及权力是如何在单位、部门和学院之间平等分配的。[6] Burnes 等[7]认为，相对于较平等的环境，在单位和部门之间权力分配不平等的情况下，共治是有限且较弱的。不同地理区域和不同文化下的大学之间都存在着差异。因此，权力和权威的实践在亚洲国家与美国实践的方式是不同的。

另一种对大学内部权威和权力实践的关注涉及行政和学术性部门之间关系的本质。在美国和英国的许多大学，传统上在这两种组成部分之间存在着控制权威的分担，称为“共同治理”。它意味着大学中这两个重要部分通过咨询、商议和妥协而共同作出重大决策[8]。然而，即使美国和英国大学面对管理主义和学术资本主义，也出现了从共同治理转变为加强管理者的角色而减弱教师治理角色的现象。在当前这种背景下，大学这两种部门之间的哲学思维、意识形态、价值观和目标发生了变化，形成了相互冲突和矛盾的逻辑。这些矛盾正是重构大学治理和大学内部权力结构的动力。

治理的新模式正在将权力平衡的主体转向大学的行政部门。支持这种趋势的主要观点是：传统的共同治理方式导致大学对环境条件的变化反应迟缓，而管理主义方式让大学更敏捷地回应环境条件并更高效地运行。Rhoades[9]指出，随着共同治理的式微，管理者变得更为武断、专制，自上而下地作出决策。因此，这不仅意味着教师参与治理的弱化，也可能改变总的治理文化及导致大学行政与学术部门之间关系的紧张。

成功的大学应该意识到这种相互矛盾、相互依赖、相互补充的逻辑共存。[10] Jarzabkowski[11]等主张，平衡这种逻辑共存的方式对于诸如那些跨学科专业服务组织是有益的，如高等教育。对于一种相互矛盾又彼此依赖和补充的逻辑，治理结构中两个利益主体会产生不同的回应，这种回应是利益主体思想和愿望的集合，有助于提高大学决策的质量。这种治理模式代表了更平衡的权力分配，对于学术人员和高级管理者之间关系的质量、学术工作的满意度及其参与治理等方面具有积极的意义。学术人员和管理人员之间权力结构的不平衡，可能会对主要行动者及其参与学院治理产生消极的影响。同时，这也潜在地限制了大学提高绩效的能力。

四、多校区大学的案例

（一）大学背景

本文讨论了治理的权力和权威及其实践中的限制、制约和平衡，尤其是讨论了权力和权威是如何践行的，它涉及内部治理和外部治理的关系。为此，笔者以西印度大学为例，说明这些概念在一个复杂的多校区大学环境下是如何实践的。

西印度大学是一所多校区大学，拥有 4 个大校区，位于加勒比海区说英语国家的 40 处不同场所，每个校区都是由副校长委派的校区校长（principal）领导。西印度大学的复杂性不仅在于多校区，更重要的是，它由 17 个不同国家政府所资助，并运行于这些国家的不同地点。因而，它拥有相当多样的外部利益相关者。

西印度大学最初是作为伦敦大学的学院而创建的，其治理模式源于英国高等教育传统，校区拥有较大的自治权。因此，它高度重视作为其创办大学传统的共治和自治。

西印度大学拥有多层治理结构，最主要的是大学层和校区层。类似于“联邦—州”或“联邦—省”结构——联邦政府位于上层而州级结构对联邦层负有责任。因此，西印度大学有一个围绕分校区层（较低层）而组织的多层联邦治理类型和大学层（上层）的治理机制。上层大学结构被认为是大学中心。校区对大学中心负有责任，这种大学层结构担负着整个大学的行政协调、控制和政策制定等职能。然而，尽管该中心制定政策，但每个校区都会对政策的制定和执行有所贡献（图 1）。

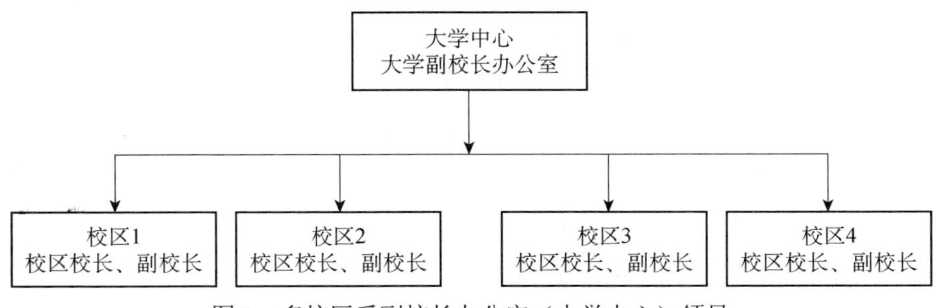

图 1　多校区受副校长办公室（大学中心）领导

校区作为一个自治机构，以独立法人的形式运行，在其被授予的广泛权力范围内管理其自身事务，接受内部和外部对其治理的制约和平衡。这些制约和平衡根植于一种治理体系之中，其结构是校区和大学两个层次运行的组织实体，诸如理事会、参议会、董事会和委员会。通过这种多层结构的运用，尤其授予大学层结构的权威。西印度大学构建了其治理体系，既委派权力和权威给每个校区，使其回应所在环境或管辖区的需要和期待，同时又对其权力和权威施加一定的限制。这些对权威和权力的限制，体现为向上级负责的义务——分校对大学中心负有责任。在接下来的部分，将讨论西印度大学的内部和外部治理，权力和权威在内部和外部利益相关者（尤其是政府）之间是如何分配的。

（二）权力和权威的结构：内部治理的运行

根据 Morgan[12] 的观点，权力是“利益冲突最终得到解决所依赖的媒介……而且，权力的内涵是正式的决策结构，由大学权威和集体组织依据法律法规而采取行动”。Ordoriko[13] 认为，大学治理的权力超越了决策的范围，而且涉及议程控制，主要依赖于大学内部个体和群体从事政治行为的文化本质。因此，做什么和谁得到什么是由控制议程的权力所有者所决定的。相似地，民主、参与和权力分配是大学内部治理运行的主要指标。[14]

西印度大学内部拥有一种基于学院共治的代表参与式民主文化，决策是通过咨询和商议的集体行为进行的。权力分配由此存在于治理结构中，如在参议会或学术董事会中，权力行使是其成员的集体行为而不是个体或部门行为。相似地，尽管尊重董事会主席、委员会和理事会来确立大学运行议题，由副校长来确定整个大学的战略议题，但也会征求大学各个层次的意见。

因此，在西印度大学，许多行为和决策都是基于共治的高参与性委员会治理体系的结果。校区和大学委员会的代表都广泛地来自机构内部的所有层次。通常，委员会既有学术界的代表也有管理界的代表，表明这是一种共同治理模式。通过委员会这一治理体系，大学形成自下而上的决策参与和议事程序。例如，在最近的治理重组中，该大学在治理方案的调整中吸收了内部多层的利益相关者的意见。

西印度大学的结构、文化、实践和传统是促使权力分散并得到更平等分配而不是集权的内部因素。例如，关于教师聘任、任命和提升的决策，都是通过一致同意或各个校区内部委员会的多数人投票的集体决策进行的。通过这些决策结构，院校成员在决策过程中拥有参与权，这代表一种确保并维持民主参与文化的结构框架，也限制了个体权力的过度集中和潜在权力的滥用。

（三）多校区大学：内部权力分配

西印度大学的一个优势是其多校区结构。因为该大学是由 17 个国家资助并服务于他们，多校区结构使其校区能够适应不同环境的需要。换言之，由于大学环境的异质性，要通过权力和权威下放使校区更有利于治理，以满足其不同地域的多样化利益相关者的需要。然而，尽管对分校进行了权力和权威的下放，但仍然要施以适当的制约和平衡，以确保分校的所有行为都符合大学总的原则、实践和战略方向。例如，在大学治理的顶端是大学理事会，但还有一个管理各校区的分校委员会，其职责是管理和控制那些目标指向分校的大学财政、投资和财产的分配。

大学理事会是由内部和外部利益相关者所组成的，外部主要来自于政府、社会和学生。尤为特别的是，理事会主席须是一个外部利益相关者，分校委员会听命于大学理事会（图 2）。因此，虽然权力和权威被分配给分校，但分校委员会有权审查权力和权威及议程，最后对大学理事会负责。这是其中的一种方式，借此对分校予以适当的监管和控制，并协调大学层和分校层行动者的权力关系。

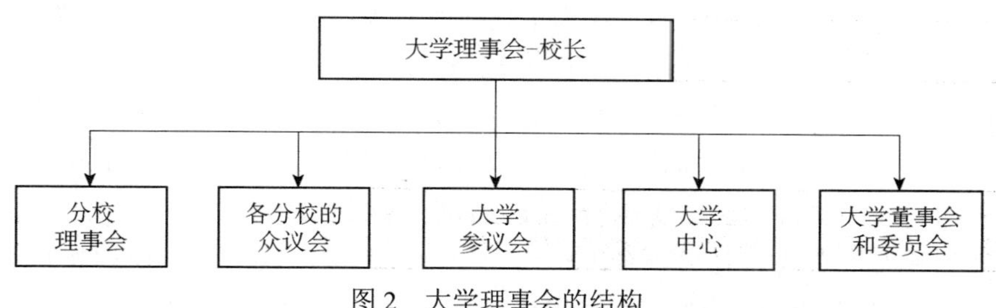

图 2　大学理事会的结构

（四）项目审批：学术控制

开发和实施学术项目是大学的主要事务之一。尽管新学术项目的审批过程是由分校层提议的，但最终的审批则是通过大学层的参议会来决定的，参议会是大学层最终负责学术项目的实体。然而，参议会授权给两个董事会——本科生研究委员会和研究生研究委员会来批准项目。这两个委员会的代表来自整个大学（图 3）。

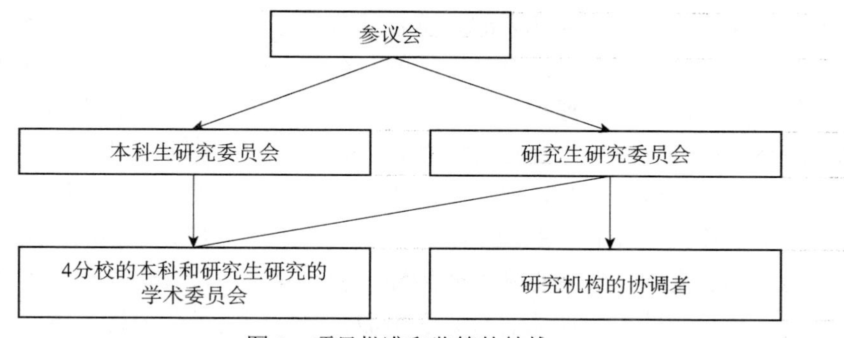

图 3　项目批准和监管的结构

值得注意的是，这些治理手段是作为代表性民主实体而运行的，符合大学成立之初的传统并形成了文化。Stinchcombe [15] 指出，存在一种“历史组织类型和现存社会结构类型之间的关联”。内部治理较少基于职务权力，更多基于民主、共治和信任。

五、其他治理措施

在一所大学中，系主任在其所在的组织中具有强大的权力，可以利用其职位破坏或偏离大学所要达到的目标。根据代理理论，如果系主任被给予无约束的权力和较少的监管，他们倾向于表现出自私的行为而非满足外部利益相关者的最佳利益。对系主任正教授的任职要求和无任期限制，会潜在地导致权力集中。因此，一个重要预防措施，是取消系主任为正教授的要求，并对系主任实行任期限制。

最近，西印度大学创建了系主任委员会。这样一个分校内部系主任讨论的协调座谈会，对于确保大学的统一战略方向而言是必要的。委员会和副校长就核心和重大的事务举行咨询和建议会议。这个委员会为副校长提供了一个与这类强大选民之间沟通的平台，同时使他们对统一战略愿景达成了共识。

规划和发展办公室是另一个大学层面的治理机构，这是大学规划和发展的战略机构。它限制分校权威者从事那些与大学总的战略方向不一致的行为，阻止个别分校的使命偏离和学术漂移。它允许每所分校在程序上拥有实施其战略性计划的余地，但也对其进行监管，以确保与大学战略愿景在实质上的一致性，由此推进大学的战略愿景。

六、外部治理和权力的关系

公立大学显然与国家、州或省级政府之间存在一种治理关系，这种关系在不同区域有所变化。例如，加拿大的各省与其大学之间的治理关系，在本质上与美国各州与其大学之间的治理关系是不同的。在美国内部，各州之间也存在明显的差异。然而，不同区域普遍相同的是，公立大学都基于合法性、正当性、复杂的行动者网络，以及政治和社会交叉的背景受制于公共治理机制 [16]。

当大学是由政府资助时，他们之间的权力关系变得更加重要，因为经费来源产生了资源依赖。Pfeffer 和 Salancik [17] 认为，权力或依赖关系存在于组织与其外部环境的行动者之间，后者正是资源的提供者。换言之，国家作为外部环境的行动者凭借大学对其的资源依赖而对大学施加权威。因为外部资源提供者对大学是关键的，因而这种权力关系及其管理显得尤为重要。大学对资源提供者依赖的程度是所需要资源的稀缺性和生存临界点的函数。[18]资源的高稀缺性和临界点导致环境拥有更大的影响力。此外，绝对的资源依赖可能会限制大学的自治。[19]因此，权力、资源依赖和自治之间是相互交织的关系。

七、西印度大学和外部权力关系

由于西印度大学是由 17 个国家所资助的，因而其治理体系构成了一个外部互动的关系网络。西印度大学和政府之间关系的本质，可以被描述为合作关系约定联盟。这是一个关系动力系统，允许大学拥有重要的运行和战略自治，而同时在治理结构的不同方面对其进行制约和平衡。政府参与治理过程既在分校层次也在大学层次，例如，政府参与资金讨论会议，诸如大学补助委员会议、财政和通用委员会议，而且通过在大学理事会中获得代表议席来参与制定重大的政策。

值得注意的是，“大学-国家”关系是西印度大学治理功能的基础。治理是基于政府和西印度大学之间的合作关系，以使两个主体之间形成一种较平衡的权力关系。大学通过有意识地与政府进行频繁的互动而加强两者的关系。因此，反复的协商和凝聚力的增强[20]，解释了西印度大学内外部环境中所发生的互动。与外部利益相关者进行往复的互动，尤其是与政府互动，由此产生的关系凝聚力减少了双方的认识分歧和相互了解的不确定性。

根据代理理论[21]，大学共享更多的信息会减少双方的信息不对称。换言之，双方拥有更相似信息的可能性会增加。关系凝聚力和信息共享可导致更多的信任和社会资本积累。通过治理过程的社会资本积累，减少了大学的机会主义行为倾向，并形成一种合作治理模式。通过这种治理模式，大学建立起与其重要的外部利益相关者之间在自我管制方面的信任，从而保持较高的自治。因此，在权衡委托代理方式和管家方式之间，大学会更倾向于管家方式。委托代理方式具有较低的信任和较高的监管，而管家方式则具有较高的信任、较低的监管，由此大学被授予更多的自治权。

尽管这种治理模式为大学提供了更多的灵活性，使其创新地回应其环境的需要，尤其是对于多校区大学，但是它还必须在结构上辅以确保问责的治理机制。一种可采用的方式是基于产出的合约，这种方式让大学承担了要具体产出的责任。根据政府的期望和想要达到的产出，大学因其所达到的目标而受到奖励。这种契约方式倾向于限制大学可能出现的机会主义行为，因为它是根据政府的利益而奖励大学所达到的绩效产出。[22]

另一种机制是可以采用基于行为的方式。通过基于行为的方式，政府需要监管代理者所表现出的行为，通过使用监管机制诸如董事会、详细的汇报体系、预算体系和其他的监督措施来实现。监管机制包括政府驱动的质量保障体系和评估过程。当然，采用这两种方式相结合的模式可能会产生更好的效果。

八、结论性评议

高等教育的善治不仅是一种结构，而且是一种基于民主参与的社会关系体系，它存在于内部和外部的关系之中。这些关系必须是培育起来的，通过有意识的行为得到加强，尤其是与外部利益相关者，需要建立一种信任并提高自治。这一点是非常重要的，因为不同的利益相关者拥有不同的决策和期望（逻辑），其中有些是相互矛盾的。因此，必须灵活地设计出大学治理机制，来适应这些相互矛盾和冲突的逻辑。此外，尤其是在多校区结构的情况下，应对权力和权威在大学内部的不同层次进行广泛的分配。如果这些行为和产出与政府和其他利益相关者的期望是不一致的，应该实施合理的制约和平衡，以确保大学行动者不参与某些行为或追求某些产出。

［译者：韩梦洁］

参考文献

[1] Gallagher M. Modern University Governance—A National Perspective [C]. Paper presented at the idea of a university：enterprise or academy? Conference. Australian National University，Canberra，2001.

[2] Berdahl R O，Graham J，Piper D R. State-Wide Coordination of Higher Education [M]. Washington：American Council on Education，1971：8.

[3] Berdahl R O. University and governments in the 21st century：the US experience. In D. Braum F X，Merrien (eds.)，Towards a New Model of Governance for Universities? A Comparative View [C]. London，England：Jessica Kingsley，1999：60.

[4] Dengerink H A. Institutional Identity and Organizational Structure in Multi-Campus Universities [R]. Metropolitan Universities，2001：20-29.

[5][8][9] Austin I，Jones G A. Governance of Higher Education：Global Perspectives，Theories，and Practices [M]. New York：Routledge，2016：124，138.

[6] Chaffee E E. Rational Decision-Making in Higher Education [M]. Boulder，CO：National

Center for Higher Education Management Systems，1983：15.

[7] Burnes B，Wend P，By R T. The changing face of English universities：reinventing collegiality for the twenty-first century [J]. Studies in Higher Education，2014，(6)：905-926.

[10] Greenwood R，Raynard M，Kodeih F，et al. Institutional Complexity and Organizational responses [R]. Annals of the Academy of Management，2011：1-55.

[11] Jarzabkowski P，Smets M，Bednarek R，et al. Institutional ambidexterity：leveraging institutional complexity in practice [J]. Research in the Sociology of Organizations，39B，2013：37-61.

[12] Morgan G. Images of Organization [M]. Newbury Park，CA：Sage，2006：166.

[13] Ordorika I. Power and Politics in University Governance：Organization and Change at the Universidad National Autónoma de México [M]. New York，NY：Routledge Falmer，2003：9.

[14] Levy D C. University and the Government in Mexico：Autonomy in an Authoritarian System [M]. New York：Praeger，1980：4.

[15] Weick K. Educational organizations as loosely coupled systems [J]. Administrative Science Quarterly，1979：1-19.

[16] Kickert W J M. Public governance in the Netherlands：an alternative to Anglo-American “managerialism” [J]. Public Administration，1997：731-752.

[17] Pfeffer J，Salancik G R. The External Control of Organizations：A Resource Dependence Perspective [M]. New York：Harper and Row，2003：46-53.

[18] Hatch M J. Organization Theory：Modern Symbolic and Postmodern Perspectives [M]. Oxford：Oxford University Press，2006：82.

[19] Drees J M，Heugens P P M A R. Synthesizing and extending resource dependence theory：a meta-analysis [J]. Journal of Management，201：1666-1698.

[20] Lawler E J，Yoon J. Commitment in exchange relations：test of theory of relational cohesion [J]. American Sociological Review，1996：89-108.

[21] Jensen M C，Meckling W H. Theory of the firm：managerial behavior，agency costs and ownership structure [J]. Journal of Financial Economics，1976：305-360.

[22] Kivisto J A. The government-higher education institution relationship：theoretical considerations from the perspective of agency theory [J]. Tertiary Education and Management，2005：1-17.

寻求有效的大学治理
——中国香港的经验及反思①

莫家豪② 韩 笑③

（1. 岭南大学 中国 香港 999077；

2. 香港教育学院亚洲及政策研究学系 中国 香港 999077）

摘 要 近年来，全球化趋势成为各领域研究者关注的热点课题，并在经济、文化、政治及政府管治方面产生了深远影响。[1]尽管学者对于全球化的影响抱持不同评估及分析，但越加激烈的市场竞争无疑是其最主要的后果之一。各国政府，尤以亚洲为甚，在新自由主义思潮的影响下引入市场化准则，以期达成资源的有效配置及利用。[2]高等教育亦不可避免地受此影响。面对有限的政府资金投入，民众不断增长的高等教育需求及建立世界一流大学的愿景同对有效治理的需求，高等教育的扩张，私有化，资金来源多样化，以及公共问责，成为不可回避的趋势。在此背景下，本文旨在探索香港高校治理的相关问题，集中阐述香港政府在建立质素保障体系，以及提升国际竞争力方面所采用的主要政策和策略，并评估有关措施在推行后的效果。

关键词 大学治理；高等教育扩张；质素保障

---

① 本文基于在大连理工大学高等教育研究院和中国高等教育学会联合主办的“大学治理：权力运行制约和监督”国际会议上所做的学术报告而撰写。

② 作者简介：莫家豪，岭南大学社会学及社会政策系讲座教授，岭南大学副校长。

③ 作者简介：韩笑，香港教育学院亚洲及政策研究学系博士研究生。

一、高等教育全球化及区域发展趋势概述

（一）亚洲地区高等教育扩张及私有化趋势

20 世纪 80 年代以来，亚洲的高等教育体系面临着从未有过的急剧扩张。[3] 近年来，韩国、日本、中国等亚洲国家/地区致力于通过市场化和私有化的方式提供更多的高等教育机会，借以提升国家竞争力及公民生活质量。上述地区的高等教育体系从精英教育（elite education）到大众教育（mass education）的转变[4]，大大满足了人们对于高等教育机会的渴求（图 1）。以中国内地为例，1996 年，18～22 岁的学生只有 4%能够进入到高等教育机构学习。该指标在 2009 年攀升到 24%，标志着有 2700 万学生有机会接受高等教育。[5] 中国香港地区亦是如此，从 2003 年的 31.31%的毛入学率急速增长到 2013 年的 67.28%（图 1），高校学生的增幅表现出高等教育普及化发展（universal higher education）。

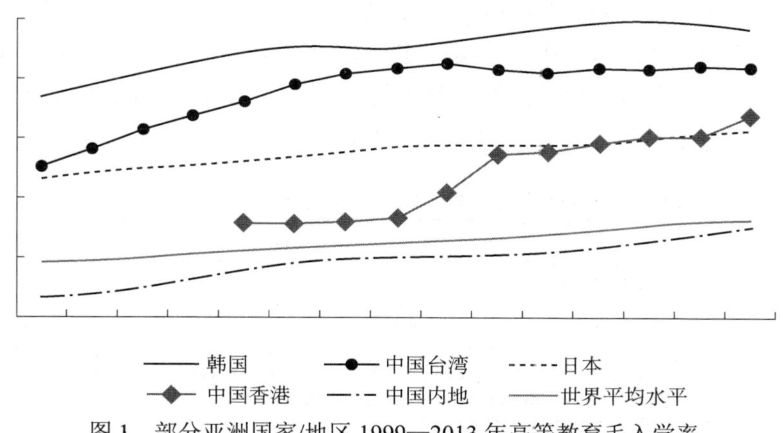

图 1　部分亚洲国家/地区 1999—2013 年高等教育毛入学率

资料来源：联合国教科文组织数据库，http：//data.uis unesco.org/2015-10-20

值得注意的是，高等教育入学率的提升并不应仅归功于公立教育体系的扩张，正如 Postiglione[6] 指出的，私有化在上述亚洲国家高等教育体系的扩张中起到了重要作用。中国内地民办高校毕业生数量从 1997 年的 22 232 人剧增到 2013 年的 557 520 人；自资办学模式及自资专上教育的迅速发展，对于中国香港整体入学率的提升亦起到了重要作用。仅以本科生为例，其自资学生的数量便从 2005—2006 学年的 3646 人急剧增加到 2014—2015 学年的 21 893 人[7]；中国台湾及韩国的毕业生亦主要毕业于私立院校。[8]

（二）建立世界一流大学的愿景

在全球化浪潮的席卷下，高等教育机构之间亦面临着越演越烈的竞争。大学

排名榜被视为高等院校国际竞争力的有效标志，对于政府治理大学的政策及方式产生了巨大影响。[9]对于大学自身而言，世界一流大学地位的确立不仅意味着全球范围内稳定的高素质生源、可靠的研究基金投入，也表明了其对所在国家经济发展的贡献[10]，正如 Altbach 曾经指出的一样："所有人都渴望世界一流大学，国家政府更认为（经济发展）不能离开世界一流大学的支持。"[11]亚洲各国/地区政府因此而采取不同的措施来协助本地高校提升国际声誉，以跻身于世界一流大学之列。

为了竞争世界一流大学的位置，不少高校将研究成果摆在首要位置。以中国香港地区为例，其从 20 世纪 90 年代便采用英国模式进行了一系列研究评审工作（research assessment exercise）。在此期间，中国香港的大学被要求进行角色区分及定位（role differentiation），依据各自不同的特色及长处作出多元化发展。高校研究者亦被要求关注国际化课题及提升研究能力，从而出现了"不出版发表抑或因未能发表文章而消亡"（publish or perish）的现象。中国内地的"985"及"211"计划、中国台湾的"5 年 500 亿"（新台币）卓越计划、日本的"留学生 30 万人计划"及韩国的"面向 21 世纪的智力韩国计划"等（表 1），均体现了各国/地区政府对于提升本地高校国际影响力及世界排名的决心。

表 1　部分亚洲政府推行世界一流大学支持计划[12][13]

国家/地区	项目
中国内地	"985"及"211"计划
日本	留学生 30 万人计划（"Global 30" Scheme）；研究基金分配计划（如 21 世纪卓越研究中心；全球卓越研究中心；世界一流研究中心发展纲要）（Competitive Funding Allocation Method the 21st Century Centres of Excellence；the Global Centres of Excellence；the World Premier International Research Centre Initiative）
韩国	面向 21 世纪的智力韩国计划（Brain Korea 21 and Brain Korea 21 Plus）；世界一流大学组建计划（World-Class University Initiative）
中国台湾	5 年 500 亿卓越计划（Five Year-50 billion Excellence Initiative）；世界一流大学及研究中心发展计划（Development Plan for World-class Universities and Research Centres for Excellence）
新加坡	世界一流大学计划（"World-Class Universities" Programme）
中国香港	质素保障审查（Comprehensive Education Reviews）；角色分工定位（Role Differentiation Exercise）；研究评审工作（Research Assessment Exercises）；教与学质素保证过程检讨（Teaching and Learning Quality Process Reviews）；管理检讨（Management Reviews and University Governance Review）

（三）跨国教育的兴起及发展

高等教育性质的改变，即从公共产品（public good）到半公共物品（semi-public good）乃至商品的转化，催生了跨国教育的急速发展。根据联合国教科文组织的定义，跨国教育为“任何的学习者和教育提供者分属不同国家的教学活动，主要表现为学习内容、师资、教材跨国界的方式传递”[14]。英国文化协会（British Council）曾在2012年作出预测，国际学生的数量在2024年将会增长到385万人。[15]亚洲作为主要的生源国将会输出53%左右的国际学生，主要来自于中国内地、印度及韩国。[16]国际教育与展会顾问（International Consultants for Education and Fairs，ICEF）在2015年的报道中指出，每6个国际学生中就有一个来自于中国，并进一步指出，中国、印度及韩国的留学生数目占据当前国际学生总名额的1/4左右（图2）。[17]

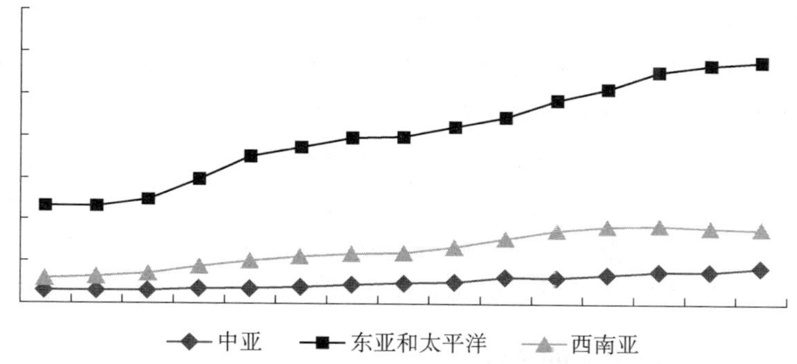

图2　亚太地区1999—2013年出国留学生人数

资料来源：联合国教科文组织数据库，http：//data.uis.unesco.org/

为了更好地迎接全球化及知识经济的来临，亚太地区积极引入跨国教育资源（如中国内地），推行职业教育以提升毕业生就业率，并以成为区域教育枢纽为愿（如中国香港）。作为高等教育机构主要的资金来源及管控者，政府所采取的措施在此过程中显得尤为重要。

（四）大学治理模式的转变

全球化浪潮亦对政府治理模式产生了直接影响，在新自由主义思潮的影响下，人们对于利伯维尔场原则的推崇致使政府改变其角色，从“社会福利的直接提供者”（welfare provider）转化为“市场原则的推动建设者”（market facilitator）。[18]此种转变对于政府对高等教育机构的治理模式亦产生了重大影响，并最终改变了政府同高校之间的关系。世界各国政府开始广泛采用分权化（decentralization）的管理方式治理高校，亚洲国家亦不例外。以中国香港为例，对于教育质素的关注及院校自主的强调，正是分权化的具体体现。中国香港的高等教育机构被赋予更多的自主权来管理及运营校内事务，并借此避免政府干预。另外，通过大学教育资助委员会（University Grants Committee，UGC）的协助，中国香港依然可以对本地高等教育机构的表现进行紧密调控。通过审阅高等教育机构递交的自主评估报告，以及政府推行的一系列质素评估检验，中国香港地区政府的角色主要体现为调整者（regulator/coordinator）而非直接管控者。无独有偶，新加坡政府近年来的教育改革亦体现了这一趋势。新加坡的高等教育机构被赋予更多的自主权，以鼓励其达成资源的合理配置、利用及创新发展。但正如 Lee[19] 及 Mok[20] 所指出的一样，这种管控权的下放并不等同于国家调控治理的减弱，新加坡政府对于本地高校质素评估机制的引入及加强正说明了这一点。

中国台湾地区的教育改革也体现出类似的特征，尽管细节上有所不同。20 世纪 80 年代以来，中国台湾地区的高等教育政策经历了去国家化（denationalization）、分权化（decentralization）及自主化（autonomisation）的进程。具体而言，“去国家化”描述中国台湾地区政府身份的转化，其不再以高等教育的唯一提供者的身份出现，而是允许并鼓励非政府机构及个人积极投入教育市场，并借此提供更多的高等教育机会；分权化阐明了其对高等教育机构的管制模式从国家掌控（state control model）到国家监管（state supervision model）的转变，中国台湾本地的高校因此在日常校务中获得更大的院校自主权；自主化表明了研究者在选择研究题目时的学术自由度的提升。[21] 在韩国及中国内地亦可见同样的趋势，不再赘述。

（五）对高等教育质素的关注

如上所述，首先，市场化趋势使得高等教育性质发生了改变，其从公共物品转化到半公共物品乃至商品，标志着学生作为消费者身份的确立。其次，国家或政府由服务提供商转变为监督者，亦伴随着公共投入的减少。最后，从精英教育到普及教育的发展，意味着通过严格考试筛选高素质的学生来确保教育质量的方法已经不可行。以上原因均促使人们对于高等教育扩张时期的教育质素越加关注。

以中国内地为例，1990 年由国家教育委员会①颁布的《普通高等学校教育评估暂行规定》，作为第一部强调高等教育质素的政策性法规，从评估目的、指导思想、评估手段等方面对质素保障工作作出了明确规定，并在 1994 年、1996 年及 1999 年分别进行了合格评估、优秀评估及随机性水平评估三轮评估实践。基于上述实践经验，教育部在 2002 年颁布《普通高等学校本科教学工作水平评估方案》，并将结果细化为优秀、良好、合格及不合格 4 种。2003 年，在《2003—2007 年教育振兴行动计划》中，对高等教育机构“五年一轮”的教学评估体系正式确立，并在随后的 2004 年成立教育部高等教育教学评估中心。

中国香港地区亦处于同样的境况。其高等教育体系的极速扩张，不可避免地加重了政府对于高等教育资助的负担。在意识到“世界各国的教育支出均极为庞大并占据国家指出的主要部分，高等教育更是支出的重中之重”时，香港大学教

① 现为中华人民共和国教育部。

育资助委员会（以下简称教资会）提出了在高等教育领域的成本分担（cost-sharing）及成本回收（cost-recovery）理念[22]，关于香港高校是否能够在资源缩减的情况保证高质素的教育，引发了广泛关注。香港地区政府自 20 世纪 90 年代以来委任香港教资会进行了一系列的教育质素保障审核工作，包括科研评估（research assessment exercises）、教与学质素保证过程检讨（teaching and learning quality process reviews）及管理审查（management review）。对于评估（assessment）及程序审查（process review）的强调，确保了香港高等教育质素的进一步提升；台湾成立的财团法人高等教育评鉴中心基金会及随后颁布的《大学评鉴办法》，建立 5～7 年的循环周期机制[23]及亚洲其他各国的质素评估机制的建立，亦追随相同的趋势，表明了各地区政府对本地高等教育机构质素的关注。

（六）攀升的失业率、停滞的社会流动及高等教育职业化的呼声

高等教育的飞速扩张及教育私有化的趋势，在为经济发展提供充足劳动力的同时，亦为其带来了新的挑战。1996—1997 年的亚洲金融危机及 2007—2008 年的世界金融危机不可避免地影响了亚洲国家经济的可持续发展，致使市场无力容纳日益增多的大学毕业生。不断攀升的失业率迫使教育从业者、政策制定者及毕业生本人意识到一个残酷的现实：高等教育入学机会的增加，并不等同于被雇佣机会的增加。在中国内地，21～25 岁的青年失业率达到 9.8%，中国台湾 20～24 岁的青年失业率为 12.42%，在表现最好的中国香港地区，25～29 岁的青年失业率亦达到 3.4%（表 2）。

表 2　部分亚洲国家/地区年青年失业率

国家/地区	年龄/岁	失业率/%
中国内地（2012 年）	21～25	9.8
	26～30	8.5
中国香港（2014 年）	20～24	8.7
	25～29	3.4
中国台湾（2015 年）	20～24	12.42
	25～29	6.77
新加坡（2015 年）	30 岁以下	5.1
韩国（2014 年）	15～29	9

资料来源：中国家庭金融调查，http：//chfs.swufe.edu.cn/；中华人民共和国台湾统计局，http：//eng.stat.gov.tw/mp.asp?mp=5；中华人民共和国香港特别行政区政府统计处，http：//www.censtatd.gov.hk；新加坡人力部，http：//stats.mom.gov.sg/；韩国人力部，http：//www.moel.go.kr/2015-8-10

停滞的社会流动作为高等教育扩张的负面效应之一，对传统的教育价值带来了新的挑战。尽管依据人力资本理论（human capital theory），受教育水平同就业

率及薪资收入的正相关效果得到广泛认可[24]，但中国家庭金融调查的结果却显示，相比初中或高中毕业生，本科以上学历的毕业生失业率更为严重（图 3）。就大中华地区而言，中国内地及中国香港、中国台湾各地的专科及本科毕业生薪资水平亦未见明显差距，且二者之间的差距在不断缩小（除中国香港外），这证明学历所带来的正面效应正在降低。

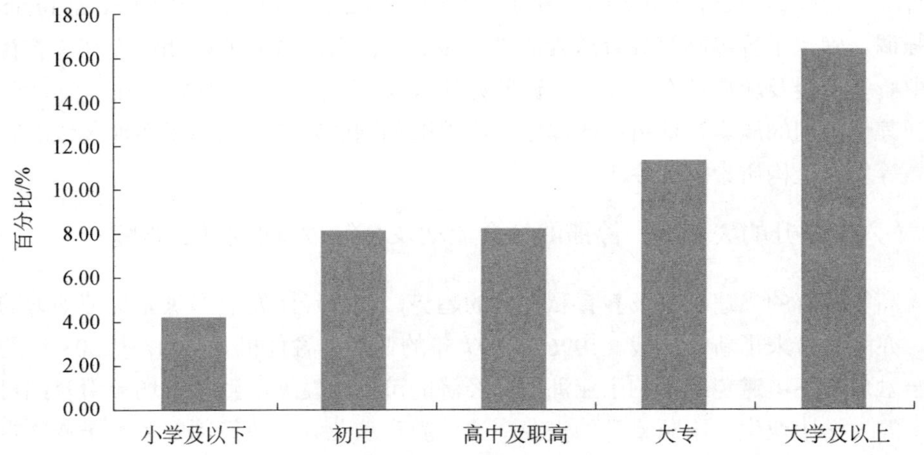

图 3　中国内地城市地区毕业生失业率同学历的关联（2012 年）

资料来源：中国家庭金融调查，http：//chfs.swufe.edu.cn/

专科同本科毕业生平均月薪的比较，如表 3 所示。

表 3　专科同本科毕业生平均月薪比较

地区	年份	专科毕业生（人民币/元）	本科毕业生（人民币/元）
中国内地	2012（届）	2731	3 366
	2013（届）	2940	3 560
	2014（届）	3200	3 773
中国台湾	2013	4 797（23 890 新台币）	5 405（26 915 新台币）
	2014	4 880（24 304 新台币）	5 460（27 193 新台币）
中国香港	2012/2013	12 521（15 000 港币）	13 842（16 583 港币）
	2013/2014	11 477（13 750 港币）	14 607（17 500 港币）

注：中国香港及中国台湾地区毕业生平均月薪原始数据为港币及台币，撰写本文时的汇率换算约为 1 港币 = 0.8347 人民币，1 台币 = 0.2008 人民币（2016 年 4 月 26 日）；中国香港地区数据主要来源于 8 所教资会资助大学，自资学生相应的数据并未包含在内

资料来源：中国大学生就业报告（麦可思，2015）；大学教育资助委员会（香港），http：//www.ugc.edu.hk/；劳动部（台湾），http：//www.mol.gov.tw/2015-10-20

Green 同 Mok 在 2013 年的研究成果表明，伴随着高等教育的扩张，欧洲同亚洲的毕业生面临着同样的困境：作为消费者其追求高等教育的高投入，以及就业前景的高风险。[25] Brown 等亦指出，“机会陷阱”（opportunity trap）及劳动力市场的“全球化拍卖”（global auction）现象，使得高技能低收入的工作成为毕业生面临的主流选择。[26] 详细而言，“数位泰勒主义”（digital Taylorism），即应用计算器程序将人们所掌握的知识进行编程，从而将熟练工的技巧转变为重复性的任务指令，使其适于广泛培训并得到推广；全球化市场的兴起也使工厂或企业将高技术工种“外包”（outsourcing）到低收入国家成为可能。

各国政府因此提出高等教育职业化的设想，寄希望于通过院校转型以迎合劳动力市场的需求，从而解决上述问题。中国内地在 2014 年颁布的《国务院关于加快发展现代职业教育的决定》及美国在 2012 年颁布的《美国职业计划改革蓝图》均反映了这一趋势。

二、追求卓越大学治理：中国香港经验的反思与实践

在全球化浪潮下，政府与大学之间的关系不可避免地发生改变，如何平衡国家发展同个人提升的矛盾，在提升国际竞争力的同时保护地方特色，迎合人们对于高等教育的不同期望及满足劳动力市场的需求，成为摆在政策制定者及大学领导者面前的首要难题。高等教育机构面临着优化学生学习经验，加强研究实力，推动社会经济发展，贡献科技创新，提升国家在世界市场上的竞争力，塑造国家软实力及提升公民社会福利的多重任务。在此背景下，政府对于大学的治理成为热点话题，主要关注如何在保护高等教育机构院校自主权及学术自主权的同时引导其正确发展。

（一）中国香港大学治理：多样化治理主体

在讨论中国香港地区政府同高等教育机构之间的关系、治理同领导方式时，后者所享有的高度自主权一直被视为最显著的特征。为避免政府过度干涉学校内务，中国香港地区政府通过非法定的咨询委员会、教资会来负责本地高等教育院校的发展及所需经费，并平衡政府同学校之间的关系。正如其主要职责声明一般，“（大学教育资助委员会）监管，并确保各高校对于所授予之拨款的使用并非仅建立在对学术自由及院校自主的考虑上，其使用须保持同 UGC 之前达成的计划一致，并关注拨款使用的效力以及效率问题……UGC 亦须确保在综合考虑创新（innovation）、追求卓越（excellence）、成本收益（cost-effectiveness）及公众问责（public accountability）的同时，对院校基本事务最低程度的干预”[27]。教资会作为

政府同高校之间的协调机构，使得中国香港地区政府在引导本地高校合理发展的同时，避免过度干涉院校及其学术自主。

除此之外，中国香港地区8所政府资助的高校亦有自己内部的治理结构。具体而言，除香港中文大学及香港教育学院（无顾问委员会）之外，香港地区的其他高校均设有3个主要部门：校董会（council）、教务会（senate）及顾问委员会（court）。校董会主要监管大学财务规划及人力资本管理，并对大学发展提供意见。其主要成员来源于学校内部职员、学生及社会人士；教务会作为高校学术自主权的主要代表，对所属高校的学术事务负责；顾问委员会主要负责制定并修正相关法案，其主要人员构成为大学职员及社会人士。大学校长是高等教育机构的主要决策者，而校董会主席（Council Chairman）及校董并不行使对大学的直接管理权，而是为大学提出宏观及具有战略高度的意见和建议。

（二）质素保障机制

为保障中国香港地区院校的质素维持，推动各院校提升工作效率、成本效益和问责性，香港教资会引入性能指针及质素保证机制来监管香港地区高等教育机构的教学质素，从而建立起更为透明的外部审核流程。French在1999年对教学质素给出了更切合香港背景的定义：教资会认为教学质素表示在可能条件下对最高教学质量的维持，以及在科研和服务上对各自设定目标的达成。[28] 1993年以来教资会所进行的3项大规模的教学复查及评估体现了French在定义中强调的质素的3个方面：教学质量、科研及服务。

1. 科研评估

科研评估（research assessment exercises）作为教资会在全香港范围内的第一次教学质素保证活动，早在1993年香港高等教育扩张之前就已出现[29]，其执行主体为研究资助局（Research Grant Council，RGC）。作为教资会辖下的非法定咨询组织，其主要就高等教育机构在学术研究上的需要向香港地区政府提供建议，并负责向8所政府资助的院校分配拨款及提供经费，以协助他们进行学术研究。到目前为止，科研评估共实施了4次，其中3次分别在1996年、1999年及2014年。例如，效仿英国在1992年所进行的相似评估活动，1993年及1996年的评估以院系为主要参与单位，并根据其不同的表现来评定成本中心（cost center）的级别。每个中心中活跃研究者（active researcher）的数量及研究成果产出的质量，决定了其在1998—2001年3年将获得的研究资金投入。[30]

教资会所采用的此种新基金分配方法对香港地区的高等教育机构产生了巨大影响，“不出版发表抑或因未能发表文章而消亡”（publish or perish）成为学术圈中的普遍现象。[31] 大学教员的升职（promotion）和续约（substantiation）或者是转为终身职位的资格（converting to a permanent post）与其发表文章的情况紧密相关。同时，我们也须注意到，在这两次科研评估中，教资会更为强调在国际刊物上发表学术成果的数量，甚至以此作为研究产出质量评审的唯一标准。此种对于发表文章的偏颇重视所引发的后果亦不容忽视：对学术成果的强调迫使教员将更多的精力投入到研究中而忽视了教学；对于国际刊物的推崇，使得一些发表在相对知名度较低或是更关注于地区问题的刊物上的文章被忽视；对于理论性研究的偏好，使得实用性科研关注度降低，等等。[32] 上述在评估过程中出现的负面效应，引起了学术界的广泛关注及深思，教资会亦因此在 1999 年所实施的第三次科研评估中进行了改进。

意识到教学和科研为大学职能不可或缺的两个基本组成部分后，教资会开始强调并致力于保持二者之间的平衡。在 1999 年进行的科研评估中，教资会强调的重点从活跃研究者这样的个人概念转移到成本中心的整体概念上来[33]，表明其已经认识到先前将科研成果同基金分配相关联的评估方法，已经在很大程度上损害了在夹缝中生存的教学质量。此外，1999 年的第三次评估在其资助的 8 所高校中引入了内部竞争的机制。其对于“卓越领域”（excellent center）的强调和追求，主要来源于两方面的考虑：一是希望各中心可以依据其不同的优势来发展壮大，并强调其与中国香港及亚太中心区的工业、经济、商业的紧密相连；二是通过淘汰相对较弱的科研中心，来保障杰出中心资源的充分供给。

在最新的 2014 年科研评估中，其评估重点转为关注高校内学者的研究成果是否在世界范围内具有卓越性。评审结果细分为 5 个不同等级：世界开创性水平（四星）、国际卓越水平（三星）、国际水平（二星）、区域水平（一星）及不予评级。尽管教资会强调科研评估仅为提升中国香港地区高等教育机构的国际竞争力及科研表现，而非致力于各大学之间的比较，但香港大学在 2014 年评估结果中相对逊色的表现（相比于香港科技大学），依然会引起社会的广泛讨论及关注。一些社会媒体亦根据此结果对香港 8 所高校进行排名（表 4）。但考虑到香港各大学所开设的不同科目及相异的角色定位，此次科研评估结果并不足以体现大学的真实水平。

表 4　2014 年科研评估结果及大学排名

依据评估指数的大学排名	高等教育机构	四星科研项目数目	三星科研项目数目	平均科研表现
1	香港科技大学	23.7%（413）	69.9%（1218）	0.95
2	香港大学	12.2%（2166）	51.2%（2074）	0.56
3	香港中文大学	13.5%（468）	49.6%（1715）	0.54
4	香港城市大学	10.0%（256）	44.6%（1140）	0.40
5	香港理工大学	9.1%（251）	41.3%（1141）	0.36

续表

依据评估指数的大学排名	高等教育机构	四星科研项目数目	三星科研项目数目	平均科研表现
6	香港浸会大学	8.7%（131）	34.8%（524）	0.35
7	香港教育学院	4.6%（52）	26.6%（299）	0.21
8	岭南大学	4.8%（24）	25.0%（124）	0.20

资料来源：http：//www.master-insight.com/content/article/3252

2. 教与学质素保证过程检讨

程序审查是教资会所引入的另一教学质素保证机制，其被定义为对内部质素保证、评估及提升机制的元分析（meta-analysis）。值得注意的是，程序审查同之前我们所提及的评估不同，它关注的重点并非在于质素的评估（evaluate quality），而是在于与质素保障息息相关的实施过程（process to produce quality）。[34] 此外，不同于科研审核，此次审查的结果并不直接同大学所获得的基金分配相关。[35] 教资会希望借由此次教与学质素保证过程检讨达成以下目标。

1）对教学过程投入更多的关注（作为高等院校的首要目标）。

2）协助院校来提升自身的教学质量。

3）解除教资会及高等院校自身在质素保证过程中的强制义务。[36]

教与学质素保证过程检讨共分两个批次进行，首先于1996年实施于香港大学，香港中文大学、香港科技大学、香港浸会大学及岭南大学（当时名为岭南学院）、香港城市大学、香港理工大学及香港教育学院随后在1997年接受审查。此次审核教资会的关注点主要集中在以下5方面。

1）课程设计（curriculum design）。课程是通过何种程序被设定（design）、复查（review）及提升的（improve）？

2）教学方法设计（pedagogical design）。教学法是通过何种方式设计并提升的？

3）实施质素（implementation quality）。大学教员对其教学职责的履行情况如何？

4）成果评估（outcomes assessment）。大学教员、院系及机构对于学生成果如何监控，并如何通过学生表现来完善教学过程？

5）资源分配（resource provision）。人力、物力及财力资源的分配是否合理？[37]

除以上对于教学过程自身的关注之外，教资会针对同教学质素相关的4个交叉领域（cross-cutting meta-areas）也提出了相应问题。

1）质素建构（quality-programme framework）。参与机构及其下属的院系或者其他执行机关（operating units）是否设立明确目标或者相关政策来确保教学质素？

机构教员及管理者是否清楚相应文件的内容？他们能否表述对于相关政策的执行情况？

2）质素保证活动（formal quality programme activities）。参与机构及其下属的院系或其他执行机构是否开展正式的质素保证项目，以确保教学质素并协助其进一步提升？

3）质素保证项目支持（quality-programme support）。参与机构是否资助质素保证项目的实施？是否设立新的机制协助教学和管理人员履行各自的职责？在教学发展中心（teaching development centre）之外，参与机构是否资助其他一些特别项目？

4）激励机制（values and incentives）。参与机构所处的环境（内在和外在的奖励措施）是否有利于进一步推进教学质素的保障和提升？

综上所述，我们可以看出，教资会在此次教学质素保证审核中关注的主要重点在于，高等教育机构是否建立起有效的机制或体系来确保教学质素。[38] 参与机构对教学质素的重新认识及对自我提升的迫切需求，被认为是本次审核的成效之一，香港地区的高等院校开始对教学过程及教学质素的保障投入更多的精力。此外，教与学质素保证过程检讨赋予了教资会更多权利，来引导其资助的 8 所高校向其所期望的方向发展。正如我们上述所探讨过的，尽管教资会在之前声称此次质素保证过程检讨的结果并不会直接同政府资金的投入相关联，政府的基金投入还是不可避免地倾向于那些在此次审核过程中表现出众的院校。另外，大学教员及管理者对此次程序审查干涉其日常事务也颇有微词，认为其损害了高等教育机构的学术自由。

3. 管理审查

迄今为止，教资会在香港进行的最后一轮审查活动，主要集中在各高等教育机构的管理事务上。进行管理审查的动机可以追溯到前文所提及的 19 世纪 90 年代时期的香港地区高等教育的扩张。在此过程中，单位学生的平均成本（student unit cost）急剧上升，教资会因此面临巨大的财政压力并决定降低学生成本投入。[39] 教资会在其报告《香港高等教育》（*Higher Education in Hong Kong*）中指出，其进行教育审查的根本目的是确保“每个机构都能够获得合适的财政拨款；各机构对其拨款的使用计划及管理过程能够被 UGC 及其余外部参与者所观测并复核”[40]。简单来说，教育审查着重考核的是香港地区各高校管理的有效性。[41]

教资会在 1998—1999 年进行了第一轮的管理审查，并随后提供了除香港教育学院之外的 7 所政府资助大学的报告，旨在通过良好的管理提升各大学的行政体系，并借此向大学的主要资助者、香港地区政府及社会大众提供必要的信息，以表明大学对投入资金的合理利用。[42] 详细来说，每个参与机构都必须接受 6 方面的严格审查，包括策略发展（development of a strategic plan）、资源分配（resource allocation）、计划实施（implementation of plans）、角色定位（roles definition）、责任与培训（responsibility and training）、提供服务（service delivery）及管理信息系统（management information systems）。审核完成之后，教资会通过定义各个参与机构表现良好的管理方式来设立“管理实践原则”（principles of good management practice）。尽管教资会在此过程中一直试图在政府及院校之间保持独立，但其对管理过程中的效力及效率的强调，还是不可避免地影响了对高校的日常管理的参与。[43] 教资会在高校管理形式及院系结构上越演越烈的评估，在学术界引起了广泛关注，对于其将商业管理原则强加在高校的日常行政上的作为会严重危害学术自由及院校自主的指责，亦是不绝于耳。但全球大学竞争日益激烈，追求卓越及臻善，强调表现指标以提升学术水平，亦无可厚非。

4. *全面化的质素保障的追求：质素保障局*

为响应社会各界对于高等教育质素日益增加的关注，香港地区政府在 2007 年成立质素保障局（Quality Assurance Council，QAC），作为教资会下属的半独立组织，协助其进行质素保障工作。其主要任务之一为开展 4 年一次的对 8 所政府资助高校的教学表现的评估。质素保障局的核心工作为“对院校进行质素核证”及“促进质素保证和提升，并推广良好的实践方法”[44]。第一轮评估工作开始于 2007 年，并于 2011 年结束。作为对教与学质素保证过程检讨的替代性方针，质素保障局第一轮评核的主要目的如下。

1）确保政府资助的 8 所院校质素的提升，使其具有国际竞争力。

2）鼓励院校在所属领域的卓越发展。[45]

因此，对资源的有效运用（quality for money）成为质素保障局评核的首要标准，正如前任质素保障局主席所指出的：“出于对我们的信任，学生们愿意在我们的学校中度过三年或者四年美好的时光，并且期望能够在此有良好的学习体验。他们以及他们的家庭为此在金钱上（精力上）付出良多。对于公共的责任心（accountability）因此成为全球所有质素监控体系的首要评估准则。”[46]

质素保障局的成员并不仅仅来自教资会，亦包括本地及海外学者和小区中有声望的热心群众。为了最小化其对院校及学术自主权的影响，质素保障局主要采用以下评核法规。

1）以学生所接受教育的质素为基准。

2）相比于对低质素的惩罚，质素保障局更关注如何帮助院校提升教学/研究质量。

3）审核过程得益于质素保障局同院校的深度合作，鼓励高校完全参与评审过程。

4）尊重高校的自我评审权（self-accrediting status）。

5）评审过程包括院校自评（institutional self-evaluation）及同行互评（peer review）。

6）质素保障局致力于避免院校之间的比较。

7）质素保障局亦致力于避免过度干涉。[47]

另外，质素保障局坚持各高校不同的角色定位，认可并竭力保护各院校不同的特征及发展方向。具体而言，其明确提出依据院校不同的发展目标以进行评估审核，并将质素审核过程分为预备、前期、核实访问、结果汇报及回访 5 个阶段，11 个范围：目标的明确阐述；管理、规划和问责；项目批准及发展；项目监管及审核；课程设计；课程教授；体验学习及课外活动；评估；教学质素同职员发展；学生参与及研究课程活动。[48]

尽管质素保障局将其定位为协助高校质素提升及发展，而非决定其最终所受到的奖赏或惩处，但学术界依然坚信质素保障局的评审结果会影响教资会对 8 所政府资助大学的资金分配。教资会在 2011 年公布的文件中亦明确指出其鼓励院校在科研基金申请及研究生（research postgraduate）席位上展开竞争。[49]得益于 2008—2011 年质素审核的成功经验，教资会目前正在进行第二轮的质素评估，并着重强调提升学生（尤其是国际学生）的学习经验，以及推进研究生项目的发展。具体而言，第二轮的质素审核“不仅仅着眼于教学体系以及教学过程，亦关注学生的学术成果以及学习经验。评估组成员将全面考虑院校在此过程中的监管作用同学生所获得的实用性技能及能力提升”[50]。截止到本文撰写时，质素保障局已公布对香港科技大学、香港中文大学及香港浸会大学的质素核证报告。[51]

5. 深入管治研究：高等教育检讨及香港教资会资助高等教育院校的管治报告的公布

除上述所提及的质素保障机制，教资会亦意识到了“稳健的管治”对院校发展的重要性。正如教资会主席唐家成先生所表示的“随着完成有关院校财务管治的检讨，教资会认为是适当时候接纳教育局于 2013 年 12 月的邀请，研究院校管治事宜”[52]。事实上，早在 2002 年 3 月，教资会便已发布高等教育检讨报告，要求各院校自行检讨其管治架构（包括校董会）是否合理并切合实际情况。在完成相关检讨及反思后，教资会应教育局所邀进一步探讨研究大学管治的相应做法，旨在通过借鉴国际上关于高校管治方面的先进经验以协助提高本地院校的职能与效率，并关注协助校董会成员掌握所需的知识、技巧和规约，从而更好地履行职责[53]。下面，对其建议列表摘录如下。

1）院校和政府应考虑制定有关校董会成员培训和持续专业发展的安排，以便成员掌握更多知识，在履行职责时有据可依。为物色贤能担当校董一职，院校应各自制定对不同专长要求的准则，并定期予以检讨。教资会与各院校应分别举办就任培训，前者介绍整个界别的事宜，后者则加深成员对有关个别院校的认识。

2）为确保校董会成员在履行受信责任时，能在院校自主与向公众负责之间取得适当及可持续的平衡，教资会应借鉴国际上的良好做法，设立机制去探讨订立问责框架文件，规定校长及校董会每年要汇报情况。

3）校董会在策略规划方面扮演重要角色，而策略规划是院校明确其工作优次的过程，并作为校董会评估院校表现的依据。为履行此职责，每所大学应制定一套合时和适切的主要表现指标，让校董会评估院校按策略计划议定的优次推行有关工作的进度。

4）校董会须通过监督风险管理，信纳院校已清楚辨识及有效管理院校的主要风险-财务及校誉风险，这是校董会不可推卸的责任。因此，各院校的校董会应制订风险管控表，并最少每年检讨一次，如能增加检讨次数，则更加理想。

5）各院校的校董会应公布转授职权安排，阐明辖下委员会的分层组织，以及包括一个得校董会信纳为可有效地在管理方面监督大学活动的机制，包括恰当的转授和汇报机制。

6）教资会应定期检讨大学管治情况，最好每 5 年一次。[55]

三、总结及反思

从上述讨论中可以看出香港地区政府对高等教育的重视及强调质素保障的取向。尤其是当我们注意到香港地区超过 20%的公共支出被投入在教育上时，教育对于香港地区经济的持续发展及国际地位提升的重要性便不言而喻。即使香港地区政府一直致力于避免对本地高等教育机构的过度干涉及管理，但其对于高校的引导及监控作用亦通过强化质素监管评估得以体现。香港地区高等教育机构在享有高等院校治理及学术研究自主权的同时，亦须对政府和公众负责。因此，效率、效用等市场法则在大学治理中成为首要原则。我们亦必须注意到，即使政府本意并非干涉院校管治及学术自由，上述的质素保障评估过程亦不可避免地会影响院校文化及研究者的学术生涯。在全球化影响进一步加剧，市场竞争越加激烈的时代，亚洲高校面临的挑战亦呈现出多样化趋势：如何培养具有国际视野及渊博知识底蕴的领导者；如何推行全人教育（whole-person education）及塑造学生的内在品格；如何实现教育本质的价值及如何在追求大学企业化（entrepreneurship）的同时兼顾经济发展、社会进步及文化多元的需求，成为政策制定者及大学领导者面临的两难困境。本文从香港地区大学治理的角度，期望提供相应经验做“他山之石”，以求在高等教育领域共创佳绩。

参考文献

［1］Pierre J，Peters G B. Governance，Politics and the State［M］. Houndmills：MacMillan. 2000；Sklair L. Globalization：new approaches to Social Change. In S. Taylor（eds.），Sociology：Issues and Debates［C］. London：Macmillan，1999；Waters M. Globalization（2nd ed）［M］. London：Routledge，2001.

［2］World Bank. Constructing Knowledge Societies：New Challenges for Tertiary Education［M］. Washington，D. C：World Bank，2002；Carroll T，Jarvis D S. Market building in Asia：standards setting，policy diffusion，and the globalization of market norms［J］. Journal of Asian Public Policy，2013，6（2）：117-128；Jomo K S. Rethinking the role of government policy in Southeast Asia. In J. E. Stiglitz，S. Yusef（eds.），Rethinking the East Asian Miracle（pp. 461-508）［C］. New York：World Bank and Oxford University Press，2001.

［3］Hawkins J，Mok K H，Neubauer D. Higher education massification in the Asia Pacific［C］. Paper presented at the Senior Seminar on the Many Faces of Asia Pacific Higher Education in the Massification Era，Hong Kong Institute of Education，Hong Kong，2014.

［4］Trow M. Problems in the Transition from Elite to Mass Higher Education［M］. Berkeley：Carnegie Commission on Higher Education，1973.

［5］Carnoy M. University Expansion in a Changing Global Economy：Triumph of the BRICs?［M］. Stanford，California：Stanford University Press，2013.

［6］Postiglione G A. Questioning centre-periphery platforms［J］. Asia Pacific Journal of Education，2005，25（2）：209-225.

［7］经评审专上课程资料网［EB/OL］. http：//www.ipass.gov.hk/edb/index.php/en/home/statheader/stat/stat-el-index. 2015-8-10.

［8］Mok K H. Similar trends，diverse agendas：higher education reforms in East Asia. Globalisation［J］. Societies and Education，2003，1（2）：201-221.

［9］Anderseck K. Institutional and academic entrepreneurship：implications for university governance and management［J］. Higher Education in Europe，2004，29（2）：193-200；Clark B. Creating Entrepreneurial Universities：Organizational Pathways of Transformation［M］. New York，Amsterdam：Elsevier，1998；Mok K H. The quest for world class university：quality assurance and international benchmarking in Hong Kong［J］. Quality Assurance in Education，2005，13（4）：277-304；Zaharia S，Gibert E. The entrepreneurial university in the knowledge society［J］. Higher Education in Europe，2005，30（1）：31-40.

［10］Deem R，Mok K H，Lucas L. Transforming higher education in whose image? Exploring the concept of the "world-class" university in Europe and Asia［J］. Higher Education Policy，2008，21（1）：83-97.

［11］Altbach［EB/OL］. www.aaup.org/publications/Academe/2004/04jf/04jfaltb.htm. 2004.

［12］Cheng Y，Wang Q，Liu N C. How World-Class Universities Affect Global Higher Education：Influences and Implications［M］. Netherlands：Sense Publishers，2014.

［13］Mok K H. Massification of higher education，graduate employment and social mobility in the greater china region［J］. British Journal of Sociology of Education，2015，37（1）：51-71.

［14］UNESCO and Council of Europe. The UNESCO-CEPES/Council of Europe Code of Good Practice for the Provision of Transnational Education［C］. Paris：UNESCO. 2001.

［15］British Council. The Future of the World's Mobile Students to 2024［EB/OL］. https：//ei.britishcouncil.org/educationintelligence/future-world-mobile-students-2024［2012］.

［16］OECD. Education Indicators in Focus［EB/OL］. http：//www.oecd.org/education/skills-beyond-school/EDIF%202013N%C2%B014%20（eng）-Final.pdf［2013］.

［17］ICEF［EB/OL］. http：//monitor.icef.com/2015/11/the-state-of-international-student- mobility-in-2015/2015.

［18］Sbragia A. Governance，the state，and the market：What is going on?［J］. Governance，2000，（13）：243-250.

［19］［38］［41］Lee H H. A tale of two cities：comparing higher education policies and reforms in Hong Kong and Singapore［J］. Australian Journal of Education，2003，46（3）：255-286.

［20］MoK K H. Impact of globalization：a study of quality assurance systems of higher education in Hong Kong and Singapore［J］. Comparative Education Review，2000，44（2）：148-174.

［21］Mok K H. Similar trends，diverse agendas：higher education reforms in East Asia［J］. Globalisation，Societies and Education，2003，1（2）：201-221.

［22］［34］［37］［42］［43］University Grants Committee. Higher Education in Hong Kong：A Report by the University［J］. Grants Committee. Hong Kong：Government Printer. 1996.

［23］台湾高等教育评鉴制度与实施之分析研究［J］. 教育资料与研究，2012，（106）：105-142.

［24］Becker G S. Investment in human capital：a theoretical analysis［J］. The Journal of Political Economy，1962，70（S5）：9-49；Becker G S. Human Capital：A Theoretical and Empirical Analysis，with Special Reference to Education（3rd ed）［M］. Chicago，IL：The University of Chicago Press，1993；Becker G S，Chiswick B R. Education and the distribution of earnings［J］. The American Economic Review，1966，56（1-2）：358-369；Checchi D. The Economics of Education：Human Capital，Family Background and Inequality［M］. New York：Cambridge University Press，2006；Mincer J. Schooling，Experience，and Earnings［M］. New York：Bureau of Economic

Research, 1974; Psacharopoulos G. Returns to Education: an International Comparison [M]. Amsterdam: Elsevier. 1973; Psacharopoulos G. Returns to education: a further international update and implications [J]. Journal of Human Resources, 1985: 583-604; Psacharopoulos G. Returns to investment in education: a global update [J]. World Development, 1994, 22 (9): 1325-1343; Psacharopoulos G, Patrinos H A. Returns to investment in education: a further update [J]. Education Economics, 2004, 12 (2): 111-134; Schultz T W. Investment in human capital [J]. The American Economic Review, 1961, 51 (1): 1-17.

[25] Green A, Mok K H. Expansion of higher education, changing labor market needs and social mobility: a dialogue between Europe and East Asia' [C]. Paper presented at the 2013 Annual Conference of The Hong Kong Educational Research Association Managing International Connectivity and Diversity: Experiences of Asian World Cities, 22 February, Hong Kong, 2013.

[26] [27] Brown P, Lauder H, Ashton D. The Global Auction: The Broken Promises of Education, Jobs, and Incomes [M]. New York: Oxford University Press, 2011.

[28] [29] [30] French N J, Ko P K, Massy W F, et al. Research assessment in Hong Kong [J]. Journal of International Education, 1999, (10): 46-53.

[31] [32] Cheng K M. Education: crises amidst challenges. In Y. L. Cheung, M. M. Sze (ed.). The Other Hong Kong Report 1995 [C]. Hong Kong: The Chinese University Press, 1995; Ho K K. Research output among the three faculties of business, education, humanities & social sciences in six Hong Kong universities [J]. Higher Education, 1998, (36): 195-208.

[33] University Grants Committee. Research Assessment Exercise 1999 [EB/OL]. http: //www.ugc.edu.hk/eng/ugc/publication/prog/rae/raegn99f.htm [1999].

[35] Young K. Quality assurance in higher education in Hong Kong [C]. Paper presented at International Conference on Quality Assurance and Evaluation in Higher Education, Beijing, China, 1996.

[36] [41] Massy W F, French N J. Teaching and learning quality process review: what has the programme achieved in Hong Kong [C]? Paper presented at the Fifth Conference of the International Network for Quality Assurance Agencies in Higher Education, Santiago de Chile, 1999.

[39] Mok K H, Lee H H. Globalization or recolonization: higher education reforms in Hong Kong [J]. Higher Education Policy, 2000, (13): 361-377.

[40] Massy W F, French N G, Thompson Q. Management reviews: an outline of the Hong Kong program. In International Network for Quality Assurance Agencies in Higher Education (INQAAHE) Meeting, Santiago, Chile, 1999, 2 (5).

[44] 香港科技大学质素核证报告 [EB/OL]. http: //www.ugc.edu.hk/big5/qac/publication/report/hkust201510c.pdf.

［45］University Grants Committee. Excellent Results from the Research Assessment Exercise 2006［EB/OL］. http：//www.ugc.edu.hk/eng/ugc/publication/press/2007/pr02032007.htm［2007］.

［46］University Grants Committee. Mission Statement［EB/OL］. http：//www.ugc.edu.hk/eng/qac/about/mission/mission.htm［2007］.

［47］［48］Mok K H. Enhancing quality of higher education for world-class status：approaches，strategies，and challenges for Hong Kong［J］. Chinese Education & Society，2014，47（1）：44-64.

［49］University Grants Committee. Broad Agreement from Heads of Institutions on New Arrangementsto Allocate Research Funding［EB/OL］. http：//www.ugc.edu.hk/eng/ugc/publication/press/2011/pr10062011.htm［2011］.

［50］QAC Audit Manual［EB/OL］. http：//www.ugc.edu.hk/eng/doc/qac/manual/auditmanual2.pdf. 2015.

［51］香港科技大学质素核证报告［EB/OL］. http：//www.ugc.edu.hk/big5/qac/publication/report/hkust201510c.pdf. 2016-4-30.

［52］香港浸会大学质素核证报告［EB/OL］. http：//www.ugc.edu.hk/big5/qac/publication/report/hkbu201602c.pdf. 2016-4-30.

［53］［54］教资会公布《香港教资会资助高等教育院校的管治》报告［EB/OL］. http：//www.ugc.edu.hk/big5/ugc/publication/press/2016/pr30032016.htm. 2016-4-30.

［55］教资会公布《香港教资会资助高等教育院校的管治》报告［EB/OL］. http：//www.ugc.edu.hk/ big5/ugc/publication/press/2016/pr30032016.htm. 2016-4-30.

复杂环境中的大学治理
——“大学治理：权力运行制约与监督”国际学术研讨会综述

“高校内部权力运行制约和监督体系研究”课题组

执笔人：苏永建　韩梦洁[①]

① 作者简介：苏永建（1984—　），男，山东淄博人，大连理工大学高等教育研究院讲师，硕士生导师，教育学博士，主要从事高等教育社会学研究；韩梦洁（1980—　），女，河南周口人，管理学博士，大连理工大学高等教育研究院讲师，主要从事高等教育国际比较、高等教育制度与政策等相关研究。

2015 年 12 月 19 日—20 日，由大连理工大学和中国高等教育学会共同主办、大连理工大学高等教育研究院承办的“大学治理——权力运行制约与监督”国际学术研讨会在大连理工大学隆重召开。来自中国、日本、美国、澳大利亚、俄罗斯、巴巴多斯、欧洲、中国香港等国家和地区的 100 余位专家、学者和学生代表参与了此次研讨会。中国高等教育学会副会长范文曜代表中国高等教育学会到会致辞。与会代表围绕中外大学治理的历史演变、大学治理中的结构和权力、大学治理的评价与绩效，以及大学治理面临的挑战与变革路径等核心议题，进行了广泛而深入的讨论和交流。

一、大学治理的历史演进

作为一种典型的资源依赖型组织，大学自身的发展始终镌刻着环境的印记。其中，国家对现代大学的影响尤为重大。作为一个典型的后发外生型现代化国家，中国现代国家的整体建构强有力地形塑着中国大学治理的结构与内容。大连理工大学高等教育研究院院长张德祥教授从政策变革的视角，梳理了 1949 年以来 60 余年的中国大学治理变迁史。他将这段历史分为 3 个时期：第一个时期始于 1949 年，终于 1977 年，这一时期的中心是探索大学内部领导体制；第二个时期的起止时间是 1978—2009 年，改革大学内部管理体制是这一时期中国大学内部治理的重点；第三个时期是 2010 年至今，治理的主旨是完善中国特色现代大学制度。他认为，国家政策一直在中国大学内部治理变革中占据主导地位，并呈现出鲜明的阶段性和连续性特征；党委领导、校长负责、教授治学、学术自由、民主管理与监督等构成了中国现代大学治理的基本内核；国家政策主导的大学治理变迁对于完善大学内部治理结构及其运行，建设现代大学制度，是必要且有效的。但同时，他也指出，国家政策保持着一定的张力，激发了大学自身建设现代大学制度的内生动力，对进一步完善中国大学治理体系和治理能力现代化至关重要。

从世界范围内来看，美国的大学治理模式常常被视为现代大学治理模式的典范，但与此同时，在治理中如何兼顾自主与问责，美国大学治理模式到底是属于分权还是集权，美国独特的高等教育治理是如何形成的等，都是可以争论与深入挖掘的重要议题。北京大学教育学院阎凤桥教授在解读《学术法人》（*The Academic Corporation*，2010）一书的基础上，从法人制度的起源与演化的视角，回应了美国大学治理中存在的诸多争论。他认为，美国借鉴欧洲大陆和英国的大学法人制度，结合本国国情，形成了由议会颁发特许状和由院外人士组成的董事会这种独特的治理结构，以达成作为独立法人的大学自主与社会问责之间的平衡。法人制度是美国大学的核心制度，它决定了政府与大学之间的关系是平等的法人关系，政府不能随意介入大学内部的事务，更不能改变大学的法人属性。从美国大学法人制度的内涵来看，董事会是大学的法人代表，也是大学组织的最高权力机构。校长是由董事会任命的，而不是通过选举产生的，他是大学的最高行政长官，由他来组阁，对大学进行领导和管理。这些结构性特征与教师和学生参与到大学治理中来，共同凝结成了集权体制下的共同治理形式。此外，他还指出，美国大学法人制度的起源、历史演进及其实践带给我们的启示在于，大学是一种制度性的组织，其制度是在历史演化过程中逐渐形成的，对于后发外生者而言，模仿大学法人、章程、董事会等治理形式较为容易，但是要想让它们发挥出与初始者同样的功能，则不是一件容易的事情。因此，大学法人制度建设，最为关键的是超越具体形式的大学与外部环境之间的平衡关系。

二、大学治理中的结构和权力

良好的治理结构和权力分配，是实现大学有效治理的基本前提。从外部治理的角度来看，大学自治一直以来都是大学有效治理的基石。欧洲大学协会管理、经费和公共政策发展部门主管 Thomas Estermann 认为，大学自治与大学的绩效、质量、收益多样化程度及国际化紧密相关，对于现代大学而言非常重要。在分析通过自治记分卡（scorecard）收集到的数据的基础上，他提出了欧洲大学在组织自治、财政自治、人事自治及学术自治方面的基本趋势。在组织自治方面，尽管外部权威一直参与大学治理机构外部成员的遴选，但是大部分国家的大学治理机构里如今都有外部成员；几乎所有国家的大学都可以自由地创建法人实体，以及决定学术结构；虽然校长通常由政府批准任命，但是通常都是由大学自己遴选。在财政自治方面，尽管经费的分配受限，但通常大学接受的是“一揽子”财政拨款；在欧洲大部分国家，尽管大学的财政可以盈余，也可以借贷，但事实上仍存在诸多限制；大部分国家的大学拥有校园建筑物的所有权，但是需要获得外部批准方可出售；尽管情况复杂，但大学往往能自主设定硕士学位项目和非欧盟学生的学费。在人事自治方面，招聘程序更为简化；在大多数国家的高等教育系统中，人员薪资依然受限；在超过半数接受调查的国家中，人员解聘和晋升同样受到限定；金融危机对人事政策有重要影响。在学术自治方面，几乎在所有的国家，学生的整体数量都受限；在接受调查的国家中，大学几乎不能自主选择质量保障机制；在大多数高等教育系统中，对本科/硕士项目的认证仍然是强制性的；在大约 2/3 的高等教育系统中，大学可以自主选择教学语言。在上述分析的基础上，他指出，大学自治是一个整体性的概念，在财政方面更加自治但在组织结构方面存在缺陷的院校难以从中获益，同时，在财政和学术方面缺乏自治的大学，也无法在组织管理和人事方面赢得更好的自治。

在考察大学外部治理的同时，与会专家还报告了大学内部治理的诸多现状和进展。澳大利亚墨尔本大学学术副校长兼高等教育研究中心主任 Richard James 教授在考察治理和管理的关系、大学校长和副校长的作用、（大学）董事会和学术委员会或学术评议会的结构与功能，以及国家高等教育标准对大学治理的要求的基础上，批判性地分析了澳大利亚的大学治理方式。他指出，对大学董事会、学术委员会和高层管理人员角色的规定不够详细，核心利益相关者角色“越位”，以及人际矛盾等，是造成大学治理失败的主要原因。实现良好的大学治理，需要从以下几个方面着手：减少变革阻力、重视文化共享、弱化“遵从文化”、增强院校自主权、保护学术自由、提高透明度、完善问责机制及加强数据的真实性。来自巴巴多斯的 Ian O’B Austin 教授以其任职的西印度大学为例，分析了多校区大学治理结构和权力关系的复杂性。他认为，对于多校区大学的治理来说，为了提高院校的效率和反应能力，需要将权力下放；内外部治理结构和实践要能够监督和限制学术和行政权力；非常规行动需要得到一个反映集体利益的委员会的授权；与治理相关的各委员会之间应该进行民主的交流；需要通过频繁的交流与外部利益相关者建立起强有力的信任关系。此外，他还指出，对于现代社会中的大学而言，治理是一个涵盖从手段到结果的过程；在一个变革的环境中，大学治理必须更具灵活性；将权力和权威分散在多个层级的同时，辅之以适当的检查和制衡来保护院校和利益相关者的利益，才能够实现大学的善治。

俄罗斯高等经济学院副院长 Maria Yudkevich 教授介绍了俄罗斯大学治理模式的主要特征。她认为，垂直化的控制体系在当前俄罗斯大学治理模式中占据主导地位，相反，学术共同体的力量和彼此之间的联系较弱且不受重视。针对这种治理模式低效的情况，一些大学已经在治理结构和权力分配方面进行了变革。她所在的高等经济学院就以院（系）结构代替讲座制，并引进了新的教学模式。此外，更加重视系统、院校和个体层面的科研产出，也是当前俄罗斯大学治理变革的最新趋势。其改革的结果是，院校和教师参与到了更广阔的学术市场中，教师岗位的竞争性得以增强，提高了教师在大学内部治理中的参与度。但她也指出，这种改革同样付出了代价，传统的治理模式与新的挑战之间存在着明显的张力。

由于新中国成立后中国高等教育的改革与发展模式以苏联为样板，当前的中国大学治理模式与如今俄罗斯的大学治理模式之间呈现出很大的相似性。上海市教育科学研究院谭晓玉研究员认为，行政权力与学术权力关系失衡，学术权力缺乏实质性的话语权，学术为行政服务等，是当前我国大学内部治理中最严重的问题。在大学内部治理结构中，校级行政权力的制约与监督问题受到较多关注。沈阳化工大学高等教育研究所所长梁国利副研究员认为，大学校长作为大学的最高行政长官和最高学术领导者，集学术权力和行政权力于一身，最应该受到制约与监督。其实，和俄罗斯一样，在意识到传统治理模式的弊端之后，中国大学也在积极推动内部治理体系的改革。浙江农林大学党委书记宣勇教授从校院关系入手，基于理论、政策和实践，指出院校关系应该从直线型走向扁平化。他认为，纵向的权力配置特别是学院自主权的下放，会成为中国大学内部治理的一种重要趋势。同样处于东亚的日本，自 20 世纪 90 年代以来也对大学治理中的结构和权力关系进行了变革。日本广岛大学高等教育研究开发中心黄福涛教授指出，在赋予大学更多自治和自由的同时，要求大学要接受外部尤其是第三方的评价，以及始于 2004 年的国立大学法人化改革是 20 世纪 90 年代以来日本高等教育领域中的两次重大改革。其中，2004 年的国立大学法人化改革不仅改变了国立大学和政府之间的关系，而且还对国立大学内部治理模式产生了影响。

三、大学治理的评价与绩效

无论将大学治理视为一个描述性概念还是一个规范性概念，都离不开对大学治理中的权力关系进行测量，对大学治理的实践进行评价。大连理工大学高等教育研究院副院长迟景明教授基于调查数据，从权力运行过程、影响因素、结果评价 3 个方面构建了学院权力运行制约与监督模型，并依此对中国大学内部权力运行制约与监督进行了分析。他认为，在权力制约关系方面，学术权力在学院重要事务决策中的参与程度不足、影响力较弱，行政权力对学术权力的越界明显；在学院重要事务决策中，院长、党委和学术委员会（教授委员会）三方的“制衡性”不足，特别是学术权力对行政权力的制约不足；在学院内部，权力主体间的正式或非正式沟通情况尚可，但是行政权力主体与学术权力的协商程度，弱于与党委权力的协商。在权力监督关系方面，学院内部民主监督好于党委权力对行政权力的平行监督；决策程序和结果等方面信息的公开情况较好；教师群体有相对畅通的渠道表达意见；党委对行政工作的监督还有提升的空间。在决策结果方面，学院教职工认同决策结果符合国家法律法规和学校的各项规章制度，但对于它是否有利于学院发展持不确定的态度，同时认为决策过程中的学术权力、行政权力和党委权力三者的关系不合理；学院教职工对决策结果的效率和公平性的满意程度较低，认为自己的利益在决策结果中体现不足。在制度因素对权力制约和监督的影响方面，目前学术权力、行政权力和党委权力三者从制度上得到赋权的强度不同，学术权力的强度和作用力没有在制度上得到充分保障；对学术权力、行政权力和党委权力三者的职责分工和权力边界的划分明确性不够，容易引起混淆和纷争；对参与学院事务决策的人员数量和身份有相对明确的规定，但是对于权力具体运行的方式和流程的规范性不足。因此，权力来源是制度因素中对权力制约和监督最为重要的影响因素。高等院校属于低权力距离的组织，其成员对于权力差异的接受程度对权力在决策过程中发挥的作用力并不明显。

北京工业大学高等教育研究所王绽蕊研究员认为，“善治”已经成为我国公立高校治理改革的现实追求目标，对治理进行评价有助于了解当前我国公立高校治理现状距“善治”还有多远，从而为高等教育治理体系和治理能力现代化建设提供努力的目标和方向。在借鉴公共治理评价、国外大学治理评价和公司治理评价理论的基础上，她提出了公立高校治理的 8 条准则，即社会利益最大化、学术至上、权责分配清晰、权力制衡、民主参与、开放、透明、治理规则明示。同时，她还提出可以从高校自治、治理机构设置、治理制度、参与性、透明性和治理氛围等 6 个维度对公立高校的治理进行评价。但这些能否保证“善治”目标的实现呢？欧洲大学协会的 Thomas Estermann 认为，大学自治并不会自动转化成绩效，但却是创造绩效的必要条件。而大连理工大学高等教育研究院姜华教授则认为，一个权力结构完善和权力运行良好的大学，其组织绩效必然提高。他以辽宁省 9 所公办本科院校的调查数据为基础，利用社会网络分析方法，对样本学校的权力结构、权力的运行状态和重大事务的参与度进行了定量化的描述和建设性的分析。他认为，具有完善治理结构和良好权力运行状态的大学，才能够健康有序地发展并有效地达成学校的目标。从大学权力结构与绩效之间的关系来看，权力越分散，重心越下移，职能层和学院层的自主权越大，越能高效、高质量地处理学校事务，促进绩效的提高，推动学校的健康发展。从权力运行状态与绩效之间的关系来看，部门之间的联系密切，信息交流渠道畅通，凝聚力提高等，都有利于部门之间的合作，从而提高工作效率，使权力的运行状态良好，进而促进学校绩效的提高。从大学重大事务的参与度与绩效之间的关系来看，与学术事务相关的事务参与度越高，绩效越高；相反，对于非学术性的事务而言，过高的参与度反而会降低决策的效率，并影响到学校的绩效。

四、大学治理面临的挑战与变革路径

在现代社会这样一个复杂多变的环境中，共同治理通常被认为是现代大学治理的理想模式。支持者认为，共同治理既能有效平衡大学自治与社会问责，又能够强化信息公开，有效地进行信息交流，如此等等。美国高等教育系统作为广泛实行共同治理的典型代表往往受到其他国家和地区高等教育系统的关注和效仿。然而，在多重制度逻辑的作用下，即使在美国，传统的大学共同治理模式也面临着不可忽视的严峻挑战。

美国威斯康星大学密尔沃基分校的Sunwoong Kim教授认为，共同治理是美国高校的主要特点之一，它鼓励劳动分工与合作，并制约与平衡着大学的政策制定与管理。但近些年来，社会需求的增加、高等教育成本不断攀升，以及入学率的增加，则对当前的共同治理结构提出了具有威胁性的挑战。他以其所在的威斯康星大学系统（UWS）为例进行了分析和说明。他指出，尽管许多美国高校（包括公立大学）都将共同治理作为主要框架，但在公立大学系统中只有威斯康星大学系统的共同治理制度被写入州法律之中。但2010年当选的共和党州长Scott Walker却试图将威斯康星大学系统改造为一个自我维持的公共机构。通过在州法律中删除共同治理的相关表述、削减经费预算等方式，Scott Walker减少了威斯康星大学系统的教师参与并加强了行政控制。在这种情境下，包括终身教职制度、处理大学事务的学术委员会等在内的共同治理体系中的核心要素已遭到严重破坏。同时，Sunwoong Kim教授还指出，不仅如此，在过去的几十年中，美国许多高校中的预算控制的主导权已经从教师转移到了行政管理人员手中，较有影响的营利性大学也基本都由行政管理人员来控制，为了在竞争日益激烈的经济环境中灵活管理，许多私立非营利性大学和公立大学也已开始远离共同治理模式。在具有分权传统的美国大学治理模式中，行政权力的影响在上升的同时，传统上具有集权色彩的日本国立大学则试图通过市场取向的分权策略来改变僵化和低效的治理结构。不过，黄福涛教授指出，与这种改革相伴而生的是学术人员在校内行政和学术事务上的权威和影响力在下降。其实无论是在何种模式的大学治理中，学术人员正处在边缘化或正在走向边缘化，已经成为世界范围内大学治理需要共同面对的挑战。

在对大学治理的历史与现状进行批判性分析的同时，与会专家还就大学治理未来的变革方向进行了研讨。中国的专家和学者一致认为，分权和制衡是未来中国大学治理变革的主要方向。在分权方面，政府应该继续向院校分权，而在院校内部，权力应该下放到院系，改进并继续推行学院制被认为是一条可行的路径。同时，通过制度、权力和文化等来制约和监督行政权力，提升学术人员的话语权和学术权力在决策中的地位等也基本达成共识。尽管共同治理在美国面临着挑战，但这并不是共同治理本身所致，而是外部环境变迁的结果。对于中国大学而言，教育部国家教育发展研究中心高等教育研究室主任马陆亭研究员认为，大学有效治理取决于合理的学者共同体机制，因此，他对变革中国大学治理的设想是大学实行学院联邦制学术治理模式，在二级学院构建有决策地位的教授会，校学术委员对联邦制的学院决策予以制衡。对于未来如何改革，中国矿业大学高等教育研究所所长宋迎法教授认为，我们需要建立一种基于协同治理理念的大学治理模式。浙江农林大学党委书记宣勇教授则建议要尽快建立负面清单制度，完善二级教代会制度，整合和进一步发挥二级学术委员会的作用，尝试让学生在学院治理中发挥积极作用。

尽管在大学治理变革方向和路径上存在一些共识，但香港岭南大学副校长莫家豪教授认为，不存在一成不变和适合所有情况的大学治理模式。对于中国大学治理模式的选择而言，他认为，我们不能简单照搬国外模式，而是要结合中国文化、经济发展等实际情况，构建一种适合中国国情的大学治理模式。黄福涛教授在做大会总结发言时也特别指出，大学治理模式中不存在统一的成功标准，任何治理模式都兼具益处和风险。考虑到院校之间的差异性，中国在大学治理体系的变革中应该考虑构建适合不同院校的多样化的治理模式。但无论何种治理模式，通过构建有效和高效的结构来提升院校教学和科研水平才是治理的最终目的。对于未来大学治理的研究来说，黄福涛认为，我们需要一种能够超乎具体和个别现象，但又尊重不同院校使命和特点及多样性的有关大学治理的学术概念，更重要的是，我们需要发展大学治理的理论。从政策角度来说，他认为，如何建立既基于国家背景和文化价值观又着眼于国际发展趋势的治理体系，如何平衡不同利益相关者的要求与大学自治之间的矛盾，如何建立外部利益相关者与院校行政人员和学术人员之间的互信与合作等，应该引起决策者的关注。如何在考虑自身使命和优先发展战略的前提下建立有效的治理体系，理解其带来的积极和消极影响和后果，追求绩效又兼顾院校自治，提高教学和研究质量及管理水平，则是院校需要认真对待的问题。

需要特别指出的是，此次会议为大学治理领域的各国/地区专家和学者搭建了一个国际性的学术交流平台。专家和学者运用历史、比较、数据调查、案例研究等多种方法，从院（系）、学校、区域、国家和国际等多个层面批判性地考察了国内外大学治理中的诸多重大概念（理论）和实践问题。这些研究成果不仅可以进一步丰富有关大学治理的研究文献，深化大学治理的研究，同时它还能够为进一步提升中国高等教育治理体系和治理能力现代化提供重要的参考和借鉴价值。